Olivia Moogk

Feng Shui & Naturmedizin

OLIVIA MOOGK

Feng Shui & Naturmedizin

8 FAKTOREN FÜR IHRE GESUNDHEIT

SILBERSCHNUR

ISBN 978-3-89845-197-0

1. Auflage 2007

Gestaltung & Satz: XPresentation, Boppard

Fotonachweis: © Domicil Möbel GmbH, Bäuerlingshalde 48, D-88131 Lindau
(Tel. 0 83 82 / 96 20 96, Fax 0 83 82 / 96 20 99)

Druck: Finidr, s.r.o. Cesky Tesin

Verlag »Die Silberschnur« GmbH · Steinstraße 1 · D-56593 Güllesheim

Email: info@silberschnur.de
www.silberschnur.de

Inhalt

1

Was Feng Shui und Naturmedizin vollbringen können

Die Geschichte des Feng Shui und dessen Wirkung auf die Gesundheit

Feng Shui, das Prinzip von – wörtlich übersetzt – Wind und Wasser, ist aus den Beobachtungen der Natur entstanden. Im Feng Shui wird die Beziehung des Menschen zu seiner Umwelt betrachtet, und es gilt diese so zu gestalten, dass sie dem Menschen förderlich ist und dadurch den Kreislauf des Qi (die Lebensenergie, die allem innewohnt) im Körper günstig beeinflusst. Qi kann gelenkt, gesammelt oder zerstreut werden, je nach dem, ob es der Gesundheit des Menschen förderlich oder hinderlich ist.

An dieser Stelle möchte ich ein Wort weltberühmter Wissenschaftler zum Thema anfügen. Max Planck beispielsweise sagte: »... tatsächlich gibt es überhaupt keine Materie, alles besteht aus Strahlung.« Auch Albert Einstein äußerte sich zum Thema: »Was sich unseren Sinnen als Materie darstellt, ist in Wirklichkeit eine hohe Konzentration an Energie auf kleinstem Raum.«

Ungünstige oder schädliche Qi-Wirkungen sollen in jedem Fall beseitigt werden. So wird im Feng Shui von angreifenden Sha-Qi gesprochen, wenn diese schädliche Einflüsse und Krankheiten verursachen, die z. B. aus einer auf den Eingang zielenden Hauskante des Nachbarn resultieren. Die Lebensenergie Qi muss im äußeren Umfeld wie im inneren Wohnumfeld und Körper beobachtet werden. Veränderungen im Äußeren schaffen Veränderungen im Inneren – und umgekehrt. Ein kahler Baum vor einem Fenster kann beispielsweise zu Augenproblemen, ein Zimmer voller Gerümpel zu körperlich fühlbaren Blockaden wie Antriebsarmut und Zeichen der Überforderung führen. Genauso kann ein Eisenträger über dem Kopf Kopfschmerzen auslösen, die erst dann verschwinden, wenn der Bewohner seinen Schreibtisch darunter entfernt oder sein Bett wegrückt. Alles wird in vielfältigem Zusammenhang gesehen,

und gerade auf dem Gebiet der Therapie müsste der Behandelnde fragen, wie der Patient lebt, um möglicherweise Störungen aus seinem Umfeld zu erkennen, die mit Feng Shui behandelt werden können.

Feng Shui und Naturmedizin sind daher die Antworten auf die Fragen der Zeit nach einem gesunden, harmonischen Leben in Einklang mit inneren und äußeren Faktoren.

Die Geschichte des Feng Shui

Die Harmonielehre des Feng Shui ist Jahrtausende alt. Schriftliche Zeugnisse gibt es bis zum Jahr 200 v. Chr. dennoch nicht. Die ersten Aufzeichnungen des Feng Shui sind dem Werk »Han-Shu« zu entnehmen (»Geschichte des Han Reiches«). Dort wird von den »Shin-Fa«, den Meistern der Form-Methode, berichtet. Deren Aufgabe bestand darin, Baugrundstücke zu sichten und deren Energiekomponenten wahrzunehmen, damit die Menschen im Einklang mit der Erde und dem Himmel leben konnten und das Vieh gesund blieb. Später entwickelten sich die Methoden weiter und wurden immer umfangreicher. Sie richteten sich nach den acht Himmelsrichtungen und den vier Tieren der Landschaft aus: Tiger, Drache, Schildkröte und Phönix.

Im weiteren Verlauf des Buches werden wir darauf noch zu sprechen kommen. Sie werden generell die Wirkung von Feng Shui kennen und schätzen lernen sowie Ihre Gesundheit erhalten und verbessern können und mit jeder Zeile dieses Buches, die Sie in Ihr Leben integrieren, an Kraft, Wohlbefinden und Lebensenergie gewinnen.

Die Feng Shui-Lehre diente damals wie heute als ein Garant für Glück, Gesundheit und Reichtum. Am Ende der Tang-Dynastie (618-906 n. Chr.) wurde von Yang Yün-Sung die erste Feng Shui-Schule eröffnet. Diese erste Schule hatte nur einen Schüler, und der Meister unterrichtete ihn, bis er wiederum Meister wurde und selbst einen Schüler in die Lehre einwies. So wurde sichergestellt, dass das Wissen nicht »in falsche Hände« gelangen konnte.

Im wohl bekanntesten Werk der taoistischen Philosophie, dem Tao Te King, heißt es: »Der Mensch folgt der Erde. Die Erde folgt dem Himmel. Der Himmel folgt dem Tao. Das Tao folgt der Natur.« Das heißt, dass alles, was der Mensch in seinem Leben erfährt, ob dies Positives, Negatives, Erfolg, Misserfolg, Glück oder Unglück anbelangt, mit universellen Gesetzmäßigkeiten zusammenhängt. Sagt doch dazu auch der große Philosoph Konfuzius: »Wenn der Himmel Unglück bringt, kann man ihm entkommen, doch wenn man sein Unglück selbst erschafft, kann man ihm nicht entfliehen.« Damit ist gemeint, dass alle Gesetze der Natur folgen. Jede Bewegung, alles was wir tun, fühlen oder denken im Leben, korrespondiert mit einer Bewegung der Natur. Wir sind nicht losgelöst von den Bewegungen des Himmels und den Bewegungen der Erde. Wir können zur richtigen Zeit am richtigen Ort sein. Wir können uns bewegen, um die Gelenke zu erhalten, unsere Ernährung umstellen, um hausgemachter Diabetes entgegen zu wirken, wir müssen aber auch akzeptieren, dass die Jahreszeiten, Sonne, Regen, Sturm und Brandung, genauso wie die Mondphasen auf uns einen enormen Einfluss haben. Nein, wir sind nicht losgelöst von äußeren Einflüssen.

Aus dieser Erkenntnis heraus wurde über die Jahrtausende die Feng Shui-Lehre entwickelt. Wie unsere Vorfahren wissen wir, dass Sonne, Mond und Planeten Einfluss auf den Menschen haben. Sie kannten die Gesetzmäßigkeiten, beobachteten den Himmel, die Landschaft und nahmen Einflüsse der Gezeiten wahr. Sie suchten das Land, auf dem sie bauen wollten, nach so genannten »Erddämonen« ab (heute bekannt als wasserführende und Gitternetzzonen) und platzierten ihre Häuser auf störungsfreie Orte, die ihrer Gesundheit zuträglich waren.

Doch mit der Zeit gerieten die kosmischen Regeln in Vergessenheit. Der Mensch verlor nach und nach den Bezug zur Natur und deren Gesetzmäßigkeiten. Erst in jüngster Zeit merken wir, welche Werte wir im Begriff sind zu verlieren.

Ableitungen aus den universellen Gesetzen

Aus den universellen Gesetzen leiteten unsere Vorfahren Maßsysteme für den Bau ihrer Häuser ab und legten den Rhythmus ihres Lebens fest. Man erforschte die Meridiane, die Energiebahnen des Körpers, und sah zwischen den Bahnen des Körpers und dem äußeren Umfeld Parallelen. (Goethe beschrieb dies mit ganz westlichen Worten: »Nichts ist drinnen, nichts ist draußen, denn was innen, das ist außen. So erkennet ohne Säumnis, heilig öffentlich Geheimnis.«) Davon zeugt auch die Benennung von Akupunkturpunkten wie »Seitliches Tal«, »Sprudelnde Quelle«, »Versunkenes Tal«, »Hügelquelle« oder »Himmelspunkt«. Die Chinesen waren große Beobachter, ausdauernd und genau. Sie entdeckten, dass bei bestimmten Erkrankungen, die Ursache des Leidens oft auch weit weg von der erkrankten Stelle zu finden war. Sie bedienten sich der induktiv-synthetischen Betrachtungsweise und beobachteten mit größtem Interesse die Funktionen des ganzen Körpers.

Das Ganze ist mehr als die Summe seiner Teile, so wie auch ein Wald mehr als die Summe seiner Bäume darstellt. Er ist ein komplexes System – wie auch der Mensch. Die Forscher des Ostens haben eine ganz andere Vorgehensweise als die Forscher im Westen. Zunächst versuchen sie, ihr Forschungsobjekt zu erkennen, dann erst werden sie es beeinflussen. Der westliche Forscher aber analysiert, zerlegt in Teile, um sein Forschungsobjekt zu erkennen. Er arbeitet kausal-analytisch und zerlegt gedanklich den Menschen in Körper und Seele, Körper und Umwelt, Körper und Organe und deren Teile wiederum. Der östliche Forscher ist dagegen, wie schon erwähnt, induktiv-synthetisch tätig und betrachtet den ganzen Menschen als Einheit, die mit dem Makrokosmos und Mikrokosmos in Verbindung steht. Innenwelt und Außenwelt verschmelzen.

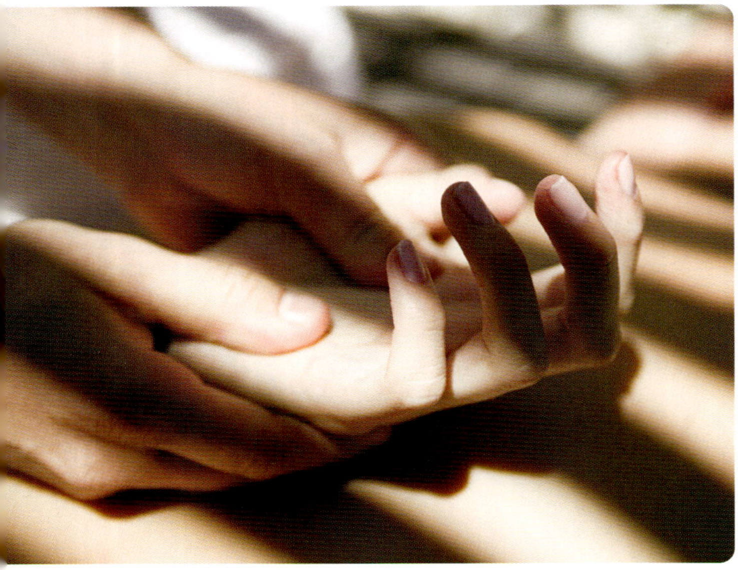

Sein Wohnort, seine Räume, in denen er lebt, seine Einstellung zum Leben und das, was er tut, werden demnach nach östlicher Auffassung die Gesundheit des Menschen beeinflussen.

Wer sich mit dem Thema Feng Shui beschäftigt, studiert damit nicht Einzelteile, sondern sieht sich selbst als Ganzes, als Individuum, das nicht losgelöst von Ort, Zeit, Raum, Jahreseinflüssen, dem Mond, der Sonne, dem Wind und dem Wasser leben kann. Der Körper gleicht einem Rezeptor, einer Satellitenempfangsschüssel, die alle Signale aus der Umgebung empfängt. Wir nehmen Energie auf und geben auch wiederum Energie ab. Wir atmen ein und aus, wir bewegen uns und ruhen. Dem Tag folgt die Nacht. Dem Winter der Sommer. Natürlich spielten damals wie heute Faktoren wie der Wohnort, die Umgebungsbebauung, die Straßenverläufe und die Form des Gebäudes eine Rolle bis hin zum Wohnraum und der Einrichtung. Wir empfangen von dort Energien und sind in einem ständigen Austausch mit diesen uns umgebenden Energiefaktoren. Um positive, lebensförderliche Energie aufzunehmen ist es notwendig, dass man die Gesetzmäßigkeiten des Feng Shui kennt. Sie können ja auch kein Gericht kochen, wenn Sie zwar die Zutaten dafür kennen, aber nicht wissen, wie man diese handhabt. Erst die Kombination der richtigen Zutaten macht das Essen schmackhaft. Die richtigen Arbeitsmaterialien (in machen Pfannen brennt förmlich alles an!), die verwendeten Mengen, die Lust am Kochen (die man schmeckt!), die Zeit, die man sich genommen hat und natürlich die Qualität der Zutaten. Alles zusammen muss in Harmonie sein. Dann wird es köstlich schmecken, und Feng Shui ist vergleichbar mit einem wohltuenden Menü. Wenn alles stimmt, werden Glück, Gesundheit und Zufriedenheit im Leben der Bewohner walten. Denken Sie nur an das Klavierspielen. Es kommt nicht darauf an, dass Sie die einzelnen Tasten drücken können oder Noten lesen, sondern wie Sie die Tasten anschlagen und zu welchem Zeitpunkt, in welchem Rhythmus, das ist entscheidend. Es wird erst ein wunderbares Musikstück erklingen, wenn Sie alles einfließen lassen, was einen wahren Musikgenuss ausmacht.

Wie werden nun Harmonie, Ausgeglichenheit und damit auch Gesundheit erreicht? Gewinnen Sie etwas, wenn Sie die Komponenten von Feng Shui und Naturmedizin für Ihr Leben anwenden? Sie werden gewinnen! Viele Menschen vor Ihnen haben es ausprobiert und angewandt – mit dem Resultat, ihre Lebensenergie und ihr Wohlbefinden gesteigert zu haben. Sie gewinnen an Energie und werden sich rundum wohler denn je fühlen, was Ihre Gesundheit und Lebensfreude maßgeblich verbessern wird. Lassen Sie uns zuvor jedoch noch einen Blick in die Vergangenheit auf die Ursprünge des Feng Shui werfen, damit wir die Bedeutung und Tragweite dieser Lehre verstehen können.

Eine kurze Geschichte des Kaisers Wu

Es wird von dem Kaiser der Han Dynastie, Kaiser Wu, berichtet, dass er einen Astronomen, einen Astrologen, einen Meister der »Formmethode« und einen Meister des »Kan-jü« (Gesetze des Himmels und der Erde) rufen ließ, um einen günstigen Zeitpunkt für die Hochzeit seines Sohnes zu bestimmen. Dabei stellte der Meister des »Kan-jü« alle anderen in den Schatten, da er die Sterne wie auch die Umgebung beachtete und damit das Wissen aller vereinte. Auf diesen Meister berief sich dann der Kaiser, und der Legende nach ist es ihm zu verdanken, dass sich aus dem »Kan-jü« die heutige Form des Feng Shui weiter entwickelte. Allerdings benutzt man heute komplizierte Formen der so genannten »Kompass-Schule«, die himmlische Einflüsse auf das Leben erklärt und die Verschmelzung von Erde, Himmel und Mensch in Harmonie unterstützt.

Feng Shui heute – Der Ort prägt dein Schicksal, die Himmelsrichtung dein Glück

Konfuzius sagte: »Um eine Arbeit erfolgreich auszuführen, bedarf man eines geeigneten Gerätes.« Dies ist auch im Feng Shui der Fall. Sie benötigen zunächst einen einfachen Kompass, um die Himmelsrichtung festzustellen, in der Sie sich am entsprechenden Ort befinden. Feng Shui-Meister benutzen einen Lo-Pan-Kompass, der nicht nur die Himmelsrichtungen anzeigt, sondern wesentliche Informationen der einzelnen Richtungen enthält, die der Meister für den Bau eines Gebäudes zum Wohle seiner Bewohner nutzt.

Bevor Sie aber mit dem Bestimmen der Richtungen beginnen, müssen Sie sich eine Grundsatzfrage stellen: Sind Sie wirklich dort, wo Sie auch sein möchten? Ist der Ort, an dem Sie leben, gut für Sie? Gehen Sie gern in das Stadtzentrum? Haben Sie Freunde und Bekannte, mit denen Sie sich verabreden? Fühlen Sie sich rundum wohl? Die Beantwortung dieser Fragen kann weitreichende Folgen haben. Vielleicht stellen Sie fest, dass der Ort, an dem Sie leben, nicht geeignet ist und Sie sich seit dem Umzug in diese Gegend in jeder Hinsicht verschlechtert haben? Vielleicht sind Sie an den Ort gezogen, weil Ihr Partner oder Ihre Partnerin hier lebte? Vielleicht sind Sie auch dort, weil dieser Ort Arbeit bot. Wenn Sie todunglücklich sein sollten, werden Sie an diesem Ort auch bald Ihre Energie verlieren, die Arbeit, den Partner oder die Gesundheit. Manche Menschen verlieren buchstäblich alles, wenn sie am für sie falschen Ort weilen. Fragen Sie sich wirklich eingehend, ob der Ort, an dem Sie leben, wirklich der ist, den Sie in Ihren Träumen gesehen haben. Durch einen Ortswechsel ist schon so mancher gesund geworden und hat das Glück seines Lebens gefunden!

Sind Sie bereits am richtigen Ort, dann sollten Sie sich die Straße anschauen, in der Sie leben. Eine stark befahrene Straße bringt viel Unruhe mit sich, Abgase und Lärm. Das Qi wird weggetragen, zerstreut. Eine ruhige Anwohnerstraße oder eine an einem Park gelegene kann Ihnen dagegen Ruhe und frische Luft als Ausgleich zum Stress des Alltags vermitteln – und das Qi wird sich wohlwollend sammeln und Ihnen zufließen.

Sollten Sie mit der Wahl des Ortes und der Straße zufrieden sein, so sollten wir im nächsten Schritt den Namen der Straße betrachten, in welcher Sie wohnen. Es ist ein Unterschied, ob Sie immer sagen werden: »Ich wohne in der Friedhofstraße.« Alles, was Sie aussprechen, hat eine Schwingung, eine Assoziation. Diese kommt bei Ihrem Gegenüber an und wird Ihnen zurückgespiegelt. Ich selbst würde niemals in eine solche Straße ziehen. Ich würde ja dann auf jedem Brief diese Adresse haben, auf jeder Visitenkarte und müsste darüber hinaus auch zu allem Übel meine Adresse hier und dort hinterlassen und aufschreiben.

Ich empfehle den Gemeinden daher, die Namensgebung zu überdenken und im Sinne der Bewohner zu ändern. Sie haben es in der Hand! Wollen wir nicht lieber in einer Straße wohnen mit einem berühmten Namensgeber? Oder in Straßen, die an Feld, Wald und Wiese erinnern? Oder in Straßen, die nach Tieren, Blumen und Kräutern klingen? Wir wohnen gern im »Goldgrubenweg«, in der »Johann-Sebastian-Bach-Straße« oder in der »Apfelstraße«.

Wenn Sie diese zuletzt genannten Namen aussprechen, sind Sie stolz dort zu wohnen, oder? Horchen Sie in Ihr Innerstes hinein, was Sie empfinden, wenn Sie den Namen der Straße aussprechen, in der Sie wohnen.

Sind Sie auch in diesem Punkt zufrieden, dann widmen Sie sich der Umgebung, in der Ihr Haus steht. Wird es umrahmt, geschützt (nicht erdrückt) von anderen Gebäuden oder der Begrünung? Welche Straßen laufen auf das Gebäude zu? Wohnen Sie eventuell in einer Sackgasse, so werden Sie sich auch wie in einer Sackgasse des Lebens fühlen. Sind Sie aber Anwohner an einem Wendehammer, der eine schöne Begrünung in der Mitte hat, dann leben Sie an einer so genannten »Geldmünze«, und die guten Gelegenheiten des Lebens werden Ihnen zufließen.

Sie sehen schon bei unserem kleinen Exkurs, dass Sie im Sinne des Feng Shui zwangsläufig zu einem aufmerksamen Beobachter Ihrer Umgebung werden. Wenn Sie sich wohlfühlen und gesund sind, so können Sie vielleicht im Nachhinein erkunden, warum. Es ist aber nicht zwingend notwendig. Andernfalls, wenn Sie sich unglücklich oder krank fühlen, sollten Sie alle Faktoren überprüfen, die möglicherweise Ihr Wohlbefinden beeinflussen.

Mit dem Kompass haben Sie inzwischen die Himmelsrichtungen überprüft und wissen nun auch, in welche Richtungen Ihr Gebäude, in dem Sie leben, ausgerichtet ist. Sie wissen, ob es in den Zwischenhimmelsrichtungen Nordosten, Südwesten, Südosten oder Nordwesten liegt oder in den Haupthimmelsrichtungen Norden, Osten, Süden oder Westen. Es wird auf Ihr Befinden einen großen Einfluss haben, ob Sie in einer Doppelhaushälfte, die nach Süden gerichtet ist, leben, oder in einer, die nach Norden liegt, wo Sie kaum Sonne haben werden. Licht erzeugt Freude! Sind nicht die Südländer in den Ländern, in denen es wärmer ist und wo die Sonne scheint, temperamentvoller, bewegungsfreudiger und lebenslustiger? Sie können aber den Richtungen noch viel mehr entnehmen. Hierzu werden Sie später mehr in diesem Buch lesen. Sich auszurichten nach den Himmelsrichtungen und deren Energien sowie nach Ihrem Geburtsdatum, mag vielleicht neu für Sie sein, aber es wird Sie in jeder Hinsicht bereichern. Denn wir befinden uns dort in einem Bereich, wo wir aus der Natur und den aus ihr gewonnenen Erkenntnissen schöpfen.

Nichts anderes vermag auch die Naturmedizin, die man weithin als die »sanfte« Medizin bezeichnet. Sie kann auf eine lange Entwicklungsgeschichte zurückblicken. Hier wird mit natürlichen Methoden behandelt und nicht mit synthetischen Stoffen. Der Mensch wird als ganzes Wesen und nicht als die Summe seiner Teile begriffen, und genau da treffen wir wieder auf den Punkt, den Feng Shui und Naturheilkunde gemeinsam haben: Beide sind hervorgegangen aus den Beobachtungen der Natur über einen langen Zeitraum. Die Naturmedizin unterstützt die Selbstheilungskräfte des Körpers und Feng Shui-Maßnahmen stellen Energien zur Verfügung, aus denen der Mensch schöpfen kann, um gesund zu bleiben. Wenn wir ein Leben möchten, dass auf den Grundsäulen der Natur aufbaut, so sind Feng Shui und Naturmedizin demnach ideale Begleiter.

Ein Weg zur Naturmedizin

Wenn man, wie ich, aus der Physiotherapie kommt und sich dann dem Studium der Traditionellen Chinesischen Medizin gewidmet hat, werden östliche und westliche Heilungsansätze umso deutlicher erfahrbar. Der Feng Shui-Meister und Akupunktur-Professor Dr. Li Pei war mein Lehrer für Feng Shui und Akupunktur. Andere Professoren

lehrten Kräuterheilkunde und Bewegungstechniken, vergleichbar mit manueller Therapie und hierzulande bekannten Techniken der Physiotherapie. Der Heilungsansatz in der chinesischen Ausbildung erschien mir klarer und nachvollziehbarer als der der westlichen Ausbildung: Es wurden nicht Symptome, sondern Zusammenhänge gesucht, der Ursachenfindung wurde mehr Zeit gewidmet. Behandlungszeitpunkte spielten für die Heilung eine große Rolle. Ein Beispiel soll Ihnen dies verdeutlichen: Die Frühjahrsallergiker wurden beispielsweise in der Herbstzeit behandelt. Denn der Herbst ist die Zeit des Metalls, der Organe und der Meridiane des Dickdarm- und Lungensystems. Da bei Allergikern besonders diese Systeme betroffen sind, wurden sie auch erfolgreich in diesem Zeitraum mit Moxa (gepresste und entzündete Kräuter) und Akupunktur behandelt.

Eine Eiterung am Zeigefingernagel beispielsweise konnte ein Zeichen für eine Dickdarmstörung sein, da der Meridian des Dickdarms seinen Beginn am Zeigefinger hat. Der Dickdarm konnte durch eine falsche Ernährung oder durch Bewegungsmangel aus dem Gleichgewicht geraten sein. Ein Patient mit dieser Störung war möglicherweise traurig und depressiv, da er sich in einer Trennungsphase vom Partner befand und deshalb alles in sich hineinstopfte, was ihm im Nachhinein gesehen schadete. Aber warum hat ihn der Partner verlassen? Welche gedanklichen Blockaden können hier eine Rolle gespielt haben? Der Dickdarm spricht bei Verstopfungen nicht nur von einem Wassermangel, sondern auch davon, dass der Mensch emotional etwas nicht loslassen kann. Was kann er nicht loslassen? Schauen wir seine Räume an. Sind sie genauso verstopft wie sein Darm? Haben sich viele Dinge angesammelt, die er überflüssigerweise in seinen Räumen hat? Sie sehen: ein träger Darm – ein träger Mensch! Vollgestopfte Räume lassen keinen Bewegungsspielraum zu. Freie Räume gehören freien Menschen!

Feng Shui-Wissen dient dazu, die Räume zu untersuchen, die ein Mensch bewohnt und in den Räumen zu lesen, wie in einem offenen Buch. Um aus einer verfahrenen Situation herauszukommen, aus der Krankheit einen Weg in die Gesundheit zu sehen, ist es nötig, sich diesen Gedankenansätzen zu stellen. Alles ist mit allem verbunden! Jedes Kraut, das therapeutisch genutzt wird, hilft, um mit der Kraft der Natur einen Weg zur Gesundung einzuleiten.

Gesamtheitliche Betrachtungsweisen sind die Zukunft jeder Naturmedizin, um wirklich helfen zu können. Naturmedizin und Feng Shui haben beide Jahrhunderte, bzw. Jahrtausende überdauert, und beide sind nicht losgelöst voneinander zu sehen. Altes Wissen steht uns heute wieder zur Verfügung und nimmt an Akzeptanz zu. Die Naturmedizin wie auch Feng Shui mussten sich zwar eine lange Zeit den Zweiflern und Angriffen Unwissender stellen, doch heute ist die Wirksamkeit beider unbestritten. Wir wissen, dass die Natur immer Recht hat.

Deshalb habe ich einen Weg gesucht und gefunden, beide uralten Prinzipien zu vereinen – sahen und sehen doch Feng Shui wie auch die Naturmedizin den Menschen im Mittelpunkt, und beide leiten die Heilungsmöglichkeiten aus den Gesetzen der Natur ab. Ihre Methoden und Rezepturen entstammen den Naturbetrachtungen.

Deshalb gab es für mich nur einen Weg: Ich musste nach einem Naturmedizinhersteller zu suchen, der ganzheitlich denkt und handelt. Meine Suche endete in Gießen.

Es gibt einige Firmen in Deutschland, die den Weg zur Naturmedizin eingeschlagen haben. Ich habe mir die Gießener Firma Pascoe als Beispiel ausgesucht für Sie, liebe Leser und liebe Leserinnen. Sie hat für mich sechs der wichtigsten Kriterien erfüllt, um in diesem Buch angeführt zu werden:

1. Sie ist ein Familienunternehmen, das sich von Anfang an mit Naturmedizin beschäftigte und bei der Entwicklung von Naturmedizin, wie wir sie heute kennen, maßgebliche Pionierarbeit geleistet hat.
2. Sie unterzieht sich einer strikten Qualitätskontrolle und gehört zu den 100 innovativsten Unternehmen Deutschlands.
3. Sie sieht Naturmedizin und Feng Shui als untrennbare Einheit und richtete das gesamte Unternehmen danach aus.
4. Sie hat sich den Standort Deutschland, die Wiege der Naturmedizin, auserwählt, wo die Qualität der Mittel einem hohen Standard folgt.
5. Sie geht den logistisch besten Weg, um unnötige Transporte zu vermeiden.
6. Intensive, wissenschaftlich fundierte Forschungsaktivitäten dienen der Entwicklung neuer Arzneimittel, aber auch der Weiterentwicklung und Verbesserung altbewährter Präparate.

Daher habe ich die Geschäftsführer des Unternehmens, Herrn Jürgen Pascoe und seine Frau Annette Pascoe,

gebeten, mir etwas über ihr Unternehmen zu erzählen. Denn wie kommt man zur Naturmedizin, wer steckt hinter den naturheilkundlichen Produkten? Ich selbst habe gern das Bild von Menschen in meinen Kopf, wenn es um ein Unternehmen geht. Ich weiß gern, mit wem ich es zu tun habe.

Im Fall der Firma Pascoe treffen nicht nur Naturheilkunde, sondern auch Feng Shui in exzellenter Weise zusammen. Schon wenn man den Eingang betrachtet, der von einem »Wasserdrachen« umringt ist, spürt man die Freundlichkeit des Unternehmens, die Einladung, das Willkommenheißen. Das Dach über dem Eingang ist eine Welle, wie Wasser, und man spürt die Energie und Frische, die das Unternehmen versprüht. Im Empfangsbereich sind Bilder, bequeme Sessel, ein Aquarium und Produkte der Firma zu sehen. Für den Kenner ist eines klar: Hier wurde mit Feng Shui gearbeitet! Alles ist an der richtigen Stelle, am richtigen Platz, alles hat seine kosmische Ordnung, sein System. Hat man erst einmal auf dem Bildschirm gelesen, dass man herzlich willkommen geheißen wird, so ist dies sehr angenehm, wird aber begleitet von einem ebenso angenehmen wie herzlichen Gesicht hinter dem Empfangstresen. Freundliche Worte begleiten den Besucher und geleiten ihn zu der bequemen Sitzgruppe. Sie fühlen sich wie in einem 5 Sterne-Hotel, mit einem Unterschied: Es ist menschlich wärmer, herzlicher, von innen heraus. Da spürt man förmlich, dass die Produkte im Einklang mit der menschlichen Seele hergestellt werden.

Bereits seit über 85 Jahren beschäftigt sich das Unternehmen mit der Gesundheit der Menschen. Durch ihre langjährige Erfahrung kennen sie die Wünsche ihrer Kunden. Ihre Produkte entsprechen dem Bedürfnis der Menschen nach sanfter Medizin. Menschen wie Sie und ich wollen Medizin möglichst ohne Nebenwirkungen – bei gleichzeitig erwiesener Wirksamkeit. Die Firma führt weiter auch dort klinische Studien durch, wo sie dies nicht zur Auflage hat. Ihre Verfahren und Prozesse werden ständig optimiert, denn für sie steht fest, dass sich ihre einzigartige Qualitätsphilosophie auszahlt. Hier wird investiert, und das spüren Sie und ich, die Menschen, die Naturprodukte anwenden, um die eine oder andere Krankheit zu überwinden oder vorbeugend zu agieren, damit sie gar nicht erst krank werden.

Sicherlich gibt es auch andere Unternehmen, die auf dem einen oder anderen Gebiet stark sind. Was hier jedoch sofort auffällt, ist das Engagement der Mitarbeiter, das besondere Flair eines konzernunabhängigen, in Familienbesitz befindlichen Unternehmens. Im Austausch der Generationen treffen sich Tradition und Fortschritt; das Wissen der Erfahrenen verbindet sich mit dem Innovationsdrang der »Jungen«. Hier zählen noch Werte wie Vertrauen, Verlässlichkeit und Zusammenarbeit zwischen den Generationen. Das spürt jeder, ob als Kunde, Geschäftspartner oder Mitarbeiter. »Auf die Firma Pascoe ist Verlass«, sagen sie und garantieren, dass ihre Präparate auch in Zukunft in der gewohnten Qualität und mit bewährtem Service zur Verfügung stehen.

Stellen Sie sich vor: eine Firma mit über 85 Jahren Erfahrung, 200 Produkten, mehr als 180 Mitarbeitern, vielfältigen Ideen und Lösungen und mit ausgezeichnetem Ruf – das ist Pascoe Naturmedizin. Ein Familienunternehmen im wahrsten und besten Sinne: mit Unternehmergeist und Forscherdrang, Kontinuität und Verantwortungsbewusstsein. Bereits Ende des 19. Jahrhunderts entwickelte der Firmengründer Friedrich H. Pascoe die ersten pflanzlichen und homöopathischen Präparate. Heute zählt das Unternehmen zu den führenden, traditionsreichsten und agilsten Arzneimittelherstellern in der Branche.

Die Grundlage der Naturmedizin ist die Lebenskraft

Aristoteles und die Lebenskraft

Seit Aristoteles (geb. 384 v. Chr., gest. 322 v. Chr.) geht man davon aus, dass lebenden Wesen eine so genannte Lebenskraft innewohnt. Diese Lebenskraft belebt den materiellen Körper (Organismus) und lässt ihn empfinden und tätig sein. Samuel Hahnemann (1755-1843) übernahm diese Vorstellung einer nicht-materiellen Lebenskraft und machte sie zu einem Grundbegriff seiner homöopathischen Krankheitslehre.

Der Begriff der Lebenskraft bildet, wie im Feng Shui auch, die Grundsäule der Naturmedizin. Alles, was uns umgibt, und alles, was die Körperfunktionen lebendig erhält, wird mit Lebenskraft durchwoben. Der Begriff der »Lebenskraft« dient dazu, die Gesamtheit der beobachteten Symptome zugleich als eine Veränderung der den Menschen belebenden Kraft wahrzunehmen und das Ziel der Heilung als die Wiederherstellung dieser Kraft zu sehen. Diese seinerzeit weit verbreitete Vorstellung vertrat u. a. auch Christoph Wilhelm Hufeland (Leibarzt des preußischen Königs).

Die Rolle der Homöopathie

Heute noch arbeiten Homöopathen mit dem auf der Lebenskraft basierenden Krankheitskonzept. Aus ihrer Sicht ist dieser Begriff dazu geeignet, das individuelle Krankheitsbild ohne Berücksichtigung der materiellen Krankheitsursachen zu erkennen und zu heilen. Krankheit äußerte sich somit in einer Gesamtheit von Krankheitszeichen und Symptomen und wurde von ihm mit einer Verstimmung der Lebenskraft gleichgesetzt. Die Heilung, so Hahnemann, der Begründer der Homöopathie, geschehe einzig durch die Umstimmung der Lebenskraft und »Befindensveränderung des Kranken in den gesunden Zustand«.

Homöopathen wie Otto Leeser, Julius Mezger und Mathias Dorcsi reformulierten die Homöopathie als eine Regulationstherapie. Dabei ging es damals wie heute darum, dass die dem Körper innewohnende Lebenskraft den Organismus zur Selbstregulation befähigt. Durch einen minimalen Reiz, ein homöopathisches Heilmittel, kann die gestörte Fähigkeit des Organismus zur Selbstregulation korrigiert und wiederhergestellt werden. Die Umstimmung der Lebenskraft wurde erreicht, indem kleine, geschüttelte oder verriebene (»dynamisierte«) Gaben von Substanzen dem Patienten verabreicht wurden. Diese Substanzen werden als »Homöopathie« bezeichnet.

Daraus folgt, dass nicht alle Krankheitserscheinungen mit Aussicht auf Erfolg homöopathisch behandelt werden können, sondern nur diejenigen, bei denen eine solche Regulationsstörung zu Grunde liegt.

Das Ähnlichkeitsprinzip

Das Wort »Homöopathie« kommt aus dem Griechischen und bedeutet »ähnliches Leiden«. In der Homöopathie lässt sich das Mittel, das bei einem Gesunden in hoher Dosierung eine Erkrankung auslösen kann, in der entsprechenden Zubereitung (die Homöopathie spricht hier von »Potenzierung«) zur Behandlung von Erkrankungen mit gleichen oder ähnlichen Symptomen verwenden.

Statt ein Mittel zu verordnen, das den Symptomen der Erkrankung entgegenwirkt und sie unterdrückt, setzte Hahnemann also Substanzen ein, die die Selbstheilungskräfte des Körpers stimulieren sollten. Er arbeitete demnach mit dem Körper, um die Symptome zu beseitigen. Er nannte dieses Prinzip die Ähnlichkeitsregel:

»Ähnliches soll durch Ähnliches geheilt werden.«

(lateinisch: similia similibus curantur)

Stellen Sie sich vor: Sie werden von einer Biene gestochen. Die Haut schwillt an, rötet sich, wird heiß und spannt. Sie spüren einen brennenden und stechenden Schmerz. Jetzt hilft Ihnen ein Bienengift (lateinisch: Apisinum) in homöopathischer Zubereitung. Es wird eingesetzt bei Schwellungen und brennenden, stechenden Schmerzen. Solch ein Präparat kann nicht nur die Folgen eines Bienenstiches beheben, sondern auch die Beschwerden, die den durch Bienengift verursachten Beschwerden ähnlich sind (auch wenn sie nicht durch Bienengift verursacht wurden!).

Gerade im Sommer sind Stiche häufig. Deshalb empfehle ich Ihnen immer eine kleine Mappe mit ein paar Hausmitteln aus der homöopathischen Apotheke dabei zu haben. Es empfiehlt sich, Apis mitzunehmen, wohin Sie auch immer Ihre Ausflüge machen.

Meine Freunde und ich fahren im Sommer nie ohne weg! Man weiß ja nie, welches Kind beim Tollen über die Wiese gestochen wird – oder einer der Erwachsenen tritt unbemerkt in eine Biene hinein.

Neben Einzelmitteln der Homöopathie gibt es aber auch die Möglichkeit zusammengesetzte, so genannte »Komplexmittel« einzusetzen. Ein Weg, den die Naturmedizin beschreitet, führt dabei zu den »Similiaplexen«. Lesen Sie im nachfolgenden Kapitel, was diese sind und was sie für Sie tun können.

Homöopathische Behandlung mit Similiaplexen

Die Lebenskraft, die dem Körper innewohnt, steuert die Selbstheilungskräfte und Regulationsmechanismen. Mit den Similiaplexen kann sie maßgeblich beeinflusst werden.

Similiaplexe, deren Name sich aus Similia (Ähnliches) und Komplex (zusammengesetzt) ergibt, sind Komplexhomöopathika. Sie enthalten verschiedene Einzelmittel, die in die gleiche Wirkungsrichtung gehen und sich bei einer bestimmten Organ-Funktionserkrankung bewährt haben. Die Zusammensetzung der Komplex-Präparate ist das Ergebnis praktischer Beobachtungen und jahrelanger Erfahrungen. Von den Herstellerfirmen wird geltend gemacht, dass durch die Komplexpräparate eine Brücke zu schulmedizinisch denkenden Kollegen geschlagen werde, und so die Homöopathie größere Verbreitung gewinnen könne. Außerdem sei es der wesentlich einfachere Weg der Arzneifindung, da dem Therapeuten die zeitaufwendige *Similewahl* (die homöopathische Mittelwahl nach der Ähnlichkeitsregel) erspart würde.

Similiaplexe gehen im Ursprung auf das Jahr 1896 zurück. Seit dieser Zeit hatte der damalige Besitzer der Mellinghoffschen Apotheke in Mühlheim/Ruhr, der 1930 verstorbene Apotheker Friedrich Pascoe, eine erfolgreiche Zusammenarbeit mit Pastor Felke. Die Rezepte von Pastor Felke, die in der Mellinghoffschen Apotheke zur Ausführung kamen, regten den der Komplexhomöopathie aufgeschlossenen Apotheker Pascoe zur intensiven eigenen Forschung an. Daraus resultierte ein reger Erfahrungsaustausch mit den Pionieren der Homöopathie Zimpel, Mattei und Clerk.

Die Erfolge und Erfahrungen führten 1925 zur Schaffung und Entwicklung eines Komplexsystems.

Im Zeitalter der Therapieschäden wird der Ruf nach Medikamenten ohne unerwünschte Nebenwirkungen immer lauter. Selbst die triumphalen Erfolge der Antibiotika, Chemotherapeutika und Kortikoide können den alten Grundsatz »nihil nocere« (niemals schaden) nicht entkräften.

Homöopathische Komplexmittel

Da es oftmals schwierig und sehr zeitaufwändig ist, ein genau passendes ähnliches Mittel aus der Vielzahl von möglichen Wirkstoffen herauszufinden, wurden schon zu

Hahnemanns Zeiten so genannte Komplex-Präparate eingesetzt. Sie enthalten verschiedene Einzelmittel, die in die gleiche Wirkungsrichtung gehen und sich bei einer bestimmten Organerkrankung bewährt haben. Die Zusammensetzungen der Komplex-Präparate sind meist das Ergebnis praktischer Beobachtungen und jahrelanger Erfahrungen. Der Vorteil von Komplex-Präparaten ist, dass sie, ähnlich wie nicht-homöopathische Arzneimittel, nach dem Beschwerdebild eingesetzt werden können. In diesen Präparaten werden Einzelstoffe eingesetzt, die sich in ihrer Wirkung gegenseitig ergänzen bzw. unterstützen. Komplex-Präparate haben daher den großen Vorteil, dass sie ein breites Band von Beschwerden abdecken können. Dies erleichtert die Mittelwahl enorm.

Die Arzneimittelprüfung

Hahnemann führte an sich selbst ein Experiment durch: Er nahm, obwohl er gesund war, größere Mengen Chinarinde ein und stellte Symptome fest, die für eine Malaria-Erkrankung charakteristisch sind. Fieber, Schüttelfrost, etc. Dieser Versuch aus dem Jahre 1790 kann als erste homöopathische Arzneimittelprüfung angesehen werden. Im Jahr 1796 veröffentlichte er seine bis dahin gesammelten

Erfahrungen erstmalig. Daher wird dieses Jahr als die »Geburtsstunde« der Homöopathie angesehen.

Um herauszufinden, welche Wirkungen ein Arzneimittel auf den gesunden Menschen hat, führte Hahnemann in den folgenden Jahren an sich selbst und anderen Freiwilligen weitere Versuche durch, die er Arzneimittelprüfungen nannte. Hierbei wurden bestimmte Mengen jeder Substanz mehrmals eingenommen und die Wirkung protokolliert. Alle Teilnehmer mussten völlig gesund und bereit sein, alle ihre körperlichen oder psychischen Veränderungen während des Versuchszeitraumes genauestens zu beobachten und aufzuzeichnen.

Heute existieren viele hundert homöopathische Mittel in der Therapie, die genau auf diese Weise geprüft und untersucht worden sind. So wird heute auch mit Mitteln verfahren, die neu eingeführt werden.

Die Potenzen

Neben dem Ähnlichkeitsprinzip entdeckte Hahnemann auch das Prinzip, dass die verabreichte Menge des Arzneistoffes möglichst klein sein sollte. Er experimentierte mit immer kleineren Dosen, bis er zu immer größeren Verdünnungen gelangte. Er fand heraus, dass diese hochverdünnten Mittel die Selbstheilungskräfte des Körpers nur dann gut anregten, wenn sie bei jeder Verdünnungsstufe intensiv verschüttelt oder verrieben wurden. Das reine Verdünnen der Arzneistoffe ließ ihre Wirkung allmählich vollständig verschwinden. Er nannte das stufenweise Verfahren daher nicht Verdünnen, sondern ›Potenzieren‹. Wie der Begriff Potenz (= Kraft, Vermögen etwas zu verrichten) verrät, wird durch das Potenzieren eines Arzneistoffes dessen Heilkraft verstärkt. Bei den Ausgangsstoffen kann es sich um Pflanzen, Mineralien oder tierische Materialien (z. B. Schlangengift) handeln. Diese Ausgangsstoffe werden mit einer Substanz (Wasser, Alkohol, Laktose oder Zucker) als Träger verarbeitet.

Modalitäten

Neben den typischen Symptomen wird der Therapeut auch oftmals die sog. Modalitäten (schlimmer durch… / besser bei…) abfragen. Dies sind Situationen oder Gegebenheiten, bei denen sich die Beschwerden bessern oder verschlechtern, z. B. besser in der Nacht oder bei feuchtem Wetter. Wenn Ihnen als Patient solche Situationen auffallen, erzählen Sie dies Ihrem Therapeuten; diese Modalitäten weisen ihm den Weg für die richtige Auswahl des Arzneistoffes.

Heilreaktionen

Heilreaktionen, auch als »Erstverschlimmerung« bezeichnet, gehören zum homöopathischen Heilungsvorgang. Die bei einer Behandlung erwünschten Heil-Reaktionen werden gelegentlich zu Beginn der Behandlung (in der Regel in den ersten Stunden oder Tagen) als Erstverschlimmerungen wahrgenommen. Diese Heilreaktion signalisiert den Beginn der Heilung und gilt als sicheres Zeichen für die richtige Wahl des Mittels. Falls sie als zu unangenehm empfunden wird, sollte nach Rücksprache mit dem Therapeuten eventuell eine vorübergehende Reduzierung der Dosis oder eine Verlängerung der Einnahmeabstände vorgenommen werden.

Die Dosierung homöopathischer Mittel

In der Homöopathie ist – wie oben bereits erwähnt – vor allen Dingen die möglichst genaue Beachtung der Ähnlichkeitsregel maßgebend, weniger die Höhe der Dosierung. Bei der Dosierung homöopathischer Mittel gilt also weniger der Gedanke »viel hilft viel«, es ist vielmehr wichtig, dass das Mittel genauso häufig eingenommen wird wie es der Therapeut vorschreibt. Der Gedanke »oft hilft oft« trifft hier also eher zu. Wenn vom Therapeuten nichts anderes verordnet wurde, gelten die Dosierungsanweisungen auf der Packungsbeilage.

Homöopathische Arzneistoffe

In diesem Teil werden beispielhaft einige wenige homöopathische Arzneistoffe vorgestellt, um das Prinzip der

Arzneimittelwahl im homöopathischen Bereich zu verdeutlichen. Aber Achtung: Eine Selbstbehandlung mit homöopathischen Mitteln setzt profunde Kenntnisse voraus und kann auf keinen Fall einen notwendigen Besuch beim Therapeuten ersetzen. Daher gilt das Gleiche wie für alle anderen Arzneimittel:

Bei Zweifeln konsultieren Sie auf jeden Fall Ihre(n) Therapeuten/Therapeutin bzw. fragen Sie Ihren Apotheker oder Ihre Apothekerin um Rat!

Der Arzneistoff Bryonia

Im Arzneimittelbild von Bryonia finden sich unter anderem die folgenden Symptomatiken:

- stechende, reißende Schmerzen
- trockene Schleimhäute
- Druck im Magen nach dem Essen wie von einem Stein
- Gelenke rot, geschwollen, heiß
- Heiserkeit, Schmerzhaftigkeit des Kehlkopfes und der Luftröhre

Der Arzneistoff Thuja

Im Arzneimittelbild von Thuja finden sich unter anderem die folgenden Symptomatiken:

- Gurgelgeräusche und Kollern im Magen-Darm-Trakt
- Blähungen
- chronischer Schnupfen
- Trockenheit der Nasenhöhlen
- Frösteln
- Knacken in den Gelenken
- Schmerzen in der Ferse/Achillessehne

Der Arzneistoff Kalium bichromicum

Im Arzneimittelbild von Kalium bichromicum finden sich unter anderem die folgenden Symptomatiken:

- Niesen
- Schnupfen mit verstopfter Nase
- Schmerzen und Schwellung der Gelenke
- Knacken und Steifheit in den Gelenken
- Übelkeit und Erbrechen
- Schweregefühl im Magen nach dem Essen

Hieraus wird ersichtlich, dass die meisten homöopathischen Arzneistoffe prinzipiell für eine ganze Reihe von Beschwerden einsetzbar sind. So kann z. B. ein homöopathisches Arzneimittel, welches die Wirkstoffe Thuja, Kalium bichromicum und Bryonia enthält, je nach Patient für Beschwerden im Bereich Erkältung, Gelenkprobleme oder Magen-Darm-Beschwerden eingesetzt werden.

So wird auch verständlich, dass viele homöopathische Präparate im Beipackzettel keine Angaben zu den Anwendungsgebieten tragen.

Der Therapeut muss unter Kenntnis der Patientensituation und der einzelnen Arzneimittelbilder abwägen, welche Kombination im Einzelfall geeignet ist.

Wie schnell wirken Homöopathika?

Besonders bei akuten Beschwerden zeigen Homöopathika oft beeindruckend schnelle Ergebnisse. Ein fieberndes, verängstigtes Kind kann sich fast augenblicklich beruhigen und entspannen. Die jahrelange Erfahrung in der Therapie mit homöopathischen Mitteln hat gezeigt, dass ein richtig gewähltes Mittel bei akuten Erkrankungen bereits kurze Zeit nach der Verabreichung seine Reizwirkung auf den Organismus ausübt. Bei älteren, chronischen Leiden muss in der Regel einige Zeit auf einen erkennbaren Erfolg gewartet werden. Der Heilungsprozess wird zwar auch hier sofort aktiviert, das Resultat ist aber erst nach geraumer Zeit erkennbar. In der Regel gilt:

- akute Beschwerden
  (neu entstandene):
  Besserung innerhalb von Minuten bis Stunden
- chronische Beschwerden
  (alte oder stets wiederkehrende):
  allmähliche Besserung innerhalb von Tagen bis Wochen

Wie lange/wie oft soll ich das Mittel anwenden?

Die Wirkungsdauer einer Gabe hängt von der Reaktionsfähigkeit des einzelnen Organismus, der gewählten Potenz und der Zusammensetzung des einzelnen Mittels ab. Sie wird also von Patient zu Patient verschieden sein. Die in Dosierungsanleitungen genannten Angaben sind daher nur als Richtschnur zu verstehen, abweichende Anweisungen des Therapeuten müssen unbedingt beachtet werden!

Prinzipiell gilt: Über längere Zeit sollten auch homöopathische Arzneimittel nur auf therapeutischen Rat eingenommen werden.

Wo liegen die Grenzen für eine homöopathische Behandlung?

Die Grenzen liegen normalerweise in der Reaktionsfähigkeit des Körpers. Homöopathische Präparate sind also nicht angebracht bei Erkrankungen, bei denen eine Stimulation der körpereigenen Regulation erfolglos ist (z. B. insulinpflichtige Zuckerkrankheit). Selbstverständlich sind auch Erkrankungen, die chirurgisch oder intensiv-medizinisch zu behandeln sind, von der (alleinigen) homöopathischen Therapie auszuschließen.

2

Der Qi-Faktor für ein gesundes Leben

Was ist Qi?

Qi ist Lebensenergie, wie sie in Pflanzen, Wasser, der Luft, der Erde und im Menschen selbst vorkommt. Sie ist die Lebensessenz, die Pflanzen wachsen lässt, dem Wasser die Kraft verleiht, zu fließen oder sich zu sammeln, der Erde ihre Kraft zur Metamorphose verleiht und schließlich uns Menschen am Leben erhält.

Der chinesische Begriff Qi ist gleichbedeutend mit *Ch'i*, in Japan als *Ki* oder Kanji und beispielsweise in Korea als *Gi* bekannt. Qi bedeutet Energie, Atem oder Fluidum, kann aber wörtlich übersetzt auch Luft, Dampf, Hauch, Äther sowie Energie, Temperament, Kraft oder Atmosphäre bedeuten. Außerdem bezeichnet Qi die Emotionen des Menschen, und nach moderner taoistischer Auffassung steht es auch für die Tätigkeit des neurohormonalen Systems.

Qi ist die Energie, die Mensch und Natur innewohnt. Ob wir voller Tatendrang sind, eine aufrechte Haltung haben und einen klaren Blick, die Haut fest ist oder ob wir einen aktiven, lebendigen Geist besitzen, das alles ist abhängig vom Qi. Die Chinesen sind seit Jahrtausenden der Meinung, dass Qi das Schicksal der Menschen beeinflusst.

Das Qi beeinflusst und lebt im Haus, in der gesamten Umgebung, in der Stadt, im Land, in den Pflanzen, im Menschen und im Himmel. In der chinesisch traditionellen Denkweise ist Qi nicht mit einem Satz zu umschreiben, hat es doch eine lange Tradition und ein großes Bedeutungsspektrum. Qi wird zum einen mit »Lebenskraft« übersetzt und ist durch den Menschen individuell erfahrbar. Diese subjektive Komponente wird darüber hinaus von chinesischen Vorstellungsbildern geprägt und erweitert. Qi ist die allen Dingen und Menschen zugrunde liegende Energie, die alles miteinander verbindet.

So trägt z. B. das Qi der Sonne zum Wachstum der Pflanzen bei, das Qi der Leber verteilt das Blut im Körper, das Qi der Mutter behütet das Kind, das Qi der Erde trägt das Haus usw.

Die älteste Erwähnung des Begriffes Qi wird dem taoistischen Philosophen Zhuangzi (365-290 v. Chr.) zugeschrieben, der den Kosmos als aus Qi bestehend beschrieb.

Darüber hinaus ist die Vorstellung vom Qi die Grundlage der Traditionellen Chinesischen Medizin. Nach Auffassung der Kultur des alten China durchdringt und begleitet das Qi alles, was existiert und geschieht. Als Substanz, aus der das ganze Universum besteht, wird es als vitale Energie oder Lebenskraft gesehen, ist dabei aber weder physischer noch geistiger Natur. In einer sich ständig verändernden Wirklichkeit stellt das Qi die einzig konstante Größe dar. Es entstand aus dem ursprünglichen Qi (Yuanqi), in dem die Polaritäten Yin und Yang noch vermischt waren.

Himmel und Erde bildeten sich erst durch Trennung des Einen; was Yang-Qi empfing, stieg hell und klar empor und wurde der Himmel, was Yin-Qi erhielt, wurde dunkel, schwer und sank zur Erde hinab. Der Mensch erhielt Yin und Yang in ausgewogenem Verhältnis.

Nach diesen Vorstellungen atmen auch Himmel und Erde. Beim Einatmen wird das Qi des Himmels inhaliert und der verbrauchte Atem der Erde zugeführt. Daher teilt sich der Tag in zwei Abschnitte: Zwischen Mitternacht und Mittag ist die Zeit, in der Himmel und Erde einatmen. Der Morgen eignet sich deshalb am besten dazu, Atemübungen auszuführen, da dann positive Energie aufgenommen werden kann.

Als mein Meister, Dr. Li Pei, bei uns zu Gast war, war seine erste Sorge, wo er am Morgen seine Übungen machen konnte. Er setzte beispielsweise nicht den Fuß auf den Boden, bevor er nicht im Bett damit begonnen hatte. Dann erst setzte er sich auf und begann den zweiten Teil seiner

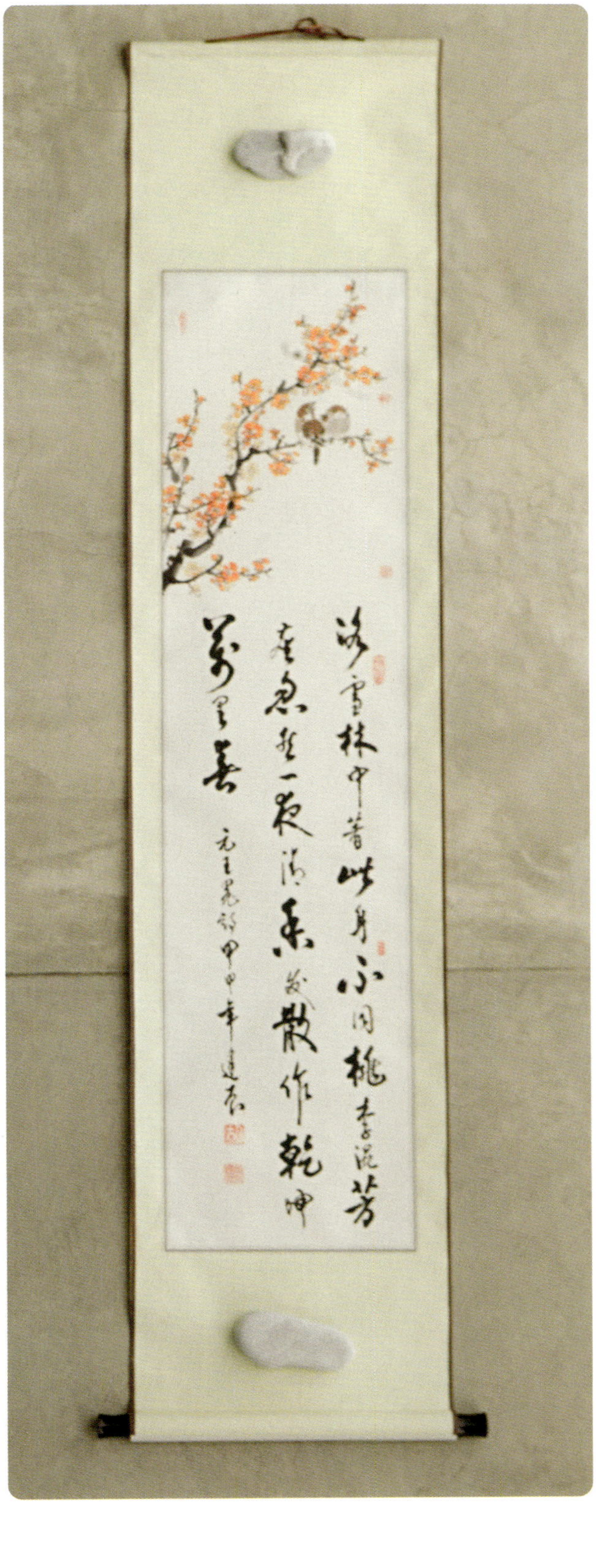

Übungen, quasi auf der Bettkante. Den dritten Teil bewältigte er im Stehen, und dazu brauchte er keinen anderen Platz, als den, den er vor dem Bett vorfand. Für den vierten Teil der Übungen aber brauchte er Bewegungsfreiheit, und diese bot sich im Wohnzimmer. Den fünften Teil aber verbrachte er bei fast jedem Wetter im Freien. Einen Tag zu beginnen, ohne die Übungen praktiziert zu haben, war für ihn undenkbar. Und was tun wir? Wie beginnen wir den Tag? Ist es nicht eine Überlegung wert, auch jeden Morgen mit Übungen zu beginnen, die uns einen Energieausgleich ermöglichen?

Auf dem Verständnis von Qi basierende Lehren

Naturgemäß wurde dem Qi des Menschen schon immer besonderes Interesse entgegengebracht. Es bildeten sich daher eine Reihe von Lehren und Techniken heraus, die versuchten, besondere Wirkungen durch eine gezielte Beeinflussung des Qi herbeizuführen. Sie können beispielsweise die Verjüngungsübungen praktizieren, die in dem Buch »Beauty-Feng Shui« beschrieben worden sind, um Ihre Gesundheit und Schönheit zu erhalten.

Natürlich können Sie auch Ihr persönliches Qi stärken, indem Sie Taijiquan erlernen oder Shaolin-Kampfkünste. In jedem Fall werden Sie an Energie gewinnen, wenn Sie die eine oder andere Form einsetzen, um Ihr Qi zu lenken, sei es auf der physischen Ebene, oder auf der geistigen. Neben allen Mitteln für Ihre Gesundheit ist es wichtig zu begreifen, dass nur Sie selbst die Verantwortung dafür tragen, wie es Ihnen geht. Sie können sehr viel für sich tun. Sie können sich auch mit den Mitteln der Traditionellen Chinesischen Medizin behandeln lassen. Leider sind in Deutschland keine hochwertigen Produkte erhältlich. In den chinesischen Apotheken der Kliniken für Traditionelle Chinesische Medizin aber werden aus den Schubladen und Säcken in Windeseile noch Kräuter zusammengestellt, die flink abgewogen eine Mischung ergeben, die für viele verschiedene Krankheiten einsetzbar ist. Sie haben die Wahl, ob Sie sich mit dieser Art der Naturmedizin oder Homöopathie bzw. Pflanzenheilkunde behandeln lassen wollen. In China lernte ich, dass jede Erkrankung als eine Qi-Störung angesehen wird. Gemäß diesem Grundsatz wird das Mittel oder werden die Mittel gesucht, die das

Gleichgewicht des Qis wiederherstellen. Das Qi der Pflanze oder des Minerals ist entscheidend dafür, ob und wie es in Ihrem Fall hilft.

Bei einer perfekten Harmonie der Kräfte von Yin und Yang ist auch der Qi-Fluss im Körper ausgeglichen. Ruhen Sie daher zur Nachtzeit, und stehen Sie beispielsweise mit den Hühnern auf. Gönnen Sie sich nach fünfzig Minuten Tätigkeit auch zehn Minuten Pause. Halten Sie damit die Kräfte von Yin und Yang in der Balance.

Das Modell der Traditionellen Chinesischen Medizin geht davon aus, dass der menschliche Körper im Inneren Funktionskreise bzw. »Elemente« aufweist, die mit einem Energiefluss korrespondieren, der teilweise an der Körperoberfläche und teilweise leicht darunter verläuft. Die Meridiane, auch »Leitbahnen« genannt, verteilen und nehmen das Qi auf.

Krankheit ist ein Produkt der Unterbrechung dieses harmonischen Flusses. Nach dieser Auffassung kann Krankheit u. a. durch mangelnden Qi-Fluss, durch Stockung, durch Mangel an Qi selbst oder durch verbrauchtes Qi, das nicht abgeleitet wurde, entstehen.

Die Idee eines den Körper durchströmenden Qi-Stromes basiert auf sehr frühen chinesischen Vorstellungen. Eine Anpassung dieser Vorstellungen an moderne naturwissenschaftliche Erkenntnisse ließ sich aus Sicht der Traditionellen Chinesischen Medizin leicht erstellen. Somit überraschte sie etwa die Entdeckung von »Bazillen« als Krankheitserreger nicht, da diese aus ihrer Sicht phänomenologisch schon seit über 2000 Jahren bekannt waren. Das Konzept des »Abwehr-Qi« konnte leicht um das Konzept der Immunabwehr erweitert werden.

Die durch die moderne wissenschaftliche Denkweise motivierte Frage nach dem Aufbau oder der Struktur des Qi ist aus Sicht der alten Chinesen nicht nur irreführend, sondern schlicht überflüssig: Nach ihrer Ansicht wird Qi allein durch seine *Wirkung* genügend beschrieben.

Qi im Außenumfeld erkennen und balancieren

»Panta rhei«, sagte der griechische Philosoph Heraklit (zwischen 540 und 535 v. Chr., † zwischen 483 und 475 v. Chr.) – »alles fließt«.

Wenn alles fließen soll, dann muss das Qi des Menschen mit dem Qi der Umgebung in Balance stehen. So kann es die vielfältigen Arten von Glück, »Fu« genannt, erzeugen. Dieses Glück, Fu, besteht aus Shi, der Glückseligkeit, dem Sho, dem Glück des langen Lebens, Lu, dem Glück des Reichtums und Fu selbst, dem selbst erschaffenen Glück, das scheinbar »Zufälliges« erkennt und sich zunutze macht.

Beginne mit dem Möglichen,
beginne mit einem Schritt.
(P. D. Ouspensky und G. J. Gurdjieff)

Wenn wir Qi im Außen aktivieren wollen, so müssen wir zunächst erkennen, wie es fließt, was es möglicherweise blockiert oder hemmt. Manchmal verschwindet Qi, und wir können es kaum dazu bringen, in unserem Umfeld zu verweilen. Deshalb ist es unerlässlich, nach dem Qi oder – wie die Chinesen sagen – dem »Atem des Drachen« Ausschau zu halten. Damit wird die günstige Energie bezeichnet, welche die Umgebung erfüllt. Die positive Art der Energie nennt man »Sheng-Qi«.

Das Sheng-Qi

Es bewegt sich langsam und auf gewundenen Bahnen, niemals aber in einer geraden Linie. Es sammelt sich an einem See, einem geschützten Gelände und an Orten, die weder zu heiß noch zu trocken, weder zu feucht noch zu kalt sind. Beispielsweise werden Sie nur noch wenige Pflanzen oben auf der Bergspitze finden, da das Qi dort nicht für alles Leben geeignet ist. An Orten aber, wo die Pflanzenwelt gedeiht und das Klima dem Menschen zuträglich ist, dort ist das Qi ausgewogen und wird den Menschen fördern. Ein guter Ort, hat einen Ortskern, der noch Bäume, einen Marktplatz, Wasser und Rastmöglichkeiten bietet. Hier verweilen die Menschen, und hier fühlen sie sich heimisch.

Das Qi des Ortes – wo wohnen Sie?

Wie bereits erwähnt, habe ich Sie danach gefragt, ob Sie sich an dem Ort, wo Sie sich jetzt befinden, auch wohlfühlen. Dies kann enorm Ihre Gesundheit beeinflussen – im Positiven wie im Negativen. Der Ort selbst sollte mit Ihren Wünschen und Hoffnungen in Übereinstimmung sein.

Eine liebe Bekannte von mir, die an Krebs verstorben ist, soll Ihnen als ein Beispiel dienen: Jahre vor ihrem Tod

berichtete sie mir, wie sie einmal einen Mann geliebt hatte, der sie von Herzen liebte, wie auch sie ihn. Beide waren voller Glück. Als er sie fragte, ob sie in sein Haus nach Nürnberg umziehen wollte, wo seine Heimat war, lehnte sie ab. Sie fühlte sich ihren Kindern und Enkelkindern verpflichtet und ist in Mainz geblieben. Ihre Wohnung lag in der Nähe des Bahnhofes an einer sehr belebten Straße. Ihr Glück wurde dadurch hinweggetragen, und die Trauer um diesen Mann, den sie wegen ihrer Kinder abgewiesen hatte, nagte an ihr und zerfraß sie förmlich innerlich. Ihre Liebe zu diesem Mann starb nie. Noch im Sterbebett erkannte sie ihren großen Fehler, ihm nicht gefolgt zu sein.

Dieses und andere Beispiele gibt es zur Genüge. Eine Krankengymnastin, die in einem Mainzer Vorort lebte, war in Liebe ihrem Mann gefolgt, der ein schönes Holzhaus an den Rheingauer Hängen hatte, umgeben von Wald und Schatten. Ich hatte sie lange aus den Augen verloren, da sie ihre Praxis aufgelöst hatte, bis ich sie nach Jahren auf einer Veranstaltung wieder sah. Sie war sichtlich gealtert, ihre Fröhlichkeit war von ihr gewichen. Sie wirkte abgemagert und unglücklich. Bei einem Glas Wein, nach den Vorträgen, schilderte sie mir ihr Leid. Am Anfang war sie glücklich gewesen, in der Natur leben zu können. Die Dunkelheit jedoch, die das Haus umgab, und auch die Feuchtigkeit, die alles klamm werden ließ, machten sie allmählich anfällig für Infektionskrankheiten, später plagten sie Depressionen. Der Lichtmangel machte ihr sichtlich zu schaffen, und sie wurde schließlich immer reizbarer ihrem Mann gegenüber. Dieser anfänglich so smarte, junge Mann wurde dadurch erst mürrisch und schließlich aggressiv. Sie ließ sich scheiden und zog endgültig aus dem Haus aus. Heute hat sie wieder eine gut gehende Praxis, und keine Spur von Leid ist ihr mehr anzusehen. Sie hat an Gewicht zugenommen, scherzt mit ihren Patienten und fühlt sich glücklicher denn je.

Sie sehen, welchen Einfluss allein die Umgebung auf uns haben kann. Deshalb lassen Sie uns weitere Punkte für ein gutes Qi im Außen durchgehen:

Das Qi des Hauses – wie wohnen Sie?

Vermeiden Sie es, an einer stark befahrenen Straße zu wohnen, da das Qi mit den Bewegungen der Autos davongetragen wird. Hilfreich ist es, wenn eine Baumreihe sich zwischen dem Gebäude, in dem Sie wohnen, und der Straße befindet, da diese das Qi aufhalten kann.

Vermeiden Sie es, am Ende einer Sackgasse zu wohnen, denn hier stockt möglicherweise das Qi, und ihr Schicksal könnte sich zum Schlechteren wenden – insbesondere wenn die Autos in gerader Linie auf den Eingang Ihres Hauses zufahren. Ein Wendehammer wäre eine gute Möglichkeit, das Qi im Bereich einer Sackgasse zu lenken, insbesondere dann, wenn es in der Mitte eine Grüninsel gibt. Sie haben auch die Möglichkeit, eine Mauer zu setzen, eine Begrünung anzulegen oder eine Baumgruppe zu pflanzen, um sich vor dem angreifenden Qi zu schützen. Besonders den Eingang Ihres Hauses sollten Sie schützen. So kann es auch ein guter Schachzug sein, diesen zu verlegen. Sprechen Sie mit Ihrem Feng Shui-Berater, in welche Richtung dies für Sie am günstigsten wäre.

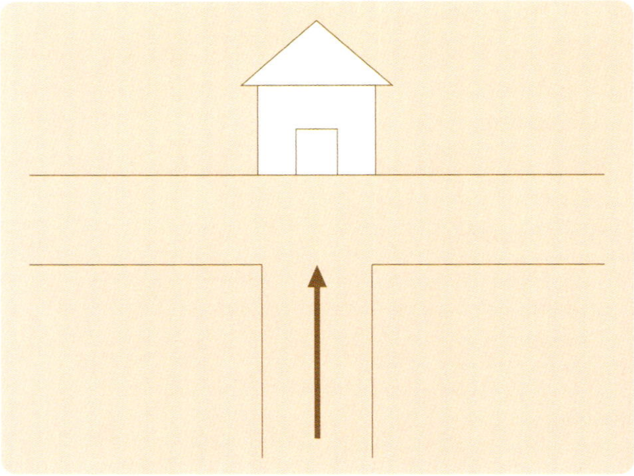

Vermeiden Sie es, am Ende einer T-Kreuzung zu wohnen, da das ankommende Qi schnurgerade auf das Gebäude, in dem Sie leben, zulaufen würde, und das Qi wie ein »Killer« auf Ihr Haus zuschießen würde. Wenn Sie die Möglichkeit haben, dann schützen Sie sich mit Mauern, Bäumen oder der Eingangsverlegung. Wenn all dies nicht möglich ist, erscheint es ratsam auszuziehen.

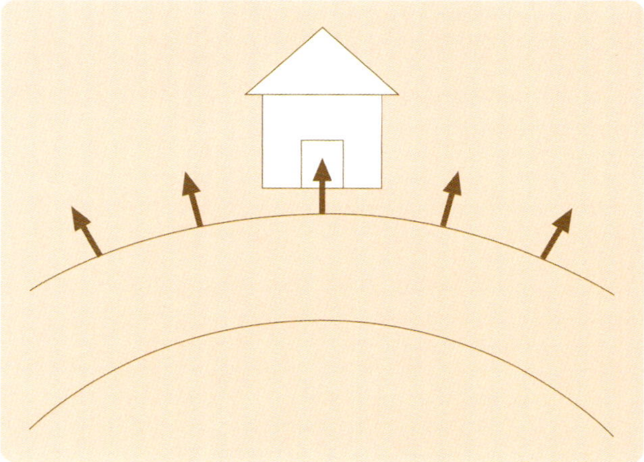

Vermeiden Sie es, am äußeren Rand einer Straßenkurve zu wohnen. Dieser Bereich gilt als »schneidendes« Sha-Qi. Die Außenseite der Kurve würde zu einem Messer, das symbolisch in Ihr Haus schneidet. Dass dies unglücklich wäre, brauche ich Ihnen sicherlich nicht weiter zu erläutern. Eine Straße sollte das Haus umarmen, um wohltätiges Qi zu verbreiten.

Straßenniveau

Gehen Sie nicht vom Straßenniveau hinab zu Ihrem Haus oder einer Wohnung. Alle Wohnungen, die unter dem Straßenniveau liegen, haben nicht genügend Yang-Qi. Chinesen, die ausgewandert sind und im Westen solche Wohnungen angeboten bekamen, bezogen sie selbst dann nicht, wenn keine Alternativen vorhanden waren. Sie wollten vermeiden, dass ihr Glück und ihre Energie schwanden.

Der Mensch muss sich hier wie »begraben« oder wie eine Maus in ihrem Schlupfloch vorkommen. Eine aufbauende Energie kann sich hieraus nicht entwickeln.

Sollten die Stufen zu Ihrem Haus nach unten führen, so empfehlen die Meister des Feng Shui, dass Sie in diesem Fall die Stufen verlegen, so dass Sie letztendlich zu Ihrem Eingang aufwärts gehen. Oder Sie installieren eine große Lichtquelle am abfallenden Grundstücksteil, um das Qi nach oben, aufwärts zu tragen. Lesen Sie dazu gern im Buch »Qi-Gardens« nach, wie Sie dies tun können.

Umgebende Gebäude

Die umgebenden Gebäude sollten nicht größer als Ihr Haus sein, da sie sonst ein bedrängendes Gefühl auslösen. In Mainz gibt es ein Wohngebiet, das ganz in diesem Sinne gebaut wurde. In der Mitte der Wolkenkratzeratmosphäre sind anderthalbgeschossige Einfamilienhäuser. Die hohen Häuser werfen, je nach Sonnenstand, den Schatten auf die Häuser, und im Garten können die Bewohner nicht sitzen, wenn sie nicht einen Balkon oder Sonnenschirm über sich haben. Sie haben zudem das Gefühl, dass sie ständig beobachtet werden. Wer solche Siedlungen plant, sollte sich dazu verpflichten, auch dort zu wohnen, um das Ausmaß dessen, was diese Anlage bei den Bewohnern bewirkt, selbst zu erleben.

Eingeklemmt

Ist man mit seinem Haus eingeklemmt zwischen zwei Häusern, ist es nur eine Frage der Zeit, wann sich die Auswirkungen in Form von Krankheiten, dem Verlust von Einkommen oder des Arbeitsplatzes bemerkbar machen. Die Missgeschicke können sich in jedweder Hinsicht auswirken.

Wohnen Sie so, dass Ihre Haustür auf die scharfe Kante eines Nachbarhauses weist? Dann sollten Sie mit der Außengestaltung dagegen steuern und eine neue Bepflanzung oder eine Mauer in Betracht ziehen. Denn die so genannten »Giftpfeile«, die von diesem Gebäude ausgehen, können für Sie sehr ungünstig sein. Dies gilt auch, wenn Sie unmittelbar gegenüber dem Eingang eine hohe Mauer haben oder einen Laternenmast, einen kranken oder kahlen Baumstamm.

Überlandleitungen

Hohe Strukturen, die weit entfernt sind, haben kaum Einwirkungen auf Sie und Ihre Gesundheit. Dennoch können Sendemasten in der Umgebung Ihr Qi der Gesundheit schädigen. Auch hier empfiehlt es sich zu überprüfen, ob Sie davon betroffen sind oder nicht. Auch zu Überlandleitungen sollte ein gebührender Abstand eingehalten werden. Ein Minimalabstand von 300 Metern ist empfehlenswert. Das Problem wird zwar allerorts seitens der Gemeinden heruntergespielt, ist aber nicht zu unterschätzen. Die Veränderungen, die bereits am Blut sichtbar werden durch die Vermehrung der weißen Blutkörperchen, können weitreichende Folgen haben.

Brücken und Kraftwerke

Wer seine Wohnung gegenüber einer Brücke, einem Kraftwerk oder anderen massiven Stahlbetonbauten hat, ist mit einem nicht förderlichen Qi umgeben. Die Bedrohung, die von diesen Strukturen ausgeht, kann durch einen Schutzwall von Laub- und Nadelbäumen aufgefangen werden.

Das Qi der Hausstruktur?

Ein gutes Haus hat einen regelmäßigen Grundriss. Jeder Bereich des Hauses hat eine eigene Bedeutung. Fehlen einzelne Hausecken, so kann es Ärger in den Bereichen geben, die nicht vorhanden sind. Vergleichbar ist ein ungünstiger Grundriss mit einem Menschen, dem ein Arm oder ein Bein fehlt. Viele Probleme ließen sich vermeiden, wenn die Architekten hier gewissenhaft vorgehen würden. Einige Beispiele für die Auswirkung von fehlenden Hausbereichen:

Fehlbereiche

- Fehlt der Nordosten, so kann es Probleme mit dem Wissen und der Weisheit geben, aber auch mit dem jüngsten Sohn.
- Fehlt der Norden, so kann dies zu Karriereproblemen führen.
- Fehlt der Süden, so kann es den Bewohnern an der Anerkennung ihrer Leistungen mangeln.
- Fehlt der Südosten, so können sich finanzielle Probleme einstellen.
- Fehlt der Nordwesten, so wird der Vater und Mann des Hauses unter Problemen leiden, aber auch hilfreiche Freunde und Geschäftspartner fehlen.
- Fehlt der Südwesten, so kann die Mutter und Frau des Hauses betroffen sein, evt. können auch Partnerschaftsprobleme auftauchen.
- Fehlt der Osten, so kann es gesundheitliche und familiäre Probleme geben.
- Fehlt der Westen, so kann es Probleme mit der Familienbeziehung geben, aber es können auch Probleme mit der jüngsten Tochter auftreten.

Das Qi des Hauskörpers sollte demnach immer vollständig sein, damit Probleme und gesundheitliche Einschränkungen nicht zum Tragen kommen. Ansonsten kann ein Ausgleich mit Lampen und Spiegeln geschaffen werden, die diese Bereiche mit einbeziehen.

Himmelsrichtung	Element
Osten und Südosten	Holz
Süden	Feuer
Südwesten und Nordosten	Erde
Nordwesten und Westen	Metall
Norden	Wasser

Innere Qi-Probleme

Die Augen entsprechen beim Hauskörper den Fenstern, die Tür dem Mund. Welches Gefühl haben Sie beim Betreten Ihres Hauses? Auch wenn Sie zur Miete wohnen sollten, müssen Sie zunächst den Eingang des Hauses passieren. Welchen Gesamteindruck von dem Haus haben Sie? Bei einer Beratung eines Rechtsanwaltes in Frankfurt, der in einer Eigentumswohnung am Ufer des Mains wohnte, wurde dieses Problem offensichtlich. Er empfing mich an der Hauseingangstür, da er meinte, ich würde sonst vielleicht den dunklen Gang zu seiner Wohnung nicht gehen wollen. Die Wände waren mit Graffiti besprüht, die Beleuchtung seit langer Zeit ausgefallen. Wir gingen einen dunklen, schmalen Gang bis zu seiner Wohnungstür. Diese war von außen vergittert und mit einem großen Schloss versehen. Nur allein für den kurzen Weg bis in das Erdgeschoss hatte er die Tür sorgfältig verschlossen! Welche Angst musste dieser Mensch ausgestanden haben? Nun, er wohnt schon lange nicht mehr dort und hat jetzt eine wunderbare Dachgeschosswohnung in einem seriösen, gepflegten Haus. Keine Gitter mehr vor der Tür, kein unwirtlicher und dunkler Gang. Er wirkt entspannt und zufrieden, nicht mehr ängstlich und angespannt, wie ich ihn vor Jahren angetroffen habe. Sie sehen an diesem Beispiel, wie das Qi des Menschen maßgeblich von seiner äußeren Umgebung beeinflusst wird.

Befindet sich die Toilette und damit die Abwasserleitung direkt über der Eingangstür, oder sehen Sie die Toilette auf den ersten Blick, wenn Sie Ihre Wohnung oder das Haus betreten? Hier hat sicherlich der Architekt nicht die Grundzüge des Qis angewandt. Denn wie beim Menschen selbst, liegt der Darmausgang im hinteren Teil des Körpers, weit entfernt vom Mund - oder dem Eingang zum Haus. Chinesen sprechen hier von großem Unglück, das die Bewohner treffen kann. Im Falle, dass sich die Toilette gegenüber der Eingangstür in gerader Linie befindet, können Sie die Tür in der Farbe der Wand streichen, sie sozusagen »verschwinden« lassen. Befestigen Sie zudem in Augenhöhe einen Baguaspiegel (geschliffener Achteckspiegel von ca. 15 cm Durchmesser), um das Qi von der Toilette abzulenken.

Sheng-Qi – aufbauendes Qi in den Räumen schaffen

Nachdem Sie sich zunächst von allem getrennt haben, was Sie in den Wohnräumen als »Müll« angesammelt haben oder was Ihnen nicht wirklich lieb und teuer ist, haben Sie die Bahn frei für den Qi-Fluss in Ihren Räumen. Für diesen **ersten Schritt** ermuntere ich jeden auch noch so müden Aufräummuffel und auch die Sammler dieser Welt, die sagen: »Das könnte ich noch irgendwann gebrauchen«, ihr Tun zu überdenken.

Im **zweiten Schritt** entfernen Sie alle Trockengestecke, die ein trauriges Dasein fristen. Denn Qi ist nicht abgestorben, und neue Energie in die Räume bringen bedeutet auch, dass Sie frische Pflanzen in die Wohnräume stellen.

Im **dritten Schritt** halten Sie nach Pflanzen Ausschau, die harte, spitze Blätter haben, wie sie die Yukkapalme hat. Nur große Räume können sie vertragen. Wenn Sie das Sofa oder Ihren Lieblingssessel aber neben einer solchen Pflanze stehen haben sollten, so schwächt diese permanent Ihr Energiefeld, wie das auch hervorstehende Ecken des Kamins tun können. Holen Sie sich großblättrige Pflanzen in die Räume, um das Qi zu erneuern. Hier eine Auswahl einiger Pflanzen, die für Ihre Räume geeignet sein können, um günstiges Qi zu erzeugen:

- **Diefenbachie** hilft, sich zu konzentrieren; ausgezeichnet für Kopfarbeiter und Schreibtischmenschen.
- **Nephrolepes**, Schwertfarn und Frauenhaarfarn – wirkt harmonisierend auf das Nervensystem.
- **Leuchterblume** für Ruhe und Gelassenheit, günstig in Schalen mit Moos für Tisch- oder Schrankecken, um diese zu verdecken.
- **Zimmerwein** – gut für Routinearbeiter, nicht für cholerische Menschen.
- **Geldbaum** verbreitet gute Laune, vermehrt den Reichtum.
- **Fensterblatt** günstig zur Raumharmonisierung; strahlt große Ruhe aus.
- **Philodendron** verhilft zu klarem Denken und strahlt Ruhe aus.

Der **vierte Schritt** gilt der Überprüfung der Raumfeuchtigkeit. Trockene Räume trocknen die Schleimhäute aus, und darauf sollten Sie es nicht ankommen lassen. Sorgen Sie dafür, dass die Luftfeuchtigkeit nicht zu hoch ist, damit Schimmelpilzen kein Nährboden gegeben wird, und nicht zu niedrig, damit Sie klar denken können, nicht permanent müde und die Schleimhäute gut befeuchtet sind. Dazu empfehlen sich hervorragend Zimmerbrunnen.

Der **fünfte Schritt** ist der Sitzverteilung und Möbelaufstellung gewidmet. Sie sollten Ihre Sitzplätze so aufstellen, dass der Rücken geschützt ist, so dass Sie »Di-Stress« (ungesunden Stress) im System vermeiden.

Im **sechsten Schritt** überprüfen Sie, ob Sie Naturmaterialien im Raum haben. Andernfalls kann es zu verschiedenen Auswirkungen von ausdünstenden Stoffen, Furnieren, Teppichböden oder Farbanstrichen kommen. Diese können Augenreizungen hervorrufen, Asthma, Hautjucken usw. Es gilt die Regel: Je mehr Naturmaterialien im Wohnraum integriert sind, umso höher ist die Wahrscheinlichkeit, dass Sie gesund bleiben. Nutzen Sie die SynErgetic-Farben, die es über ausgesuchte Fachhändler gibt, Ihrer Energie und Gesundheit zuliebe. Sie ist die erste Farbe in Europa, die wahre Wunder vollbringt. Tests beweisen: Sie gleicht energetische Defizite aus!

Ein Holzbett, statt eines Metallbettes, ein Vollholzschrank, statt eines holzfurnierten Schrankes, ein Holzboden, statt eines Laminates beispielsweise. Natürlich kann es durchaus sein, dass Sie unter einer Allergie gegen Schafwolle oder Rosshaar leiden. Dann sollten Sie diese Materialien selbstverständlich nicht integrieren. Lassen Sie sich von Ihrem Arzt oder Heilpraktiker auf Unverträglichkeiten hin testen!

Qi im Körper aktivieren

Qi ist die Lebensenergie, die im Körper wie in der Natur zu finden ist. In der Natur spiegelt sich Lebensenergie in Form von saftigen Wiesen, quellfrischem Wasser und einer reichen Fauna und Flora wider.

Im Körper sprechen wir von Qi, das die Lebensfunktionen steuert und erhält. Qi wird durch die Atmung, die Nahrung, die Hautsensoren, den Geruchs- und Gehörsinn aufgenommen und abgegeben. Qi speist so unser Dasein. Qi lässt sich zudem von unseren Gedanken steuern sowie durch die Position und Ausstattung der Innenräume lenken.

Wer sich mit seinem inneren Qi in Übereinstimmung mit dem äußeren Qi befindet, wird ein gesundes und glückvolles Dasein haben.

Die Chinesen sprechen von Energielinien oder Akupunkturpunkten im menschlichen Körper, auf denen Qi fließt. Diese Energie ist je nach Aufgabe des Qis und je nach dem Gesundheitszustand des betreffenden Menschen mehr Yin oder Yang und steht in ständigem Kontakt mit seiner Umgebung.

Sie können das Qi durch folgende Faktoren steuern:

Atmung/Bewegung

Ernährung

Denken

Das Denken

In Europa sagt man:
»Wie man sät, so wird man ernten«.

In China gibt es das Sprichwort:
»Pflanzt man eine Handlung; erntet man eine Gewohnheit;

pflanzt man eine Gewohnheit; erntet man einen Charakter;

pflanzt man einen Charakter; erntet man ein Schicksal;

pflanzt man ein Schicksal; erntet man ein Leben«.

Gewohnheiten schleifen sich im Laufe des Lebens ein. Meist ohne, dass man sie bedenkt. Ob dies nun gute und förderliche Gewohnheiten sind oder eher ungünstige, die

die Gesundheit und das Leben beeinträchtigen, das sollten Sie unter die Lupe nehmen. Denn wie Sie von der Welt denken, so schallt es zurück – und ändert sich Ihr Denken, werden sich neue Ereignisse in Ihrem Leben einstellen. Vielleicht hängen Ihre Schultern und die Psyche signalisiert einen resignierten Zustand, oder Sie wippen ständig mit den Füßen vor Nervosität. Manche reiben sich unentwegt am Kinn, weil sie wankelmütig sind. Alles das aber entspringt den Gedanken. Sie selbst haben es in der Hand, was Sie vom Leben denken.

Wir sind, was wir denken.
Alles, was wir sind, entsteht mit unseren Gedanken.
Mit unseren Gedanken erschaffen wir die Welt.

Der Dhammapada

Der Gedanke ist der Urheber, die Kraft, der automatisch die Materie und damit das sichtbare Ergebnis folgt. Bei allem, was man tut, gelten neun Bereiche des Denkens als die stärksten Triebfedern menschlichen Handelns.

1. **Triebfeder** des Denkens:
   Sie dient der Erhaltung unserer Lebens- und Zeugungskraft.

2. **Triebfeder** des Denkens:
   Sie dient der Erlangung einer glücklichen Partnerschaft, und sie gilt der Mutter – nämlich ihr zu beweisen, wer wir sind.

3. **Triebfeder** des Denkens:
   Sie dient der Gestaltung von harmonischen Beziehungen innerhalb der eigenen Familie und zu den Eltern.

4. **Triebfeder** des Denkens:
   Sie ist auf den Gelderwerb und dessen Aufteilung und Anlegung gerichtet.

5. **Triebfeder** des Denkens:
   Sie orientiert sich an dem, was wir in unserer Freizeit tun, möchte ein großes Maß an Anregung und Ruhe, je nach den Belastungen im Alltag.

6. **Triebfeder** des Denkens:
   Sie ist auf die Erhaltung eines persönlichen Freundeskreises gerichtet. Sie gilt auch dem Vater, um ihm zu beweisen, wer wir sind.

7. **Triebfeder** des Denkens:
   Sie ist auf die Erreichung zukünftiger Ziele gerichtet.

8. **Triebfeder** des Denkens:
   Sie ist einerseits zur Erlangung von Fachwissen angelegt, andererseits zur Erforschung der Fragen, wer wir sind, woher wir kommen, warum wir hier sind und wohin wir gehen.

9. **Triebfeder** des Denkens:
   Sie ist auf persönliche Anerkennung der erbrachten Leistungen bedacht.

Wenn nur eine Triebfeder nicht in Ordnung ist, kann dies weitreichende Konsequenzen für die Gesundheit haben. Wenn jemand Tag und Nacht arbeitet, weil er seinem Vater etwas beweisen will, so kann ihn das krank machen. Wer nur auf Ruhm und Anerkennung aus ist, hat vielleicht keine gute partnerschaftliche Beziehung und deshalb jede Menge Probleme und Ärger, die ihn krank machen könnten.

Sorgen Sie dafür, dass in allen Bereichen des Denkens ein Gleichgewicht herrscht und Sie weder eine Unter- noch Überbetonung auf einem Gebiet haben.

Einige Gedanken können Ihr Meridian- und Organsystem nachhaltig stärken:

- **Affirmation für den Magen:**
  Ich bin ruhig, gelassen und zufrieden.

- **Affirmation für die Milz:**
  Ich glaube und vertraue auf meine Zukunft. Ich fühle mich sicher. Meine Zukunft ist sicher.

- **Affirmation für den Dickdarm:**
  Ich bin von Grund auf rein und gut. Ich bin es wert, geliebt zu werden.

- **Affirmation für die Lunge:**
  Ich bin demütig, tolerant und bescheiden.

- **Affirmation für die Nieren:**
  Ich liebe das Leben und genieße die Vielfalt seiner Entscheidungen. Ich lerne freudig aus meinen Fehlern.

- **Affirmation für die Blase:**
  Ich bestimme selbst über mein Leben.

- **Affirmation für die Leber:**
  Ich bin glücklich und zufrieden.

- **Affirmation für die Gallenblase:**
  Ich wende mich anderen liebevoll und versöhnlich zu.

Die Ernährung

Sie sollten Ihre Nahrung grundsätzlich überdenken. Unterziehen Sie sich einem Nahrungsmittelallergietest über das Blut, um eventuelle Unverträglichkeiten zu bestimmen.

Essen Sie achtsam:

- Hören Sie auf zu essen, bevor Sie satt sind.
- Beobachten Sie Ihre körperlichen Reaktionen auf Lebensmittel, die Sie zu sich nehmen.
- Trinken Sie, auch wenn Sie keinen Durst haben, täglich zirka anderthalb Liter Wasser ohne Kohlensäure.
- Kauen Sie jeden Bissen gründlich.
- Essen Sie naturbelassene Lebensmittel, und bereiten Sie diese schonend zu.
- Gönnen Sie Ihrem Körper einen Tag in der Woche, an dem er fastet. Dies gilt nicht für Diabeteskranke, oder wenn Ihr Arzt aus anderen Gründen davon abrät.

Was Sie meiden sollten:

Meiden Sie Lebensmittel mit Süßstoffen und künstlichen Aromen und Haltbarmachern.

Meiden Sie Zucker, da ein Übermaß an Zucker zu viel Yin im Körper erzeugt. Sie verschleimen regelrecht. Natürlich bekommen Sie auch Fettdepots an unerwünschten Stellen, aber nicht nur das. Im Fettgewebe werden auch die Gifte des Stoffwechsels abgelagert. Sie tragen sozusagen eine Mülldeponie mit sich herum.

Auch Milch und Käse sind schwer verdaulich und sollten nur in geringen Mengen gegessen werden. Dagegen sind Wildkräuter, Obst und Gemüse aus biologisch dynamischem Anbau vorzuziehen. Bedenken Sie natürlich auch Ihre Blutgruppe. Ein Mensch mit der Blutgruppe 0 kann Fleisch gut vertragen (aber auch nicht jeden Tag!), währenddessen ein Mensch mit der Blutgruppe A eher ein Vegetarier ist oder ein Mensch, der besser Gemüse verdauen kann, aber weniger gut Fleisch.

Yin und Yang in der Nahrung

Natürlich müssten Sie jetzt individuell von Ihrem Arzt, Ernährungsberater oder Heilpraktiker beraten werden. Was Sie aber an sich durchaus beobachten und berücksichtigen sollten, ist die Wirkung von Lebensmitteln. Die einen wärmen, die anderen kühlen. Wenn man die Nahrungsmittel kennt, die kühlen, kann dies sehr günstig sein, wenn man Fieber hat. An einem warmen Sommerabend wird man auch eher den kühlenden Weißwein bevorzugen, während man an kühlen Winterabenden dem Rotwein den Vorzug gibt. Wenn Sie sich damit beschäftigen wollen, so können Sie gern mehr zum Thema dem Buch »Die chinesische Diätetik« entnehmen.

Wer therapeutisch die Grundsätze von Yin und Yang in der Nahrung berücksichtigen möchte, muss zwischen Kälte- und Wärmekrankheiten unterscheiden.

Je nachdem, um welche Art es sich handelt, wird die Ernährung entsprechend umgestellt. Natürlich gilt der Grundsatz gestern wie heute: Vorbeugen ist besser als heilen!

Atmung/Bewegung

Wenn Sie, wie Dr. Li Pei, jeden Morgen beginnen, ein paar Atemübungen zu machen, so haben Sie für den ganzen Tag gesorgt. Ich mache meine Verjüngungsübungen, andere Taijqui, wieder andere Qi-gong.

Sie können auch bewusst lernen, in bestimmte Bereiche zu atmen, die schmerzen. Denn Schmerz ist ja der Schrei des Gewebes nach fließender Energie, freiem Qi-Fluss! Lenken Sie Ihre Hände und dann auch Ihre Atmung auf schmerzende Stellen, und atmen Sie dorthin bewusst ein und langsam aus. Die Atmung kann Ihnen helfen, alle Organsysteme besser zu durchbluten und auch Qi dorthin zu lenken, wo »Reparatur-Qi« möglicherweise gebraucht wird. Denken Sie nur an die Meister des Qi, die bei klirrender Kälte ohne Mantel auskommen, weil sie ihr Qi lenken. Oder die Shaolinmönche, die mit Konzentration, Atmung und Bewegung Qi so lenken können, dass sie die wundersamsten Dinge vollbringen können.

Natürlich können Sie auch gehen, joggen, schwimmen und Rad fahren. Was auch immer Ihnen gut tut, ist legitim. Jede Übertreibung ist aber nicht förderlich. Doch ohne Bewegung werden die Gelenke bald rebellieren, und ohne bewusste Atmung werden Sie vielleicht zu Verstopfungen neigen, oder der Brustkorb wird immer weiter einfallen. Achten Sie darauf, wie Sie am Schreibtisch sitzen, im Auto oder auf der Couch etc. Die Haltung bestimmt einen Großteil der Atmung! Eingefallene Schultern nach vorn, sind ein sicheres Zeichen von einer flachen Atmung. Mit der Atmung wird kostbarer Sauerstoff eingeatmet und verbrauchte Luft ausgeatmet. Eine eingeschränkte Atmung versorgt beispielsweise die Zellen nicht genügend mit Sauerstoff und kann die Durchblutung reduzieren. Das Gesicht bekommt dann einen fahlen Ton.

Wenn Sie die Techniken der Shaolinmönche zwar begeistern, Sie diese aber als zu schwer erlernbar erachten, versuchen wir es doch zunächst mit herkömmlichem Sport. Beginnen Sie in jedem Fall mit Aufwärmübungen, damit Sie sich keine Sportverletzung einhandeln.

Aufwärmübungen

Aufwärmen bedeutet, eine gezielte Steigerung der Körpertemperatur und die Vorbereitung aller körperlichen Funktionssysteme auf die anschließende sportliche Leistung. Es ist aus mehreren guten Gründen wichtig: Erstens steigert ein gutes Aufwärmen die Leistungsfähigkeit des Körpers, d. h. das Training wird effektiver. Zweitens kann damit Sportverletzungen vorgebeugt werden. Jedem sportlichen Training sollte eine Aufwärmphase (10 bis 15 Min. lockeres Traben, Dauerlauf) vorangehen. Anschließend folgen ca. 5 Minuten Dehnungsübungen. Die Auswahl dieser Übungen hängt von der gewählten Sportart ab und sollte mit dem sportlichen Betreuer abgestimmt werden. Einige allgemeine Übungen habe ich für Sie zusammengestellt:

Wichtig dabei: Bei den Dehnungen nicht nachfedern oder wippen. Es besteht die Gefahr von Zerrungen und Muskelfaserrissen.

Dehnung der Wade und Achillessehne

Mit den Armen an einer Wand oder einem Baum abstützen und einen großen Ausfallschritt vornehmen. Kopf, Oberkörper und hinteres Bein bilden eine Linie. Die Ferse bleibt fest auf dem Boden. Ca. 20 Sekunden halten. Dann auf das andere Bein wechseln.

Dehnung der Vorderseite des Oberschenkels

In aufrechter Haltung die Knie leicht beugen. Wirbelsäule und Kopf bilden eine Linie. Einen Fuß am Fußgelenk umfassen und zum Gesäß ziehen. Die Hüfte stabil halten, die Knie bleiben nebeneinander. Spannung 20 bis 30 Sekunden halten, dann die Seite wechseln.

Dehnung des hinteren Oberschenkels

Knie beugen und einen Fuß weit nach vorne stellen. Die Fußsohle berührt den Boden nicht. Oberkörper leicht nach vorne beugen und die Hände auf den Oberschenkeln ablegen. 20 bis 30 Sekunden halten und dann auf das andere Bein wechseln.

Dehnung der Außenseite des Oberarms

In aufrechter Haltung Arme nach oben strecken. Hinter dem Kopf mit einer Hand den Ellenbogen des anderen Arms umfassen. Den Arm Richtung Kopf ziehen. Spannung 20 bis 30 Sekunden halten, dann die Seite wechseln.

- **Dehnung der seitlichen Hals- und Nackenmuskulatur**

In aufrechter Haltung mit der Hand an die andere Seite des Kopfes (oberhalb des Ohres) fassen. Der Kopf ist leicht zur Seite gebeugt. Nun mit dem Kopf gegen die Hand drücken. Der andere Arm verläuft neben dem Körper. Es wird eine Spannung über den ganzen Arm aufgebaut. Der Handrücken drückt nach oben. Spannung pro Seite ca. 20 Sekunden halten.

Sportverletzungen – schnelle Heilung durch effektive Schwellungsminderung

Sport ist für viele Menschen ein guter Ausgleich zu Hektik und Stress des Alltags. Leider sind dabei Sportverletzungen nicht selten. Allein in Deutschland ereignen sich jährlich über 1,5 Millionen Sportverletzungen. 80 % aller Sportverletzungen sind dabei Prellungen, Verstauchungen oder Zerrungen.

Entscheidend für einen optimalen Heilungsprozess ist eine möglichst schnelle Erstversorgung.

Bei einer Sportverletzung kommt es zu einem verstärkten Flüssigkeitsaustritt in das Gewebe und zum verstärkten Austritt von »Reparaturstoffen«. Außerdem wird Gewebe zerstört und die anfallenden Zelltrümmer müssen abtransportiert werden. Dafür ist in erster Linie das Lymphgefäßsystem verantwortlich.

Es muss die zusätzlich anfallenden Stoffe schnellstmöglich abtransportieren. Sobald es dabei überfordert ist, kommt es zur Bildung von Schwellungen (Ödemen). Diese bewirken einerseits Schmerz durch die Dehnung des Gewebes, andererseits aber auch eine Verzögerung der Heilung, da durch die Schwellung die Versorgung der umliegenden Zellen sehr erschwert wird.

Merke: Eine schnelle Reduktion der Schwellungen ist entscheidend für den schnellen Heilungsprozess. Dies ist sehr gut möglich mit der so genannten »PECH«-Behandlung.

Was sollte man bei Sportverletzungen sofort tun?

Es ist oberstes Ziel der Akutbehandlung bei den meisten Arten von Sportverletzungen, die körpereigenen Heilungsmechanismen zu unterstützen, Schmerzen zu stillen und eine Schwellung sowie Blutergüsse weitestgehend zu verhindern. Das geht am allerbesten durch Anwendung des Pech-Schemas in Verbindung mit LYMPHDIARAL® sensitiv Salbe N.

P	Pause		• Schmerzlinderung
E	Eiskühlung	=	• Entzündungsminderung
C	Compression		• Schwellungsminderung
H	Hochlagerung		• schnelle Regeneration

Pause

Die (sportliche) Tätigkeit muss sofort eingestellt werden, die betroffenen Gelenke und Muskeln dürfen nicht mehr weiter belastet werden! Andernfalls können Verschlimmerungen des Beschwerdebildes auftreten!

(Eis-) Kühlung

Es gehört zum Standard, auf frische Verletzungen und Schwellungen etwas Kühles zu legen. Kälte bewirkt in erster Linie eine Schmerzlinderung. Darüber hinaus verengt Kälte die Blutgefäße und vermindert den Stoffwechsel und damit die Menge der infolge der Verletzung ins Gewebe austretenden Flüssigkeit. Dadurch wird die Bildung von

Schwellung und Bluterguss vermindert. Extreme Kälte, wie sie durch Verwendung von Eisspray erzeugt wird, ist aber kontraproduktiv:

Starke Kälteeinwirkung zerstört das Gewebe und führt daher zu einer Verstärkung der Entzündungsreaktion und damit zu einer Verstärkung des Flüssigkeitsaustritts ins Gewebe. Außerdem kommt es nach der Eisentfernung zu einer verstärkten Durchblutung, also Erwärmung der verletzten Stelle, die gekühlt werden sollte.

Vorgehensweise: Statt Eisspray lieber moderate Kühlung: kaltes Leitungswasser, wärmeentziehende Wickel, gelhaltige Kühlpackungen.

Kompression

Bei einer Verletzung kommt es immer zum Zerreißen von kleinen Blutgefäßen und damit zum Austritt von Blut ins betroffene Gewebe, also zum Bluterguss. Die Lymphgefäße müssen nun dieses geronnene Blut und alle Zelltrümmer und die zusätzlich ausgetretene Flüssigkeit abtransportieren. Damit sind die Lymphgefäße im betroffenen Gebiet zunächst überfordert, es kommt zur Schwellung.

Durch Kompression wird bewirkt, dass die zusätzliche Flüssigkeitsmenge auf eine größere Fläche verteilt wird und damit mehr Lymphgefäße in den Abtransport einbezogen werden können.

Vorgehensweise:

1. LYMPHDIARAL® sensitiv Salbe N messerrückenstark auftragen.
2. Elastische Binde anfeuchten. Wenn möglich in Eis-Wasser tränken.
3. Elastische Binde mit leichter Spannung anlegen.

Bei folgenden Komplikationen sollte ein Verband sofort entfernt werden:

- stark zunehmende Schmerzen;
- starke Schwellungen, bzw. blaue oder weiße Verfärbungen der Finger und Zehen, die trotz Hochlagerung nicht zurückgehen;
- Taubheitsgefühl, Kribbeln.

Hochlagerung

Die Hochlagerung des betroffenen Körperteils unterstützt, wie die Kompression auch, den Abtransport der Flüssigkeit über die Venen und vermindert damit Schwellung und Blutungsneigung.

Jede Minute zählt

Die Behandlung einer Muskelverletzung muss sofort erfolgen. Man rechnet heute damit, dass jede Minute Zeitverlust nach der Verletzung einen Tag verlängerte Beschwerden bedeutet. Das gilt bis etwa zur 10. Minute. Eine schnelle, effektive Behandlung kann Schmerzen, Funktionseinschränkungen und langwierige Heilungsprozesse vermindern.

Merke: Erst wenn die Schwellung beseitigt ist, kann das Gewebe abheilen!

Wirkfaktor Lymphe – Qi gewinnen mit einem intakten Immun- und Lymphsystem

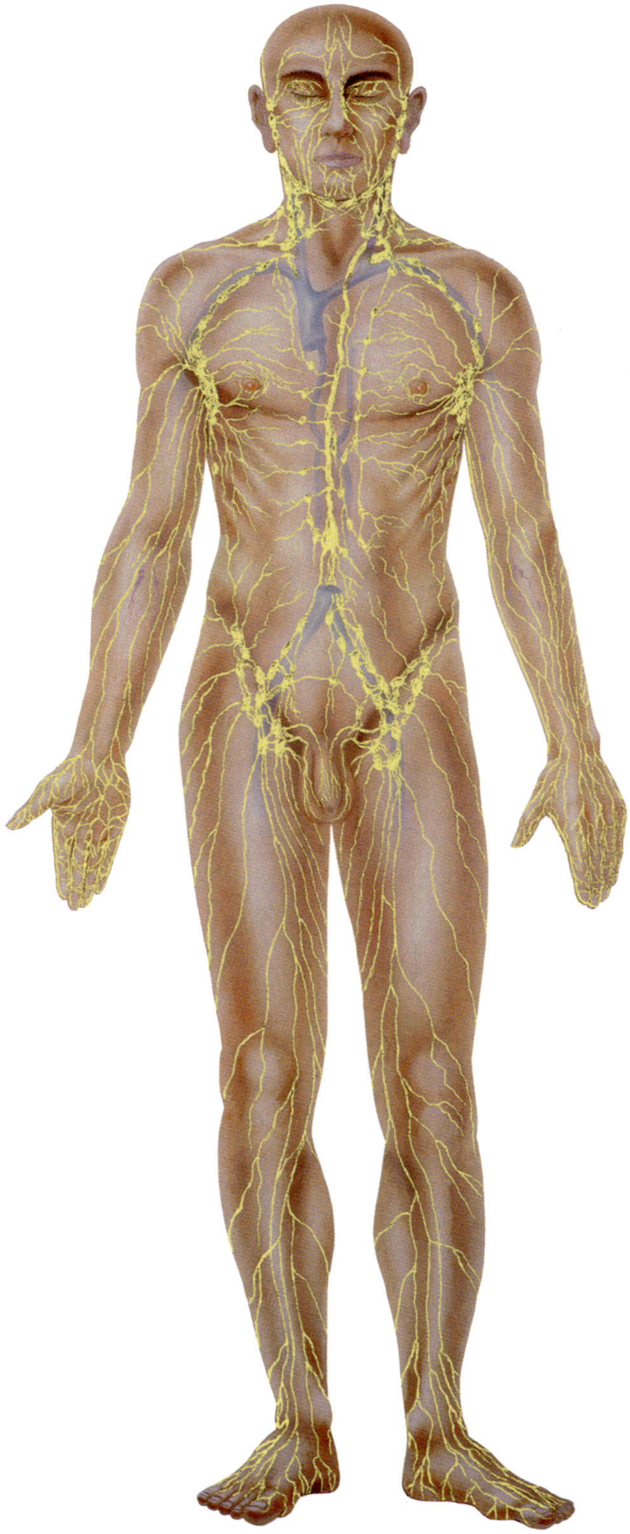

Eine der Aufgaben des Lymphsystems ist es, Stoffwechselendprodukte, Zelltrümmer, abgestorbene Zellen, Fremdkörper und Lymphflüssigkeit aus dem Gewebe abzutransportieren. Die Lymphgefäße kann man sich in ihrem Ursprungsgebiet als ein Drainagesystem vorstellen: Spalten ermöglichen, dass auch große Zelltrümmer, Gewebezellen und überschüssige Flüssigkeit abtransportiert werden können.

Die so entstandene Lymphflüssigkeit wird im Weiteren über größere Lymphgefäße, die nicht mehr durchlässig sind, in Richtung Herz transportiert. Kurz vor dem Herzen münden die sog. Lymphstämme in eine Vene. Damit fließt die Lymphe letztendlich dem Blutkreislauf zu.

Das Lymphsystem ist mit dem Immunsystem eng verzahnt. Auf dem Weg durch den Körper sind den Lymphgefäßen die Lymphknoten zwischengeschaltet. Diese dienen der »Reinigung« der Lymphe. In den Lymphknoten sind viele Abwehrzellen lokalisiert, die die Krankheitserreger mit der Lymphflüssigkeit abtransportieren, abbauen bzw. unschädlich machen.

Neben diesen Entsorgungsaufgaben hat das Lymphsystem eine weitere wichtige Aufgabe: Es dient neben dem Blutsystem als Transportweg für die Zellen des Immunsystems, die für die Stärke der Abwehrkräfte verantwortlich sind. Ein guter Lymphfluss zwischen Gewebe und Lymphknoten ist wichtig, damit eine Aktivierung von speziellen Immunzellen in den Lymphknoten stattfindet, falls Erreger wie beispielsweise Bakterien in das Gewebe eingedrungen sind. Immunzellen und Antikörper gelangen dann in das betroffene Gewebegebiet, um die Eindringlinge zu bekämpfen. Man kann sagen, dass ohne einen angemessenen Lymphfluss das Immunsystem nicht optimal arbeiten kann.

Lymphödem

Unter einem Ödem versteht man eine Schwellung, die auf Flüssigkeitsansammlungen im Gewebe zurückzuführen ist. Ödeme entstehen oft dann, wenn ursprünglich gesunde Lymphgefäße beschädigt sind. Dann kann die Lymphe aus dem Gewebe nicht ausreichend abtransportiert werden. Man spricht von einem sekundären Lymphödem.

Häufige Ursache für ein sekundäres Lymphödem ist die operative Entfernung von Lymphknoten, z. B. im Bereich der Achseln bei Brustkrebs. Durch das Herausschneiden von Lymphknoten wird der Lymphabfluss unterbrochen. Als Folge kommt es zu einem Rückstau der Lymphe, was eine Anschwellung des betroffenen Armes bedingt. Werden Lymphknoten in der Leiste entfernt, können sich Ödeme in den Beinen entwickeln.

Im Anfangsstadium ist ein Lymphödem nur als leichte Schwellung zu bemerken, die durch Hochlagerung zurückgeht. Oft wird es vom Patienten unterschätzt, weil kein direkter Schmerz damit verbunden ist und eine Volumenzunahme des Ödems nur langsam fortschreitet. Wichtig ist, dass zu diesem Zeitpunkt schon eine adäquate Behandlung beginnt, denn schon in diesem Stadium werden Prozesse eingeleitet, die zu einer Verschlimmerung des Lymphödems führen.

Wie bei der Heilung einer Wunde, wird im Ödembereich neues Gewebe gebildet. Das anfängliche weiche und reversible Ödem dehnt sich aus, wird fest und bleibt auch dann bestehen, wenn die betroffene Extremität hochgelagert wird (Fibrose). Gleichzeitig neigt es zu Entzündungen, da durch den schlechten Lymphfluss die Abwehrleistung des Immunsystems in diesem Körperbereich nicht mehr ausreichend gewährleistet ist. Mikroskopisch kleine Verletzungen der Haut, durch die Bakterien eindringen, können dann schon zu massiven Infektionen führen.

Wichtig: Konsultieren Sie schon bei geringsten Anzeichen eines Lymphödems Ihren Arzt oder Heilpraktiker.

Behandlung von Lymphödemen

Die Therapie eines Lymphödems ist sehr aufwendig, führt aber meist zum Erfolg, wenn die Behandlungsmethoden konsequent durchgeführt werden.

Lymphödeme werden meist in einer Kombination von mehreren Behandlungsbausteinen therapiert, die unter dem Begriff Komplexe Physikalische Entstauungstherapie (KPE) zusammengefasst werden. Dazu gehören:

Manuelle Lymphdrainage

Die Manuelle Lymphdrainage ist eine sanfte Behandlungsmethode. Dabei werden Handgriffe angewendet, die entweder zur Anregung der Lymphgefäßtätigkeit (weiche, lediglich die Haut vorsichtig dehnende Griffe) dienen, oder im eigentlichen Lymphödemgebiet eine Lockerung bzw. Verschiebung und Verdrängung der Ödemflüssigkeit (leichte bis sehr feste Griffe) bewirken sollen.

Medikamente, die den Lymphfluss fördern

Um die Wirkung der Manuellen Lymphdrainage zu intensivieren und zu optimieren, ist es ratsam, nach der Behandlung LYMPHDIARAL® sensitiv Salbe N im Ödembereich bzw. im dazu gehörenden Lymphabflussbereich aufzutragen.

Hierdurch kommt es zu einer verbesserten Entgiftung und Reinigung der Lymphe sowie zu einem beschleunigten Lymphfluss. Auch zwischen den Behandlungsterminen sollte die Salbe wiederholt angewendet werden.

Kompressionstherapie/Hautpflege

Das Prinzip der Kompressionstherapie ist es, das Gewebe von außen mit Druck zu unterstützen und somit den Lymphabfluss zu verbessern. Dies geschieht mit Kompressionsbandagierung oder Kompressionsstrümpfen. Da die Haut bei Lymphödemen zu Infektionen und Entzündungen neigt, sollte auch bei einer Kompressionstherapie eine regelmäßige Anwendung von LYMPHDIARAL® sensitiv Salbe N erfolgen. Durch ihre antientzündliche und Lymphabfluss fördernde Wirkung wird die Infektions- und Einzündungsneigung vermindert.

Bewegungstherapie/Krankengymnastik/ Physiotherapie

Bei einem über Jahre bestehenden Ödem können sich Bewegungseinschränkungen einstellen. Dem sollte in Zusammenarbeit mit einem Physiotherapeuten durch spezielle Übungen vorgebeugt werden. Wichtig ist es, dass auch beim Tragen von Kompressionsstrümpfen bzw. von Bandagen für ausreichend Bewegung gesorgt wird, damit durch

Anspannung und Entspannung der Muskeln die Odemflüssigkeit abtransportiert wird.

Erkältungen und Erkrankungen im Kopf- und Halsbereich

Mund und Nase sind wichtige Eintrittspforten für Nahrung und Sauerstoff. Aber auch Mikroorganismen, z. B. Bakterien und Viren sowie Schadstoffe, gelangen durch diese Eintrittswege in den oberen Verdauungstrakt.

Um diese über kurze Wege schnell zu neutralisieren und somit Infektionen des Körpers zu vermeiden, ist in diesem Bereich das Abwehrsystem besonders effektiv organisiert: 35% aller Lymphknoten des Körpers sind im Hals-Nackenbereich positioniert. Man bezeichnet diesen Bereich als »Lymphatischen Rachenring«.

Die Aufgabe dieser Lymphknoten, in denen hohe Konzentrationen spezialisierter Immunzellen (T- und B-Lymphocyten) vorliegen, ist es, eine für den Erreger maßgeschneiderte Abwehr zu initiieren. Damit diese Prozesse optimal ablaufen, ist es wichtig, dass der Lymphfluss zwischen den Schleimhäuten in Nase/Mund und den entsprechenden Lymphknoten gewährleistet ist.

Die häufig bei Infekten eingesetzten Vitamine, Mineralstoffe oder Echinacea-Extrakte zur Stärkung der Immunzellen sind förderlich, reichen aber nicht aus. Auch der Lymphfluss muss gefördert werden, denn nur dadurch wird gewährleistet, dass eine auf den Erreger speziell zugeschnittene Abwehr in Gang gesetzt wird und auch die Immunzellen/Antikörper an den Ort des Geschehens gelangen können.

Oft schwellen bei Infekten die Schleimhäute des Rachens, der Nase, der Nasennebenhöhlen bzw. im Mittelohr stark an, was sehr schmerzhaft sein kann. Das Lymphsystem ist dann überlastet. Um wichtige Heilungsprozesse in Gang zu setzen und zu beschleunigen, sollte der Lymphfluss angeregt werden. Dazu können Techniken der manuellen Lymphdrainage Anwendung finden oder homöopathische Arzneimittel eingesetzt werden.

Speziell für rezidierende Mandelentzündungen und Lymphknotenschwellungen wurden LYMPHDIARAL® Halstabletten entwickelt. Sie fördern den Lymphabfluss speziell im Hals- und Kopfbereich und stärken gleichzeitig die Immunabwehr. Wichtig ist es, die Tabletten beim Auftreten der ersten Krankheitssymptome zu nehmen und sie dabei einige Zeit im Mund zu belassen, um die Aufnahme über die Schleimhäute zu intensivieren.

Tipp: Bei sehr schmerzhaften Halsbeschwerden mit geschwollenen Mandeln haben sich Halswickel mit LYMPHDIARAL® sensitiv Salbe N bewährt, die über Nacht angelegt werden. Dazu die Salbe im Bereich der geschwollenen Lymphknoten auftragen und mit einem alten Halstuch umwickeln. Oft sind dann die Schmerzen und Schluckbeschwerden schnell vorüber.

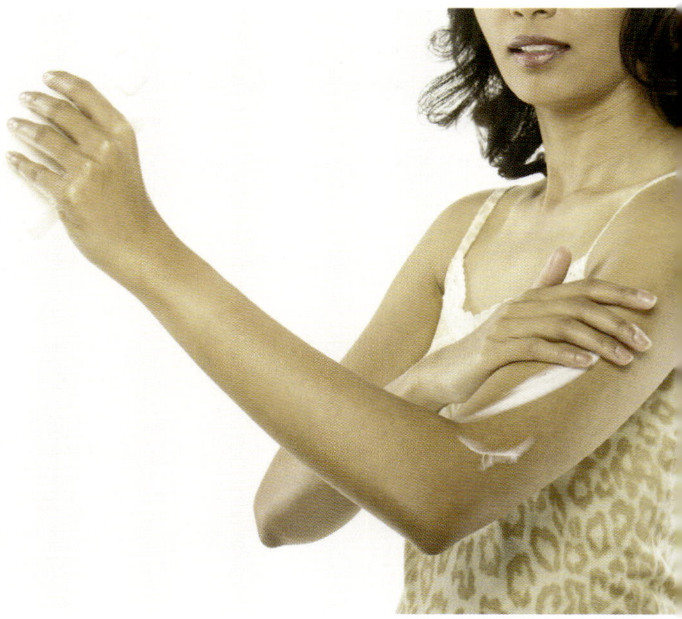

Cellulite – effektive Gewebeentschlackung durch Förderung des Lymphflusses

Besonders im Sommer betrifft und belastet das Thema Cellulite viele Frauen. Die Ursache ist eine strukturelle Veränderung des Unterhautfettgewebes: Die für das weibliche Bindegewebe typischen Fettzellkammern schwellen an, beulen sich nach außen und das bekannte Cellulite-Muster wird sichtbar.

Die prallen Fettzellkammern drücken auf die Lymphgefäße. Der Lymphabfluss wird behindert, und Schlackestoffe können nicht mehr effektiv abtransportiert werden. Überschüssige Flüssigkeit verbleibt im Gewebe, was zu einer stärkeren Ausprägung der Cellulite führt. Ein Teufelskreis entsteht, da ein verringerter Lymphabfluss die vermehrte Ablagerung von Speicherfetten im Bindegewebe fördert. Ist zusätzlich der Organismus durch falsche Ernährung übersäuert, kann die Cellulite zusätzlich verstärkt werden.

Was ist zu tun?

Lymphfluss fördern

Bindegewebe entsäuern

Sehr gute Ergebnisse werden mit der Manuellen Lymphdrainage erzielt, wobei durch gezielte Massagegriffe der Abfluss der Lymphe gefördert und damit das Hautbild verbessert wird. Zu Hause kann man den Abtransport von Schlackestoffen und Gewebswasser mit der lymphabflussfördernden LYMPHDIARAL® sensitiv Salbe N erzielen, die speziell für Flüssigkeitsansammlungen im Gewebe entwickelt wurde. Sie ist als Arzneimittel nur in Apotheken rezeptfrei erhältlich und nicht zu verwechseln mit kosmetischen Cellulite-Cremes.

Durch eine Ernährungsumstellung (basenreiche Lebensmittel, z. B. Obst, Gemüse) kann das Bindegewebe entsäuert werden. Einen Anhaltspunkt für eine Säurebelastung können Messungen des pH-Wertes des Urins liefern. Wenn notwendig, sollte die Ernährung mit mineralischen Nahrungsergänzungsmitteln ergänzt werden, z. B. Basentabs Pascoe.

3 Der Befreiungsfaktor

Wie man Ballast aus seinem Umfeld entfernt

Alles, was uns umgibt, geht Hand in Hand mit unserem Denken. Je mehr sich in den Ecken stapelt, umso mehr Fotos darauf warten eingeklebt zu werden, Schubladen voller Dinge, von denen wir nicht mehr wissen, dass wir sie haben, Schränke voller Kleidung, die längst aus der Mode sind und auch sonst nicht mehr passen – alles das wartet darauf, von Ihnen entrümpelt zu werden. Le Corbusier sagte einmal: »Raum, Licht und Ordnung – das sind Dinge, die wir Menschen ebenso brauchen wie Brot und einen Platz zum Schlafen.« Fragen Sie sich, ob Sie unliebsame Geschenke besitzen, Dinge, die nicht mehr benutzt werden, halb angefangene Sachen, die niemals vollendet wurden, oder Dinge, die nicht regelmäßig benutzt werden. Denn denken Sie immer daran: Alles, was sich in unserem Umfeld befindet, hat auch Wirkungen auf uns.

Das äußere Umfeld ist ein Spiegel unserer Persönlichkeit. Die äußere Realität reflektiert die Geschehnisse in unserem Leben. Eine mit Krimskram voll gestopfte Umgebung erschwert es der positiven Energie, durch das Haus zu strömen, und beraubt uns so der Vitalität, die wir andernfalls gewinnen könnten. Befreien Sie sich!

Wer zu viele Möbel, zu viele Bilder und zu viele Dekorationen angehäuft hat, hat das Qi seiner Umgebung verstopft oder gänzlich erstickt. Freie Plätze oder eine freie Wand, an der nichts oder nur ein einziges Bild hängt, geben uns Energie und Konzentration. Ich habe spezielle Energiebilder nach den fünf Elementen Feuer, Erde, Metall, Wasser und Holz entwickelt. Solche Bilder schenken

Energie und Klarheit. Probieren Sie diese gern aus. (Die Bezugsadresse dazu finden Sie im Anhang.)

Eine Wand mit nur einem Bild schenkt Kraft und Klarheit im Raum, vorausgesetzt, er ist auch sonst entrümpelt. Wer keinen freien Platz mehr findet, um seinen Gedanken nachhängen zu können, wird instinktiv seine Zeit mehr auswärts zubringen.

Wie viele Zeitschriften und Zeitungen haben Sie, die Sie niemals mehr lesen werden? Wie viele Stapel behindern Ihren freien Durchgang irgendwohin? Machen Sie Schluss damit! Treffen Sie jetzt die Entscheidung, nicht nur innerliche Schlacken loszuwerden, sondern auch äußere. Entschlacken Sie Ihre Räume und sich selbst. Kommen Sie zur inneren Klarheit, und treffen Sie bewusst die Entscheidung, jetzt, sofort damit zu beginnen, Ihre Räume mit Lebensenergie zu erfüllen und gründlich auszumisten. Jedes Loslassen von alten Besitztümern, die nicht mehr von Wert für Sie sind, ist eine Bereicherung. Beginnen Sie damit, Ihre Räume atmen zu lassen. Eine vollgestopfte Umgebung macht langsam und schwerfällig. Man hält an Vergangenem fest, statt auf die Zukunft zu bauen und zu vertrauen. Glauben Sie mir: Sie werden auch in Zukunft alles haben, was Sie zu Ihrem Leben benötigen! Mit dieser Einstellung bleiben Sie optimistisch, lebensfroh und wesentlich gesünder.

Jeder, der angefangen hat, den Raum zu befreien, wird unglaublich viel neue Energie spüren. Alles, was nicht mehr funktioniert, muss weg oder repariert werden. Ein tropfender Wasserhahn kann Blasenprobleme bringen, Kabel, die offen auf der Erde liegen, können zu einer Reizüberflutung und zu Nervosität führen. Volle Bücherregale über Ihrem Sofa können einen Druck ausüben, der zu Nackenverspannungen führt.

Beschenken Sie andere mit für Sie überzähligen Dingen, und ernten Sie somit noch Lob, Freude und Anerkennung. Oder spenden Sie einen Teil der Dinge wohltätigen Organisationen. Wenn Sie etwas partout nicht benötigen, aber wollen, dass es nicht ganz verschwindet, so machen Sie es wie ich: Meine Geschwister haben von mir nicht mehr benötigte kleine Möbelstücke und Accessoires von mir, quasi in Obhut. Ich könnte sie jederzeit wieder haben – und das beruhigt. Ich verschenke aber auch gern an bedürftige Familien in Algerien (Adressen bei mir gern nachfragen) oder an Personen, von deren Problemen ich weiß.

Zweimal jährlich wird bei mir ausgemistet: Einmal im Januar, vor dem Jahreswechsel zum chinesischen Jahr, und einmal im Sommer, um unbeschwert in den Herbst gehen zu können. Bei jedem Kauf frage ich mich, ob ich dies wirklich benötige und wenn ja, wohin ich es stellen würde. Sie werden feststellen, dass sich so manches Urlaubsmitbringsel erübrigt. Dagmar Paleit, eine Freundin von mir, sagte einmal: »Die Geschenke sind am besten, die man essen oder anderweitig verbrauchen kann.« Ihr kann ich nur zustimmen. Wenn Sie so handeln, tun sich plötzlich neue Wege auf, und Menschen, wie neue Möglichkeiten »fliegen« Ihnen förmlich zu, alte, längst verschollene geglaubte Bekannte melden sich unverhofft und Probleme lösen sich. Sie haben den Weg frei gemacht, um Wunderbares in Ihr Leben einzulassen. Wenn Sie jetzt das Buch aus der Hand legen, um mit dem Sichten der ersten Schublade zu beginnen, so beglückwünsche ich Sie. Denn alles, was Sie nicht innerhalb von 48 Stunden nach dem ersten Gedanken daran begonnen haben, wird sich wie im Sande verlaufen.

Befreien Sie sich von Gedankenballast

Krankheit und Gesundheit sind keine statischen Zustände, sondern zeigen sich als ergänzende Aspekte eines einheitlichen Prozesses. Der Mensch ist ein ganzheitliches Wesen, und Störungen im emotionalen Bereich, wie auch ungünstige Wohn- Lebensumstände, soziale Schwierigkeiten und eine ungesunde gedankliche Einstellung können das Gleichgewicht Mensch beeinträchtigen und zu Krankheiten führen. Welcher Arzt fragt Sie, ob Sie am Arbeitsplatz, mit den Kindern, Ihren Eltern oder dem Partner Schwierigkeiten haben? Vielleicht rühren Ihre Krankheiten daher? Ein entzündeter, geschwollener Hals kann signalisieren, dass wir über unsere Worte nachdenken sollten. Zudem können Schluckbeschwerden das Anzeichen dafür sein, dass wir etwas nicht mehr schlucken wollen oder können. Ein angespannter Nacken kann uns darauf aufmerksam machen, dass wir uns zu viel Verantwortung auf die Schultern geladen haben. Eine Erkrankung an der Hüfte kann bedeuten, dass wir längst schon fällige Entscheidungen treffen sollten.

Der Körper ist buchstäblich als Speicher der Gefühle und Gedanken anzusehen. So schreibt Ken Dychtwald in seinem Buch »Körperbewusstsein«, dass Muskelbehandlungen der oberen Rückenpartie oft Wut freisetzen würden, eine Massage an der Kieferpartie Trauer lösen kann oder die der Hüften sexuelle Blockaden. Oder denken wir nur an den Fall eines Mannes, der nach der Scheidung eine Arthritis entwickelte. Er hat Wut und Aggressionen gegen sich selbst gerichtet. Lesen Sie mehr dazu in den Büchern von Louise L. Hay, die organische Beschwerden mit psychischen Befindlichkeiten kombiniert.

Ein Mittvierziger litt beispielsweise an Nierenproblemen, die er im Zusammenhang mit Partnerschaftskonflikten und Trennungsängsten entwickelte. Die Nieren sind paarig angelegt und stehen im Zusammenhang mit der Partnerschaft.

Sie sehen, wie wichtig es ist, selbst zu reflektieren und sich zu fragen, wann eine Erkrankung begonnen hat und in welchem Zusammenhang sie stehen könnte. Manche Menschen entwickeln auch Krankheiten, weil sie wollen, dass der Partner ihnen wieder mehr Aufmerksamkeit schenkt. Andere sind krank, weil sich dann die Angehörigen mehr um sie kümmern und sie besuchen.

Finden Sie zunächst heraus, was Sie ständig repetieren. Zum Beispiel sagte mein Vater immer: »Da bekommst du doch ′nen Klaps«. Er erlitt einen Apoplex, im Volksmund bekannt als Schlaganfall. Oder denken Sie nur an Menschen, die sich in jüngeren Jahren schon Wohnungen oder Häuser danach aussuchen, wie sie im Alter glauben zu sein: »Wenn wir später nicht mehr die Treppen hochlaufen können...«, höre ich sie sagen. Wer so denkt, wird später auch nicht mehr die Treppen hochlaufen können. Ein Ehepaar in Berlin Mitte, die Anfang der Siebzig waren, als ich sie beriet, hätten möglicherweise Grund gehabt, langsam an das Alter zu denken. Bei einer Feng Shui-Beratung fragten sie mich, ob sie in das Erdgeschoss des Hauses ziehen sollten. Ich riet ihnen davon ab und sagte, dass das Treppensteigen in den dritten Stock ein Training sei, auf das sie nicht verzichten sollten. Außerdem folge die Materie dem Geist, und sie sollten sich überlegen, wie ihre Zukunft wirklich aussehen sollte. Heute sind sie beide über neunzig und wohnen immer noch im dritten Stock, den sie noch recht gut erreichen.

Das Bild, das Sie sich über die Zukunft oder Ihr Alter machen, bewegt die Materie, Ihren Körper. Ich sage immer, gemäß dem Vorbild des Indianers Yellowtail: Ich sterbe mit meinem letzten Tanz. Das bedeutet, dass ich bis zur letzten Minute quietschfidel sein werde und dann von dieser Welt gehe. So Gott will, wird dies so sein. Ich selbst hege daran keinen Zweifel. Hat es ein Mensch wie Yellowtail geschafft, vor seinem Ableben alles zu regeln, ein großes Fest zu geben, die Nacht mit seinem Stamm durchzutanzen, so können es andere auch. Im Übrigen war er hoch in den Achtzigern!

Sie haben es in der Hand, was Sie aussprechen, und »erwischen« Sie sich ruhig selbst bei Ihren eigenen Gedanken. Sie werden überrascht sein, was sich Ihnen alles offenbaren wird!

Werfen Sie für sich nicht förderliche Sätze über Bord, und ersetzen Sie diese durch positive, aufbauende Sätze wie:

- Ich bin wertvoll und würdig.
- Ich bin im Einklang mit mir selbst.
- Ich bin mutig und tapfer.
- Ich bin kreativ und schöpferisch.
- Ich bin eins und erfüllt mit mir selbst.
- Ich bin ruhig, gelassen und in Frieden.
- Ich bin geschützt und geborgen.
- Ich liebe mich und nehme mich an.
- Ich vergebe und verzeihe.
- Jeder Tag ist wie eine neue Herausforderung, ich freue mich auf sie!

Sie können diese Liste noch unendlich weiter fortsetzen und selbst mit Ihren neuen Glaubenssätzen ergänzen. Es ist wie mit einem Lied. Man muss es üben, bis es klingt. Man muss immer wieder die Sätze wiederholen, bis das Unterbewusstsein danach handelt.

Beginnen Sie mit dem ersten Schritt noch heute!

Belastete Nahrung

Immer mehr wird der Körper mit toxischen Substanzen belastet. Die Widerstandskräfte werden dabei auf eine harte Probe gestellt. Auf den Körper wirken Antioxidantien, Säuerungsmittel, Konservierungsstoffe, Emulgatoren, Farbstoffe, Verdickungsmittel, Zuckeraustauschstoffe und Süßstoffe ein. Andere Stoffe wie Aflatoxine (z. B. asparagillus flavus – Pilzgift), Schwefel, Schwermetalle und die Veränderungen der Nahrungsmittel durch die Gentechnik setzen unserem Körper zu. Es sind weit mehr als 300 Stoffe, die der täglichen Nahrung zugesetzt werden dürfen. Zweifellos sind diese Zusatzstoffe nicht alle schädlich, und zweifellos sind sie auch nicht alle nötig! Denken Sie allein daran, mit was Sie täglich Ihr Essen salzen. Es ist ein synthetisch gewonnener Stoff – Natriumchlorid mit vielen Zusatzstoffen, dienlich gut zum Salzstreuen im Winter, bei Glatteis. Aber in der Küche hat es nichts zu suchen. Stellen Sie um auf Stein- und Meersalz. Der Körper muss sich sonst zwangsläufig vor den aggressiven Salzen schützen und ummantelt die Gefäßinnenwände, damit sie nicht angegriffen werden. Dies und andere Prozesse im Körper verengen den Durchmesser der Gefäße, schließlich bekommen Sie Bluthochdruck und alle unerwünschten Erkrankungen, die damit zusammenhängen.

Ich hatte einmal einen Patienten, der schier unbeweglich war. Er aß morgens sein Wurstbrötchen, mittags seine Fleischportion und abends wieder eine Wurststulle. Er mochte kein Obst und auch kein Gemüse. Er war wie eine Salzsäule, konnte sich kaum rühren. Natürlich hatte er auch Übergewicht und Bluthochdruck. Erst als er seine Ernährung umstellte und eine Darmsanierung vornahm, änderte sich seine Agilität und auch sein Befinden. Er hatte wieder Freude am Leben. Heute ist er ein eifriger Verfechter von Ernährungsumstellungen und begeisterter Freizeitsportler.

Nahrungsgifte sind in der Nahrung selbst enthalten und belasten in Kombination mit Bewegungsmangel, fett- und eiweißreicher Ernährung mehr als erforderlich den Leberstoffwechsel.

Die Leber – das Entgiftungsorgan

Die Leber ist für die Entgiftung unseres Körpers zuständig. In ihr werden Stoffwechselprodukte, Hormone, Medikamente und Umweltgifte um- und abgebaut, was sie hoch belastet. Mit einer gesunden Lebensführung, ausgewogener Ernährung und dem Verzicht auf übermäßigen Alkoholgenuss helfen Sie Ihrer Leber, diese Aufgaben besser zu bewältigen. Eine starke Leber ist ihrer »Entsorgungsfunktion« besser gewachsen und ist die beste Vorbeugung gegen organische Schäden. Sollten Sie jedoch unklare Beschwerden oder eine unbegründete Müdigkeit verspüren, suchen Sie umgehend Ihren Therapeuten auf! Lebererkrankungen bedürfen immer einer genauen medizinischen Abklärung!

Fragen Sie Ihren Arzt, Heilpraktiker oder Ernährungsberater auch danach, was Sie tun können, um Nahrungsgifte zu vermeiden, und lassen Sie sich ein persönliches Ernährungsprofil erstellen. Dazu ist es notwendig, Ihre Ernährungsgewohnheiten zu ändern. So ganz nebenbei verlieren Sie an überflüssigen Pfunden – und siehe da, auch die Cellulitis schwindet. Was Sie auf Dauer tun müssen, ist, auf die Packungen der Nahrungsmittel zu schauen. Dort steht beispielsweise in der Inhaltsdeklaration der Kinderschokolade, dass sich Gummi arabicum als Füllstoff darin befindet. Zu was in aller Welt braucht es diesen Füllstoff?

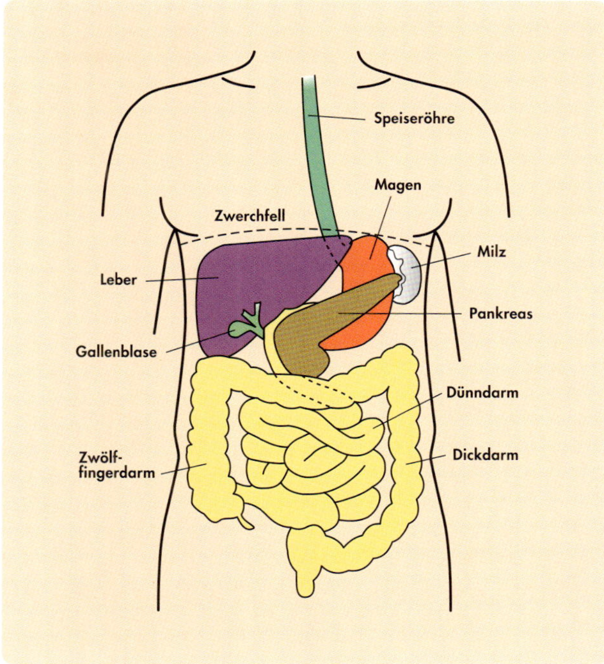

In anderen Nahrungsmitteln finden wir eine Vielzahl von E-Stoffen. Es gibt einige, die kein Problem darstellen, aber andere, die den Körper stark belasten. Ich habe Ihnen einen Buchtipp dazu im Anhang vermerkt.

Es gibt darüber hinaus auch ein gutes Buch zu dem Thema: »Weniger Chemie im Kochtopf!« von Ute Philippeit oder ihr Buch »Zu viel Chemie im Kochtopf«. Auch Bücher wie »Die Suppe lügt – Die schöne neue Welt des Essens« von Hans-Ulrich Grimm.

Eine allgemeine Umstellung der Ernährung und der Lebensgewohnheiten ist notwendig, wenn sie auf Dauer gesund werden oder auch bleiben wollen. Dringend etwas unternehmen sollten Sie bei diesen Anzeichen:

- Blähungen, Verdauungsstörungen, Müdigkeit, Schlafstörungen und Übergewicht.

In dem Buch »Die Diät« von Dr. Ulrich Th. Strunz können Sie nachlesen, dass die Dicken nicht etwa zu viel essen, sondern zu wenig. Zu wenig von den guten Dingen wie Obst und Gemüse. Es mangelt ihnen an Mineralien und Vitaminen, an gesundem Eiweiß (nicht tierischem!) und jeder Menge Spurenelementen.

Beginnen Sie noch heute, sich einen neutralen Ernährungsberater zu suchen und aufmerksam die Verpackungen zu studieren. Denn Sie bestimmen mit Ihrem Kaufverhalten, was wir in den Regalen finden. Sie haben es schon so weit gebracht, dass in jedem Supermarkt die Bioecke eingerichtet wurde. Sie schaffen es auch, dass Nahrungsmittel verschwinden, die uns krank machen, wenn Sie diese nicht mehr kaufen. Es werden mehr *Lebens*mittel in die Regale kommen und die künstlich aufgepeppten Nahrungsmittel, die uns zwar satt, aber auch krank machen, verschwinden. Nur zu! Sie haben die Macht! Denken Sie an Ihre Gesundheit und die Ihrer Familie. Dann wird es Ihnen leicht fallen, alte Muster zu durchbrechen.

Giftmüll im Körper – Zeitbombe Amalgam

Die Weltgesundheitsorganisation (WHO) stellte fest, dass etwa 80% aller Deutschen Amalgam im Mund haben, das - abgesehen von Schwangeren und Kindern - gesundheitspolitisch offiziell für unbedenklich erklärt wird.

In den Industrieländern wird ständig Amalgam für Zahnfüllungen eingesetzt. Zu Ihrer Information: In Deutschland werden etwa 40 Millionen Zahnlöcher im Jahr mit Amalgam gefüllt.

Der Füllstoff Amalgam enthält Quecksilber. Der günstige Preis, die leichte Verarbeitung, die bakterizide Wirkung und die langjährig gute Erfahrung bei hohen Behandlungszahlen werden als Gründe für den Einsatz seit 150 Jahren genannt.

Aus Amalgamfüllungen verdampft ständig Quecksilber und sammelt sich im Körper, wo es sich nur über Jahrzehnte von allein abbaut. Die Folgen sind vielfältig und können psychische und körperliche Beschwerden auslösen.

Quecksilber selbst ist ein silberweißes Metall (Hg), welches bei Raumtemperatur flüssig wird. Es ist in allen seinen Bindungsformen gesundheitsschädlich. Schon im 18. Jahrhundert wusste man vom Berufsrisiko für Quecksilberbergleute und Spiegelmacher.

Es handelt sich bei Amalgam um eine Legierung, in der zu etwa gleichen Teilen metallisches Quecksilber mit einem Pulver aus ca. 70 % Silber und 30 % Zinn, Kupfer und Zink vermischt ist.

Längst kann als nachgewiesen angesehen werden, dass pro Tag zirka 17 Mikrogramm des Quecksilbers gelöst werden. Aber warum ist das so? Durch die Kaubewegungen werden einerseits Partikel gelöst, die wieder über den Magen-Darm-Trakt ausgeschieden werden. Ionisches Quecksilber wird zu 10 bis 15 % in den Blutkreislauf aufgenommen. Quecksilber tritt aber auch als Dampf aus und gelangt zu 80 % in die Lunge, wo dieser dann in das Blut aufgenommen wird. Insgesamt gesehen kann man also sagen, dass jeder, der Amalgam im Mund hat, in erster Linie mit dampfförmigem Quecksilber belastet wird. Dies kann man messen. Dazu wird ein Wert ermittelt, der die Luft in der Mundhöhle misst und dort die Quecksilberkonzentration feststellt. Als Zweites kann man im Blut und Urin Quecksilber von Amalgamträgern nachweisen.

Wie können Sie Quecksilber aufnehmen?

Das sog. »Clarkson-Modell« misst die Phasen, wie Quecksilber aufgenommen wird. Interessant für die Höhe der aufgenommenen Quecksilbermenge sind beispielsweise die Art des Atmens sowie die Kauaktivitäten der jeweiligen Personen. Auch die Anzahl, Größe und Lage der Amalgamfüllungen spielt eine Rolle. Sie nehmen über die Mundatmung beim Kauen von Kaugummi oder beim Essen die Quecksilberdämpfe auf und inhalieren diese in die Lunge. Das Rauchen, Trinken heißer Getränke und Zähneputzen begünstigen die Quecksilberfreisetzung.

Verteilung im Körper

Quecksilber aus Amalgam lagert sich im menschlichen Körper über das Blut vermehrt in der Lunge, im Gehirn, in den Nieren und in der Leber ab.

Toxische Wirkungen

Bei Langzeitexposition mit Konzentrationen von 0,1 - 0,2 mg Hg/m³ können chronische Vergiftungssymptome auftreten wie Gliederzittern und Reizbarkeit.

Andere begleitende Symptome können sein: Zahnfleischentzündungen, vermehrter Speichelfluss und ein metallischer Geschmack im Mund.

Bei einer Exposition unterhalb von 0,1 mg Hg/m³, was Blutkonzentrationen von 35 µg Hg/l ergibt, wurden auch subjektive Beschwerden wie Appetitlosigkeit, Gewichtsverluste, Schwächeanfälle und Müdigkeit registriert.

Es gibt eine Reihe von Symptomen wie Kopf- und Gelenkschmerzen sowie Schwindelgefühle, die mit Quecksilber in Verbindung stehen können. Ihr Arzt oder Heilpraktiker wird herausfinden, ob Sie tatsächlich mit Quecksilber kontaminiert sind oder Ihre Symptome mit anderen Gegebenheiten in Verbindung stehen.

Sonstige Wirkungen

Von Wissenschaftlern wird das Auftreten elektrischer Ströme (sog. galvanische Ströme) bei Amalgamträgern auf das Vorhandensein verschiedener Metalle in der Mundhöhle zurückgeführt. Nerven- oder Muskelzellen sollen dadurch elektrisch stimuliert, und es sollen vermehrt Quecksilberlonen freigesetzt werden, was zu einer erhöhten Quecksilber-Belastung des Organismus führt. Zwar sind diese Ströme sehr schwach (»oraler Galvanismus«), können aber einer schwedischen Studie zufolge durchaus unangenehme Empfindungen und Geschmackserlebnisse hervorrufen.

Wenn Sie nähere Informationen zum Thema Quecksilber und dessen Wirkung auf die Nervenzellen haben möchten, so schauen Sie im Web unter »Universität Calgary« nach. Den entsprechenden Link habe ich für Sie im Anhang aufgeführt.

Entfernung von Amalgam

Vor allem beim Anmischen von Amalgam sowie beim Entfernen alter Amalgamfüllungen ist zahnärztliches Personal Quecksilberdämpfen in erhöhtem Maße ausgesetzt. Gerade für die Zahnarztpraxen gibt es erhöhte Auflagen im Umgang mit Amalgam.

Die Zahnärzte selbst arbeiten mit Mundschutz (wenn dieser auch nicht völlig ausreichend ist!), wenn Sie die Plomben entfernen, und Sie selbst erhalten Schutzmanschetten, damit das ausgebohrte Füllmaterial nicht in den Mundraum gelangt. Begleitend hierzu werden schon vor und natürlich erst recht nach der Behandlung Mittel verabreicht, die eine Ausleitung und Entgiftung unterstützen. Noch wichtiger ist die Entgiftung des Körpers über orale oder intravenöse Chelat-Therapie (DMPS) sowie eine gezielte und verstärkte Aufnahme bestimmter Lebensmittel, Gewürze und Vitamine.

Fragen Sie Ihren behandelnden Arzt oder Heilpraktiker nach den Möglichkeiten der Ausleitung. Er wird Sie dabei unterstützen, dass Sie sich von dem Ballast des Quecksilbers befreien.

Der Weg zu innerer Reinheit führt über den Darm

Jedes Jahr sterben über 30 000 Menschen an Darmkrebs. Er ist neben Lungenkrebs bei Männern und Brustkrebs bei Frauen die zweithäufigste Todesursache. Nutzen Sie die Methoden der Früherkennung, um rechtzeitig eingreifen zu können.

Der Darm ist eines der größten Organe in unserem Körper. Mit bis zu sieben Metern Länge und 200 bis 300 qm Schleimhaut hat er eine deutlich größere Oberfläche als die Haut, die es nur auf 2 qm bringt. Im Darm filtern Milliarden von Zellen die für uns lebenswichtigen Nährstoffe heraus. Gleichzeitig werden wir über den Darm von überflüssigen, unverträglichen und giftigen Stoffen befreit. Eine ausreichende Flüssigkeitszufuhr ist ebenso wichtig für eine gesunde Magen-Darm-Funktion wie eine ausgewogene Ernährung und Bewegung. Und nicht zu vergessen: das seelische Gleichgewicht. Stress, Kummer und Ärger können uns sprichwörtlich »auf den Magen schlagen«.

Der Magen-Darmtrakt dient der Aufnahme und Verwertung von Nährstoffen und ist zu 70 - 80% an der Funktion unseres Immunsystems beteiligt.

Darmflora

Der Darm beherbergt eine große Anzahl unterschiedlicher Mikroorganismen. Es leben dort Milliarden von Bakterien, die für eine optimale Verdauung, Abwehr und Nährstoffverwertung unerlässlich sind. Die Darmflora besteht überwiegend aus Milchsäurebakterien (Lactobacillus acidophilus und Bifidobacterium bifidum), Kolibakterien und Enterokokken, die zusammen auch als Darmsymbionten bezeichnet werden. Das Wort »Symbionten« kommt vom griechischen »Symbiose«, was so viel wie »Zusammenleben zum wechselseitigen Nutzen« bedeutet.

Zahlreiche Faktoren wie einseitige Ernährung, Stress, Antibiotika usw. können die Darmflora in ihrer Zusammensetzung und Funktion beeinträchtigen. Gesteigerte Infektanfälligkeit, Allergien, Leistungsschwäche oder andauernde Blähungen können die Folgen sein. Daher ist eine Gesunderhaltung der natürlichen Darmflora für das Allgemeinbefinden besonders wichtig!

Darmträgheit/Verstopfung (Obstipation)

Je nach Umfang und Zusammensetzung der Nahrung ist die »Durchlaufzeit« durch den Darm unterschiedlich. Bei Lebensmitteln, die zwar viele Nähr-, aber wenig Ballaststoffe enthalten, kann die Stuhlmenge sehr gering und die Verweilzeit hoch sein. Bei genügendem Ballaststoffverzehr wird die Stuhlmenge höher und damit die Verweildauer geringer. Die Ansicht, dass ein täglicher Stuhlgang unbedingt erforderlich ist, ist nicht ganz richtig. Dreimal täglicher kann ebenso normal sein wie dreimal wöchentlicher Stuhlgang. Wichtig sind Veränderungen, die man im Vergleich zu den Monaten vorher an sich beobachtet. Von Verstopfung spricht man im Allgemeinen erst, wenn ein Stuhlgang seltener als dreimal pro Woche auftritt. Als Ursache von Verstopfung kommen sehr viele Faktoren in Frage. Von organischen Erkrankungen über Schwangerschaft bis hin zum Bewegungsmangel, Darmflorastörungen und zu geringer Ballaststoffzufuhr reicht die Ursachenpalette.

Deshalb gilt: Ursache klären und Grundleiden behandeln bzw. Darmfunktion unterstützen. Die Einnahme von Abführmitteln auf längere Zeit ist immer problematisch und sollte vermieden werden, da sie sich auf den Mineralstoffhaushalt des Körpers nachteilig auswirkt und andere Folgeschäden haben kann.

Verdauungsstörungen (Dyspepsie)

Eine Dyspepsie ist eine Verdauungsstörung im Magen- und Darmbereich, deren Ursache oft ein Magensäure- oder Enzymmangel ist. Auch ein Ungleichgewicht der Darmflora kann die Ursache sein.

Gelegentlich tritt mit einer Dyspepsie auch ein so genannter »Reizmagen« auf. Ein zeitlicher Zusammenhang mit Ärger und Stress ist zu beobachten. Es können Appetitlosigkeit, Aufstoßen, Sodbrennen, Blähungen und Magendruck auftreten. Aber auch Lebensmittelunverträglichkeiten oder -allergien können hierzu beitragen. Da die Dyspepsie sowohl ein eigenes Krankheitsbild als auch Symptom anderer Magen-Darm-Erkrankungen sein kann, ist eine Abklärung der Ursache auf jeden Fall anzuraten.

Warnzeichen aus dem Darmbereich

Natürlich kann es mal zu Verstopfungen oder Durchfall kommen, ohne das damit ein Alarm gegeben wäre. Innerhalb weniger Tage sollten diese Symptome jedoch wieder verschwunden sein. Sollten Sie aber nach 4-5 Tagen immer noch keinen Stuhlgang haben, so kann es sich um eine Darmverschlingung handeln. Auch Durchfall kann ein Alarmsignal sein.

Insbesondere dann, wenn Sie starke Schmerzen im Ober- oder Unterbauch verspüren, kann es sich um eine ernste Erkrankung handeln. Kommt Erbrechen hinzu, handelt es sich vielleicht um eine Blinddarmentzündung. Verzichten Sie auf heiße Umschläge oder Bäder, die dann den Zustand nur noch verschlimmern würden. Es könnte im schlimmsten Fall zu einem Darmdurchbruch kommen. Prüfen Sie, ob der Unterbauch der rechten Seite auf Druck hin empfindlich reagiert, und suchen Sie auf jeden Fall einen Arzt auf!

Alarmierend sind in jedem Fall Anzeichen von Blut im Stuhl. Es kann sich dabei um Anzeichen von Darmpolypen, ein Magengeschwür, Darmkrebs oder eine Erkrankung der Darmschleimhaut handeln.

Entsäuern Sie sich!

Säureüberlastung – Was ist damit gemeint?

Entstehen im Körper mehr saure Stoffwechselabfälle als neutralisiert und ausgeschieden werden können, so kommt es langfristig zu einer Säureüberlastung des Organismus. Der Säure-Basen-Haushalt gelangt ins Ungleichgewicht und der Organismus kann nicht mehr optimal arbeiten. Der Körper greift nun auf Mechanismen zurück, die dem Ungleichgewicht entgegenwirken.

Beispielsweise lagert der Körper überschüssige Säuren zunächst im Bindegewebe ab, um sie erst dann herauszulösen und auszuscheiden, wenn das Blut wieder über ausreichend basische Verbindungen verfügt. Bei einem länger anhaltenden Mangel an basischen Mineralsalzen und einer gleichzeitig weiter bestehenden Säurebelastung werden aus diesen Zwischenlagern jedoch Endlager. Das kann zu Schmerzen, Bewegungs- und Funktionseinschränkungen einzelner Zellen oder gar ganzer Gewebe führen. Außerdem greift der Körper dann auf Mineralien aus eigenen Beständen zurück, z. B. auf Calcium aus den Knochen, was längerfristig zur Osteoporose führen kann.

Menschen in den Industrienationen verfügen über ein riesiges Nahrungsangebot. Wir können unabhängig von den Jahreszeiten fast jedes Nahrungsmittel zu jeder Zeit bekommen. Obst, Gemüse, Fleisch, Fisch und Getreideprodukte werden in vielfältigster Weise in den Supermärkten angeboten. Dennoch ist das Thema der Ernährung so aktuell wie nie zuvor.

Der menschliche Organismus benötigt Energie.

Die körpereigenen Zellen können Energie aus der Nahrung gewinnen. Diese Energie ist notwendig, um laufen, sprechen, denken, wachsen, regenerieren, verdauen und ausscheiden zu können. Letztlich müssen alle Organe und Muskeln mit Energie versorgt werden, damit sie so arbeiten können, wie sie sollen.

Energie entsteht im zellulären Stoffwechsel aus der Nahrung, die wir essen. Hierbei spielen insbesondere Fette, Kohlenhydrate und Eiweiße eine Rolle. Der Sauerstoff, den wir atmen, ist bei der Energiegewinnung ebenfalls von entscheidender Wichtigkeit. Ist ausreichend Sauerstoff vorhanden, so kann aus der gleichen Nahrungsmenge 18-mal mehr Energie gewonnen werden als bei Sauerstoffmangel.

Neben Energie entstehen aber auch so genannte Stoffwechselendprodukte.

Dies sind Stoffe, die vom Körper nicht weiter verwendet werden können und daher über den Darm, die Niere, die Haut oder die Lunge ausgeschieden werden müssen. Man kann sie als Stoffwechselendprodukte betrachten. Viele dieser »Abfallprodukte« sind sauer. Sie müssen auf dem Weg zum Ausscheidungsorgan neutralisiert werden,

damit sie keine Schäden in unserem Körper verursachen. Müssen Zellen viel Energie bereitstellen, ohne dass ausreichend Sauerstoff zur Verfügung steht, entstehen besonders viele Säuren. Wir spüren das an Schmerzen und Muskelkrämpfen – insbesondere im Zusammenhang mit starker körperlicher Anstrengung. Um das zu vermeiden, werden in Sportstudios Trainingseinheiten im aeroben Bereich empfohlen (aerob bedeutet, dass die Zellen genügend Sauerstoff bekommen).

Der menschliche Organismus benötigt außerdem Vitamine und Mineralstoffe.

Sie können vom Körper nicht selbst hergestellt werden, sondern müssen mit der Nahrung aufgenommen werden. Mineralstoffe sind in allen Geweben und Zellen vorhanden und werden dort für vielfältige Stoffwechselprozesse benötigt. Basische Mineralsalze spielen bei der Neutralisation von Säuren eine wichtige Rolle. Besonders große Mengen an Mineralien befinden sich in den Knochen. Calcium z. B. macht 2% unseres Körpergewichtes aus, 99% davon liegen im Knochen.

Der pH-Wert ist eine Messgröße für das Säure-Basen-Verhältnis in einer Flüssigkeit.

Das Blut im menschlichen Organismus hat einen pH-Wert von 7,35 bis 7,45 – ist also leicht basisch. Dieser pH-Wert muss konstant eingehalten werden, damit der Körper optimal funktionieren kann. Deshalb verfügt das Blut über so genannte Puffersubstanzen. Diese bewirken, dass sich der pH-Wert des Blutes nicht sofort ändert, sobald Säuren ins Blut abgegeben werden. Mit Hilfe der Puffersubstanzen können Säuren ausgeglichen (neutralisiert) und der pH-Wert konstant gehalten werden. Über das Blut gelangen saure Stoffwechselabfälle zu den Ausscheidungsorganen. Kohlensäure wird z. B. als Kohlendioxid über die Lungen abgeatmet. Andere Säuren werden über die Nieren eliminiert und mit dem Urin ausgeschieden.

Mit dem Begriff Säure-Basen-Haushalt wird das Wechselspiel beider Komponenten beschrieben. Im Idealfall besteht eine Balance zwischen Säuren und Basen, genauso wie sich die Nahrungsaufnahme mit der späteren Ausscheidung der Stoffwechselabfälle die Balance halten sollte.

Die Übersäuerung ist heute durch die einseitige und unausgewogene Ernährung eine Zivilisationserscheinung. Insbesondere durch den Verzehr von großen Mengen Eiweiß werden in unserem Körper viele Säuren gebildet. Als **stark säurebildend** gelten Lebensmittel wie z. B. Wurst, Käse und Süßes, **schwach säurebildend** sind Lebensmittel wie Brot, Nudeln, Nüsse, Milch und Milchprodukte.

Die übermäßige Eiweißzufuhr muss durch eine entsprechende Menge an Obst und Gemüse ausgeglichen werden, damit das Verhältnis von Säuren zu Basen wieder stimmt. Die Deutsche Gesellschaft für Ernährung empfiehlt hier 5 Portionen Obst und Gemüse am Tag. Die Realität sieht jedoch anders aus: Wir essen viel zu wenig Obst und Gemüse und zu viel eiweißhaltige Nahrungsmittel und werden »sauer«, weil die Balance zwischen Säuren und Basen nicht stimmt.

Unser Organismus kann nur optimal funktionieren, wenn der Säure-Basen-Haushalt ausgeglichen ist. Er ist also die Voraussetzung für alle Lebensgrundfunktionen! Die Folgen eines unausgeglichenen Säure-Basen-Verhältnisses können Erschöpfungserscheinungen und Konzentrationsmangel sein.

Unser körpereigenes Puffersystem kann kleine Mengen an Säuren neutralisieren und über die Ausscheidungsorgane: Lunge, Nieren, Leber und Haut ausscheiden. Bei starker Säurebelastung über eine längere Zeit ist jedoch das körpereigene Puffersystem überfordert. Die Säuren werden zunächst im Bindegewebe (Gewebe zwischen den Zellen des Körpers) »geparkt« und werden erst wieder herausgelöst, wenn das Blut über ausreichend basische Mineralsalze verfügt. Deshalb greift der Körper in diesem Prozess auch verstärkt auf seine eigenen Mineralstoffdepots zurück und holt sich zum Beispiel das Mineralsalz Calciumphosphat aus den Knochen. Dadurch erhöht sich das Osteoporose-Risiko. Gemäß der Naturmedizin macht ein unausgeglichener Säure-Basen-Haushalt aber nicht nur müde und schlapp, sondern begünstigt auch Cellulite und Verspannungen. Basische Mineralien, wie Kaliumhydrogencarbonat, Magnesiumcarbonat und Natriumhydrogencarbonat spielen also hier eine bedeutende Rolle und können helfen, das Gleichgewicht von Säuren zu Basen zu halten.

Die Säureüberlastung, um die es hier geht, entsteht nicht plötzlich.

Es handelt sich um einen schleichenden – manchmal über Jahre andauernden Prozess. Ernährungsgewohnheiten, die aus mehr als 25% säurebildenden Nahrungsmitteln (Fleisch, Fisch, Käse, Wurst etc.) bestehen, sind bei den meisten Menschen der Industrienationen leider weit verbreitet. Damit wird eine Säurebelastung ebenso wie ein Mineralstoffmangel des Organismus begünstigt.

Der Fleischkonsum ist zu hoch.

Anders ausgedrückt: **Der Obst und Gemüsekonsum ist viel zu niedrig.** Der Empfehlung der Deutschen Gesellschaft für Ernährung, 5-mal am Tag Obst und/oder Gemüse zu verzehren, folgen nur die wenigsten. Ein Teufelskreis beginnt: Anfallende Säuren müssen durch basische Mineralsalze neutralisiert werden. Mineralsalze fehlen, der Organismus übersäuert.

Auf der Suche nach Entstehungsursachen einer Säureüberlastung muss man neben der Ernährung auch die Atmung sowie die Ausscheidung betrachten:

- Mangelnde Bewegung an der frischen Luft behindert die angemessene Versorgung mit Sauerstoff.
- Fehlende körperliche Anstrengung an der frischen Luft verhindert die verstärkte Säure-Ausscheidung über die Ausatemluft und den Schweiß.
- Eine unzureichende Flüssigkeitszufuhr behindert eine optimale Ausscheidung über die Niere, aber auch über die Haut (Schwitzen).
- Eine gestörte Darmfunktion bzw. Darmflora beeinflusst ebenfalls den Säure-Basen-Haushalt. Eventuell vorkommende Fäulnisprodukte können z. B. ebenfalls säuernd auf den Organismus wirken.

Menschen, die aufgrund von schwerwiegenden Erkrankungen Probleme mit der Nährstoffaufnahme im Magen-Darm-Trakt, dem zellulären Stoffwechsel, der Atmung oder der Ausscheidung haben, sollten sich auf jeden Fall mit einem Therapeuten hinsichtlich der Säurebelastungsthematik beraten. Bei Störungen der Darmfunktion bzw. Darmflora sollte ebenfalls ein Therapeut zu Rate gezogen werden, um die genaue Vorgehensweise zu besprechen.

Die Regeneration der Darmflora und der Ausgleich eventueller Störungen sollte mit dem Erreichen der Säure-Basen-Balance Hand in Hand gehen. Weitere negative Einflüsse auf den Säure-Basen-Haushalt haben Stress, Entzündungsprozesse sowie Medikamente, wenn diese vor der Ausscheidung aus dem Körper in Säuren umgewandelt werden.

Säureüberlastung – Wie kann man sie feststellen?

Im einfachsten Fall können Sie Hinweise zu Ihrem persönlichen Säure-Basen-Status erhalten, indem Sie den pH-Wert Ihres Urins messen. Geeignete Teststäbchen erhalten Sie von Ihrem Therapeuten oder über die Apotheke. Achten Sie darauf, dass mindestens der pH-Bereich von 5,6 bis 8,0 abgedeckt wird. Beachten Sie jedoch, dass einmalige Messungen keinerlei Aussagen zulassen. Am besten messen Sie anfangs mehrere Tage lang bei jedem Toilettengang den pH-Wert und notieren ihn und die Uhrzeit. Machen Sie sich ebenfalls Notizen über das, was Sie essen und trinken. Im Idealfall sollten die pH-Werte im Tagesverlauf Schwankungen aufzeigen und innerhalb der weißen Kurve in der Abbildung auf Seite 57 liegen. Es sollten pH-Werte dabei sein, die oberhalb von pH 7 liegen (pH 7 ist der neutrale pH-Wert). Nicht alle pH-Werte eines Tagesverlaufes müssen aber immer oberhalb von pH 7 liegen. Sie werden sehen, es ist leichter, als Sie vielleicht im Moment glauben! Zur genauen Einsachätzung der Messwerte fragen Sie bitte Ihre(n) Therapeut(in) oder Apotheker(in). Ihr persönliches Tagesprofil hilft Ihnen, den Verlauf einer Säurebelastung zu kontrollieren. Es ist aber auch eine solide Besprechungsgrundlage für ein Gespräch mit einem Therapeuten.

Ihre gemessenen Werte

pH 5,6 - 6,8	=	saurer Bereich
pH 7,0	=	neutral
pH 7,2 - 8,0	=	basischer Bereich

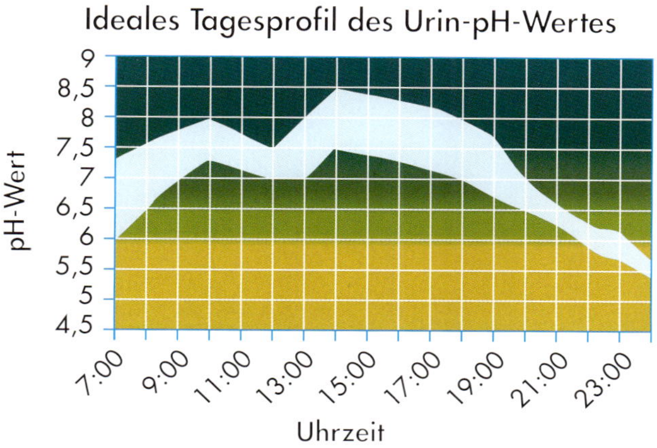

Säureüberlastung – Das können Sie tun!

In Bezug auf die ernährungsbedingte Säurebelastung können Sie einiges tun. Hauptpfeiler sind eine Ernährungsumstellung und ggf. eine Nahrungsergänzung z. B. mit Produkten aus der Basenfamilie von Pascoe. Mit diesen Produkten können Sie Ihren Mineralstoff- und Säure-Basen-Haushalt stabilisieren.

Ernährungsumstellung

Die basenbildenden Lebensmittel kommen aus dem Bereich der pflanzlichen Kost. Hierzu gehören Obst, Gemüse, Kartoffeln, Kohl, Salat und Kräuter (auch Kräutertees). Zu den säurebildenden Lebensmitteln gehören Fleisch, Fisch, Wurst, Käse, Quark, Getreideprodukte und Süßigkeiten. Bei manchen Nahrungsmitteln, insbesondere bei Genussmitteln, kommen jedoch auch andere Wirkungen hinzu, die individuell unterschiedlich sein können und auch mengenabhängig sind. So gehört Kaffee aufgrund seines hohen Kalium-Gehaltes zu den Basenspendern. Es hat sich jedoch gezeigt, dass sich Kaffeegenuss säuernd auf den Urin auswirkt. Ursache dafür könnte sein, dass Kaffee – zumindest in größeren Mengen – eine Art Stressreaktion bewirkt, die zu einer Säurebelastung führen kann.

Ebenso widersprüchlich scheinen die Angaben zu Zucker, Marmelade und Honig. Primär führen diese Nahrungsmittel nicht zu einer Säurebelastung. Ein Zuviel der Süßigkeiten kann jedoch die Darmflora negativ beeinflussen, was sekundär wieder zu einer Säurebelastung beitragen kann. Auf die Lebensmittel der säurebildenden Gruppe sollte man auf keinen Fall komplett verzichten! Mit ihnen werden auch wertvolle Vitamine, Mineralien und Eiweiße aufgenommen, ohne die der Organismus nicht auskommen kann. Wie bei vielem gilt auch hier: Auf die Balance kommt es an!

Ein Beispiel: Um einen Säureüberschuss, der aus 200 g Rindfleisch entsteht, zu kompensieren ist der Verzehr von ca. 250 g Kohlrabi, 1,6 kg frischen Erbsen oder 400 g Blumenkohl nötig.

- **Viel Trinken:**
  Achten Sie auf eine ausreichende Flüssigkeitszufuhr. Aber Achtung: Hier geht es um so genannte Neutralflüssigkeiten, also nicht um Kaffee, Schwarztee oder Alkohol, sondern um Wasser oder Kräutertee.

- **Bewegung:**
  Bewegen Sie sich vernünftig. Ein Spaziergang im Wald oder ein kleines Stück mit dem Fahrrad statt mit dem Auto optimiert nicht nur die Aufnahme von Sauerstoff, sondern fördert auch die Abatmung von Kohlendioxid.

- **Stress vermeiden:**
  Vermeiden Sie Stress, so gut es geht. Ärgern Sie sich nicht so häufig (nicht so oft »sauer« sein). Denken Sie stattdessen lieber positiv, und lächeln Sie häufiger.

- **Säureausscheidung anregen:**
  Unterstützen Sie die Säureausscheidung über die Haut, z. B. durch regelmäßige körperliche Anstrengung und Saunabesuche. Vermeiden Sie auch hierbei Stress (nicht zu intensiv bzw. heiß und nicht zu lange).

Nahrungsergänzung zur Unterstützung des Säure-Basen-Haushaltes

Ergänzen Sie Ihre Nahrung wenn notwendig mit Produkten aus der Basenfamilie von Pascoe: Basenpulver-Pascoe® bzw. Basentabs pH-balance Pascoe®. Diese Produkte basieren auf Empfehlungen von Friedrich F. Sander, einem Pionier auf dem Gebiet des Säure-Basen-Haushaltes.

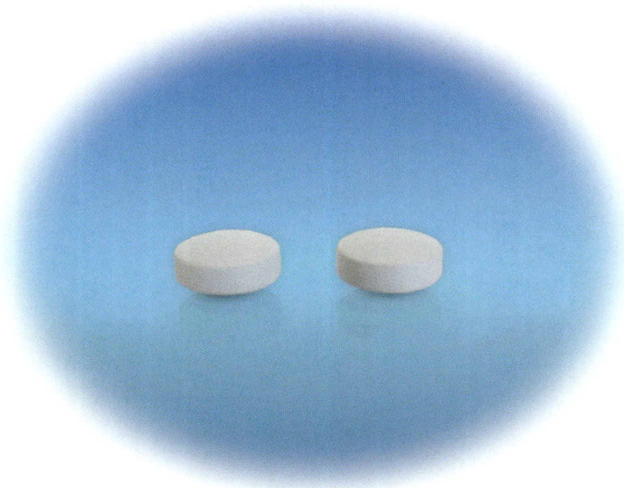

- **Ihre Vorteile**
  - ausgewogene Mischung nach Dr. Sander
  - hohe Säure-Basen-Kapazität
  - frei von Zucker, Laktose und Gluten
  - klein und fest und daher gut zu schlucken

Basische Ernährungskur

Während dieser Kur sollten Sie sich möglichst basisch ernähren und 3-mal täglich nach den Mahlzeiten 2-3 Tabletten mit ausreichend stillem Mineralwasser oder Kräutertee verzehren. Alternativ können Sie einen Teelöffel Basenpulver in ein Glas Wasser einrühren und nach den Mahlzeiten zu sich nehmen. Weiterhin ist es wichtig, dass Sie während der 3-Monats-Kur auf eine abwechslungsreiche und ausgewogene Ernährung achten, die Ihren Säure-Basen-Haushalt nicht belastet. Ihre Ernährung sollte täglich aus 75% basenbildenden Lebensmitteln bestehen. Dazu gehören beispielsweise Kartoffeln, Blumenkohl, Spinat und Kopfsalat.

Außerdem ist es wichtig, dass Sie mindestens 2,5 l stilles Mineralwasser oder ungezuckerten Kräutertee (Kamille, Fenchel, Brennnessel oder Pfefferminz) trinken. Diese Getränke wirken auf den Säure-Basen-Haushalt neutral und helfen, die anfallenden Säuren aus dem Körper auszuspülen.

Bewegen Sie sich viel an der frischen Luft, damit Ihr Organismus bestmöglich Sauerstoff aufnehmen kann und Kohlensäure in Form von Kohlendioxid abgeatmet werden kann.

Fastenzeit – oder wie Sie 120 Jahre alt werden können

Was ist Fasten?

»Fasten« bedeutet einen freiwilligen Verzicht auf Nahrungs- und Genussmittel. Durch den Vorsatz, auf feste Nahrung zu verzichten, wird die Steuerung unserer endokrinen Drüsen über das Gehirn beeinflusst. Daher kann man durchaus ein hungerloses Fasten durch entsprechende Vorstellungen von interessanten Büffetfolgen unterbrechen: Magenknurren und Hungergefühle stellen sich ein.

Neben dem freiwilligen Vorsatz, auf Nahrungsmittel zu verzichten, gehört also auch eine entsprechende Disziplin der Gedanken! Von Nahrungsmitteln für eine vorübergehende Zeit abzulassen bedeutet, sich für andere Bewusstseinsinhalte frei zu machen.

Während das Hungern langfristig zu Mangelernährung und Schwächung des Organismus führt, korrigiert das zeitlich klar begrenzte Fasten eher den Überfluss des Gespeicherten, wobei die Umstellung der Energieversorgung von außen nach innen bevorzugt zu der Verbrennung der zuletzt abgespeicherten Fettdepots führt.

Wichtig ist, dass nicht das lebensnotwendige Körpereiweiß abgebaut wird. Die Sorge, dass beim Fasten Muskelmasse verloren geht, ist bei sachkundig durchgeführtem Fasten unbegründet. Bei entsprechender körperlicher Bewegung nimmt sogar die Muskelmasse zu. Durch eine Studie kam dieser Irrtum zustande, bei der Fastende drei Wochen in einem Klinikbett lagen und nichts zu essen bekamen. Jeder normale Mensch, der nach einem Beinbruch mit Gips entsprechend lange Zeiten im Bett verbringt, wird ebenfalls eine Abnahme der Muskelmasse bemerken. Hier ist also die mangelnde Mobilität und Bewegung ausschlaggebend für die Muskelschwäche, während sachkundig durchgeführte Fastenwochen auf die Muskelmasse einen positiven Effekt zeigen. Durch Fasten wird sogar die körperliche Leistungsfähigkeit verbessert.

Bei mehrwöchigem Fasten wird meist individuell etwas Eiweiß zusätzlich in Form von Joghurt zugeführt. Es handelt sich dann um ein modifiziertes Fasten.

Warum Fasten?

Durch das Fasten soll eine Änderung des Lebensstiles mit ausreichender körperlicher Aktivität und der zukünftig anderen Ernährung, wie kalorienreduzierte, vollwertige und ballaststoffreiche Kost, angestrebt werden.

Der Sinn des Fastens besteht also in einer Umstimmung von Denken und Geist. Um neue Denkstrukturen in seinem Gehirn zu etablieren, bedarf es eines fast chirurgischen Eingriffes. Solch ein Radikaleingriff ist das Fasten. Hierbei steht nicht nur der Verzicht auf Nahrungsmittel im Vordergrund, sondern auch der Verzicht auf andere alltägliche Gewohnheiten wie beispielsweise Fernsehen und Illustrierte. Das Fasten hat etwas mit dem Aufbrechen von gewohnten Denk- und Verhaltensmustern zu tun.

Am besten gelingt dies in Gemeinschaft mit Gleichgesinnten in ruhiger ländlicher Umgebung, an stillen Orten wie Klöstern, Landhäusern u. Ä. Statt der üblichen Kurzweil des Alltags mit seiner Technisierung, sollte vor allem Natur reichlich vorhanden sein sowie eine freundliche »Bewirtung«.

Vor und während des Fastens sollte bereits über die Zeit nach dem Fasten nachgedacht werden:

Was soll sich in Zukunft im Alltag ändern? Wie möchte ich mich in Zukunft ernähren? Welche Sportart werde ich in Zukunft regelmäßig betreiben?

Eine weitere Motivation zu fasten wird durch den Begriff »Entschlackung« geprägt. Unser durch reichlich übermäßiges Essen, träges Lebensverhalten und Schadstoffbelastung verschlackter Körper ist bei der Ausleitung dieser Schlacken über Leber, Lymphe, Niere, Darm, Lunge und Haut oft überfordert. Fast 90 % aller Erkrankungen sind in irgendeiner Form ernährungsabhängig. Um die überforderten Ausleitorgane sowie verschlackte Blutgefäße, Bindegewebe und Zellen zu entlasten, ist Fasten eine der effektivsten Methoden.

Die Sensibilisierung für die Schönheit der Natur, das Genießen der Bewegung, die Freude, die aus der Stille kommt – alle diese elementaren Bewusstseinszustände, die zu dem führen, was wir Glück nennen möchten, können nur durch Verzicht, Loslassen von Suchtverhalten und Entrümpelung von Körper und Geist erreicht werden.

Bei jährlich wiederholtem Fasten kommt es dann auch zu einer Reduktion von Übergewicht. Der Blutdruck normalisiert sich. Die Blutfette, außer bei genetisch fixierter Hyperlipidämie, normalisieren sich ebenfalls. Die Patienten bekommen besser Luft, die Vitalkapazität der Lunge steigt, die Sauerstoffaufnahme wird verbessert und die Verschlackung der Gefäße nimmt ab. Der Körper wird straffer, und der Mensch kann nach dem Fasten auch einfache Kost wieder genießen. Hierbei wird zudem eine schnellere Sättigung erreicht, wodurch der Kalorienbedarf sinkt. Auch die Haut sieht nach dem Fasten schöner aus.

Befreit von Kopfschmerzen und Migräne

Kopfschmerzen / Migräne / Schwindel

Auslöser für Kopfschmerzen können ein überhöhter Alkohol- oder Nikotinkonsum, ein Wetterumschwung oder zu schnelles morgendliches Aufspringen aus dem Bett sein. Unter Umständen stecken allerdings auch ernstere Ursachen dahinter, die einer medizinischen Abklärung bedürfen. Daher sollten Sie auf jeden Fall bei unklaren Beschwerden oder bei Beschwerden, die plötzlich und stärker oder häufiger als gewohnt auftreten, therapeutischen Rat einholen.

Kopfschmerzen

Kopfschmerzen treten bei den meisten Menschen mindestens einmal im Leben auf und sind nicht in jedem Fall behandlungsbedürftig. Manchmal sind sie ein Hinweis des Körpers auf eine Überlastung, z. B. Überanstrengung der Augen oder Verkrampfung der Nackenmuskulatur durch längeres angestrengtes Arbeiten am Bildschirm. Aber beachten Sie bitte: Bei häufigen, starken oder plötzlich auftretenden Kopfschmerzen muss die Ursache geklärt werden!

Migräne – Was ist das eigentlich?

Die ersten Beschreibungen der Migräne reichen zurück bis zu den alten Ägyptern in das Jahr 1000 v. Chr. Auch Hippokrates (460 – 370 v. Chr.) kannte die Symptome der Migräne:

»Der Patient sah einen Lichtschein, der vor dem rechten Auge sichtbar war. Als der Lichtschein nachließ, kam es zu einem heftigen Schmerz in der rechten Schläfe, dann im ganzen Kopf und im Nacken. Als es zum Erbrechen kam, ließ der Kopfschmerz nach.«

Der griechische Arzt Galen führte den Begriff »Hemicrania« ein, d.h. halbseitiger Kopfschmerz. Daraus leitet sich der Begriff »Migräne« ab.

Von Migräne spricht man, wenn ein meist einseitiger Kopfschmerz dumpf bis pulsierend auftritt, der mindestens 4 bis 72 Stunden dauert und schon mindestens fünfmal aufgetreten ist.

Die Merkmale der Migräne setzen sich aus folgenden typischen Symptomen zusammen:

- Schmerz kriecht vom Nacken in den Hinterkopf
- einseitig, einschließlich der Augen- oder Schläfenregion
- fast unerträglicher Schmerz, der einige Stunden bis Tage anhält
- Übelkeit und/oder Erbrechen
- Gleichgewichtsstörungen
- Lichtempfindlichkeit und Sehstörungen

Therapiemöglichkeiten

Prinzipiell kann man 2 Therapierichtungen unterscheiden:

- schulmedizinische Behandlungsansätze und
- naturheilkundliche Behandlungsansätze.

Aus welchem Bereich die Behandlung im Einzelfall ausgewählt wird, muss der Therapeut nach der Diagnose und nach individuellen Gegebenheiten entscheiden.

Schulmedizinische Behandlungsmethoden

Im schulmedizinischen Bereich wird mit den verschiedensten Wirkprinzipien therapiert:

- Medikamente gegen den Brechreiz, sog. »Antiemetika«,
- Medikamente gegen die Schmerzen, sog. »Analgetika«,
- Medikamente, die den Serotoninstoffwechsel (Botenstoff im Gehirn) beeinflussen.

Manchmal werden auch Medikamente gegen Bluthochdruck (sog. Beta-Blocker, Calcium-Antagonisten) oder Antidepressiva mit Erfolg eingesetzt. Experten schätzen die Erfolgsraten auf ca. 40–50 %.

Bei all diesen Wirkstoffgruppen sind die Gegenanzeigen und Nebenwirkungen zu beachten. Meist werden genannt:

- zentralnervöse Störungen wie Schwindel, Angst, Kopfschmerzen
- Magenschmerzen, Mikroblutungen, Nieren- und Leberfunktionsstörungen
- Durchblutungsstörungen, Verstärkung der Kopfschmerzen, Übelkeit, Erbrechen

Da die meisten Therapien keine vollständige Heilung bewirken und die Mittel häufig bzw. über einen längeren Zeitraum genommen werden müssen, erhöht sich die Gefahr von Nebenwirkungen.

Naturheilkundliche Therapieansätze

Auch von der naturheilkundlichen Seite her gibt es therapeutische Ansätze zur Behandlung der Migräne. Gute Erfolge konnten in vielen Fällen u. a. mit der Darmsanierung und homöopathischen Therapeutika erzielt werden.

Darmsanierung

Manche Patienten haben festgestellt, dass nach dem Verzehr bestimmter Speisen oder Nahrungsmittel eine Kopfschmerzattacke auftritt oder wahrscheinlich ist. Hier kann natürlich eine Vermeidung helfen, sofern der Auslöser erkannt ist.

Manchmal aber reicht eine Ernährungsumstellung alleine nicht aus. In diesen Fällen kann der Therapeut eine Symbioselenkung durchführen. Dies wird im Volksmund oft

auch als »Darmsanierung« bezeichnet. Der Zweck dieser Maßnahme ist es, das aus dem Gleichgewicht geratene körpereigene Abwehrsystem, das vorwiegend in der Darmschleimhaut lokalisiert ist, wieder zu harmonisieren. Hierbei wird die Zahl der unphysiologischen (= unnatürlichen bzw. krankmachenden) Darmbakterien vermindert und die Besiedlung des Darmes mit einer gesunden Flora ermöglicht. Durch diese Harmonisierung der Immunfunktionen gelingt es manchmal auch, die Kopfschmerzbeschwerden unter Kontrolle zu bringen.

Homöopathie

In der Homöopathie wird außer den reinen Symptomen einer Erkrankung oder Beschwerde auch immer das Gesamtbild des Patienten mit betrachtet. Daher ist hier eine fachkundige Beratung beim Therapeuten oder in der Apotheke besonders wichtig.

Prinzipiell werden in der Homöopathie zur Behandlung von Erkrankungen Stoffe eingesetzt, die in sehr hoher Konzentration die gleichen Beschwerden und Symptome erzeugen, wie die, die behandelt werden sollen. Also eignen sich zur Behandlung von Kopfschmerzen solche Stoffe, die in hoher Konzentration die gleichen Symptome auslösen. Das Prinzip wird in der Homöopathie das »Ähnlichkeitsprinzip« genannt: Gleiches wird mit Gleichem behandelt.

Folgende Arzneistoffe werden z. B. im Therapiebereich Kopfschmerzen verwendet: Zubereitungen aus Schwertlilie, Jasmin, Alpenveilchen, Einbeere und Haselwurz. Damit diese Arzneipflanzen ihre homöopathische Wirksamkeit entfalten können, werden sie gemäß einer ganz speziellen Verarbeitungsweise, die im Homöopathischen Arzneibuch genau vorgeschrieben ist, verdünnt (der Fachmann spricht hier von »potenziert«). Als homöopathisches Arzneimittel zur vorbeugenden Reduktion der Migräne-Attacken hat sich Antimigren® sehr bewährt.

Was kann man sonst noch tun?

Sofort beim Ausbruch eines Migräneanfalls Ruhigstellung, möglichst in einem verdunkelten Zimmer. Herausfinden, welche Lagerung für den Kopf den Schmerz am erträglichsten macht.

Nichts essen, nichts trinken; Alkohol und Nikotin verschlimmern das Leiden. Nach neueren Untersuchungen kann eine gute Magnesiumversorgung im Vorfeld helfen, die Häufigkeit der Attacken zu reduzieren. Schmerzmittel möglichst nur selten und sparsam einsetzen, da Niere und/oder Leber dadurch belastet werden können.

Bei einer normalen Kopfschmerzattacke ist es auch sinnvoll, kurz zu ruhen. Bei manchen Patienten hilft eine Tasse Kaffee oder Mineralwasser mit reichlich Kohlensäure, um die Beschwerden zu mildern.

Im Lebensrhythmus für möglichst viel Schlaf, Ruhe und Ausgeglichenheit sorgen.

Entspannungstechniken

Prinzipiell können Entspannungstechniken, wie z. B. autogenes Training, Biofeedback, musikalische Entspannungsreisen oder progressive Muskelentspannung nach Jacobson u. Ä., helfen, dem täglichen Stress etwas gelassener gegenüber zu stehen.

Beim autogenen Training werden gezielt und systematisch einzelne Körperteile oder Muskelgruppen entspannt. Durch die Vorstellung eines Wärme- bzw. Schweregefühls wird eine körperliche Entspannung erzielt, die das vegetative Nervensystem positiv beeinflusst und so Fehlreaktionen zu dämpfen vermag.

Beim Prinzip des Biofeedback handelt es sich um einen Rückkopplungsmechanismus, der therapeutisch genutzt wird. Hierbei wird z. B. Blutdruck oder Puls bildlich oder als Geräusch wiedergegeben, der Patient beobachtet diese Größe und lernt dann, diese durch Konzentration zu beeinflussen.

Bei der progressiven Muskelentspannung nach Jacobson werden Verspannungen in 4 Übungsabschnitten reduziert:

1. Anspannen von Muskelgruppen (so fest wie möglich)
2. Festhalten der Spannung über einige Sekunden
3. Entspannung
4. Nachspüren der Empfindungen

Auch eine geführte Entspannungsreise mit Musik ist oftmals hilfreich, um Muskelverspannungen zu reduzieren.

Sportliche Betätigung

Ausdauersportarten wie Schwimmen, Jogging oder Radfahren haben oft eine günstige Wirkung auf die Migräne, vermutlich da hier das gesamte Kreislaufsystem und die Durchblutung trainiert werden.

Alle diese Maßnahmen können dazu beitragen, die Ausgeglichenheit zu verbessern und so die Anzahl der Attacken zu reduzieren oder deren Heftigkeit zu verringern.

Gibt es eine Migräne-Diät?

Eine Diät, die Kopfschmerzen oder Migräne vollständig beseitigt, gibt es nicht. Tatsächlich können jedoch bestimmte Lebensmittel bzw. deren natürliche Inhaltsstoffe Migräneanfälle begünstigen.

Oft werden tyraminhaltige Lebensmittel (z. B. Schokolade, Bananen, Zitrusfrüchte, Avocados, Tomaten, Rotwein oder Käse) als Auslöser einer Attacke beobachtet. Es lohnt sich also durchaus zu beobachten, ob nach dem Verzehr dieser Lebensmittel eine Attacke ausgelöst wird. Ist dies der Fall, sollte der Verzehr dieser Lebensmittel zukünftig reduziert oder vermieden werden.

Magnesiumversorgung

Es ist bekannt, dass die Versorgungslage mit dem Mineralstoff Magnesium einen entscheidenden Einfluss auf die Häufigkeit von Migräneattacken und die Zahl der Migränetage hat. Es ist also offensichtlich wichtig, für eine ausreichende Versorgung mit Magnesium zu sorgen.

Der Bedarf an Magnesium liegt bei ca. 350 mg pro Tag. Diese Menge ist z. B. in 3 l Milch, 500 g Mangold oder in 350 g Hagebutten enthalten. Manchmal ist es schwierig, genügend Magnesium zuzuführen, um den notwendigen Bedarf zu decken. Dies kann entweder durch eine konsequent gesunde Ernährung mit magnesiumreichen Lebensmitteln geschehen oder durch eine gezielte Unterstützung mit Nahrungsergänzungen.

Säure-Basen-Haushalt

Bei unausgewogener Ernährung (zu wenig Gemüse, Obst und Frischkost, zu viel Fleisch, Fett und Süßes) kann eine Übersäuerung des Organismus die Folge sein. Dies hat oft einen negativen Einfluss auf die Häufigkeit oder Dauer von Migräneattacken. Eine gesunde Mischkost mit genügender Basenzufuhr kann ein solches Ungleichgewicht verhindern helfen.

Homöopathische Komplexmittel, deren wirksame Bestandteile zur Behandlung von Kopfschmerzen geeignet sind, zielen meist nicht auf eine sofortige Schmerzbekämpfung, sondern dienen eher einer Harmonisierung des Organismus durch ihre Wirkung auf das zentrale und periphere Nervensystem. Demzufolge ist es sinnvoll, homöopathische Komplexmittel über einen längeren Zeitraum im Sinne einer Umstimmungstherapie einzusetzen, wenn eine allgemeine Neigung zu häufigen Kopfschmerz-Attacken besteht. Es hat sich aber auch bewährt, bei akuten Kopfschmerzen in kurzen Abständen kleine Gaben eines homöopathischen Komplexmittels einzunehmen (Antimigren).

- Reiben Sie Stirn und Schläfen mit Pfefferminzöl ein.
- Gönnen Sie sich Ruhe und Entspannung; schließen Sie die Augen.
- Achten Sie auf viel Bewegung und Frischluft sowie auf ausreichenden Schlaf.
- Meiden Sie Nikotin und Alkohol.
- Achten Sie auf eine gute Magnesium-Versorgung.
- Bei »Katerkopfschmerz«: Trinken Sie viel Mineralwasser. Das sorgt für den Ausgleich des Flüssigkeits- und Mineralstoffhaushalts.

4

Der Richtungsfaktor

Das Leben mit dem Sonnenlauf – ganz elementar

Die Planeten bewegen sich auf ihren Bahnen. Der Lauf der Erde um die Sonne bedingt die Jahreszeiten, und wir Menschen reagieren auf Licht- und Wärmefaktoren. Im Feng Shui unterscheidet man auf der Grundlage des Geburtsdatums zwischen Ost- und Westmenschen. Der eine gewinnt Kraft aus den östlichen Himmelsrichtungen und der andere aus den westlichen. Es ist nicht gleichgültig, ob Sie im Süden oder Norden eines Landes wohnen, im Osten oder Westen. Gleichermaßen hat es Auswirkungen auf Ihr Wohlbefinden, ob Sie Räume im Südwesten, wo die Sonne am Nachmittag den Raum erhellt, oder im Nordosten bewohnen, wo gerade nur ein Morgensonnenstrahl den Raum erfüllt und ihn ansonsten dunkel erscheinen lässt. Natürlich spielt es eine Rolle, ob Bäume oder Häuser der Umgebung die Sonne wegnehmen und ihre Schatten werfen. Stehen hohe Strukturen in der südlichen Himmelsrichtung, fehlen Licht und Wärme. Sehen Sie nachfolgend, wie jede Himmelsrichtung Entsprechungen im Äußeren hat, mit welchen Meridianen und Organen des Körpers sie verbunden ist und mit welchem der fünf elementaren Kräfte – Feuer, Erde, Metall, Wasser oder Holz – sie korrelieren.

Die Himmelsrichtung Norden

Die Himmelsrichtung Norden gehört zum Element Wasser. Das Wasser im Körper wird repräsentiert durch die Organe und Meridiane der Nieren und der Blase. Sollten Sie im Haus tropfende Wasserhähne, ein muffiges Bad oder Wasser im Keller haben, kann dies dazu führen, dass Sie selbst Probleme im Bereich Ihres Niere-Blasensystems erfahren.

Beachten Sie auch, dass äußeres Wasser, wie ein zu großer Teich am Haus oder wasserführende Zonen, die unter Ihrem Bett entlang laufen, ebenfalls zu gesundheitlichen Störungen führen können. Wir alle wissen: Wo sich zu viel Feuchtigkeit befindet, sind Schimmelpilzsporen nicht fern.

Atmen wir diese ein, so schwächen wir unser Immunsystem. Schauen Sie nach, ob sich in Ihrem Bad Pflanzen mit einem Schimmelpilzbefall befinden, und entfernen Sie diese! Auch wäre es möglich, dass die Fugen der Fließen betroffen sind oder der Duschvorhang. Letzterer lässt sich durch einen neuen ersetzen. Auch die Fugen müssen gründlich behandelt werden. So vermeiden Sie maßgeblich die Schwächung Ihres Immunsystems.

Da der Nierenmeridian unter der Fußsohle liegt und der Energiestrom in unser Becken gelangt, ist den Fußsohlen eine besondere Aufmerksamkeit zu schenken. Laufen Sie viel barfuß, insbesondere am Strand oder auf Kieseln. Sie können sich einen Qi-Garden schaffen lassen, indem alles das schon berücksichtigt sein wird.

Kalte Füße müssen nicht sein. Das Schiele-Kreislaufbad von gleichnamiger Firma bewirkt wahre Wunder. (Die Adresse finden Sie im Anhang). Es ist eine Fußbadewanne wie scheinbar jede andere. Doch weit gefehlt! Die Temperatur steigt unterhalb der Fußsohlen allmählich an. Damit wird der Nierenpunkt aktiviert. Sie spüren die Wärme bis in das Becken. Gerade Patienten mit Einschlaf-, Durchblutungsstörungen oder Störungen des Hormonhaushaltes reagieren besonders positiv auf eine Kur mit dem Schiele-Kreislaufbad und den entsprechenden Zusätzen.

Entfernen Sie zunächst allen Unrat, auch Trockengestecke. Entfernen Sie alles, was Sie nicht mehr benötigen, und säubern Sie den Bereich gründlich. Stellen Sie einen Wasserbrunnen auf. Sollte dies nicht möglich sein, so kann ein Bild eines klaren Wasserfalls helfen.

Die Himmelsrichtungen Westen und Nordwesten

Beide Richtungen sind mit den Organen und Meridianen von Lunge und Dickdarm verbunden. Gemeinsam ist ihnen, dass das Element Metall vorherrscht. Metall verdichtet, zieht sich zusammen, um wieder ausgeschieden zu werden. Die Atmung, wie auch die Verdauung stehen mit den Himmelrichtungen Nordwesten und Westen in Verbindung. Sorgen Sie deshalb für eine frische Luft in den entsprechenden Räumen. Einmal pro Stunde sollten Sie für fünf Minuten lüften. Sollte die Raumluft mit Schadstoffen belastet sein, weil beispielsweise lackierte Decken schädliche Ausdünstungen haben oder die Luft staubig und trocken ist, so sollten Sie Ihrer Gesundheit zuliebe handeln. Sorgen Sie zudem für Klarheit, naturweiße Wände, runde Gegenstände und Glanz.

Wer über seinen Bauchraum atmet, viel Wasser trinkt und sich an der frischen Luft bewegt, tut etwas für sein Lungen- und Dickdarmsystem.

Auch während der Schreibtischarbeit sind Bewegungen wichtig. Sie können z. B. für eine Stunde auf einem Pezziball sitzen, so dass Sie mehr Bewegung haben, oder Sie wählen einen Stehtisch zum Arbeiten. Legen Sie zwischendurch Pausen ein, und dehnen Sie sich. Gehen Sie an die frische Luft, und entfernen Sie alles, was Ihren

Bewegungsspielraum einschränken könnte. Jeder volle Schreibtisch ist eine Belastung, auch für das Meridian- und Organsystem Dickdarm. Innerer Ballast ist mit äußerem gleichzusetzen. Schaffen Sie im Äußeren Platz, um auch für innere Veränderungen Raum zu schaffen!

Der Nordwesten wird als der »Himmel« bezeichnet und daher sollte auch eine himmlische Ordnung im Nordwesten herrschen. Entfernen Sie allen Ballast und Unrat. Klarheit, Ordnung und Überblick sind hier die Grundpfeiler.

Runde Gegenstände, Tische und Sessel, auch Klangspiele mit sechs Röhren und Kugeln, sind hier förderlich. Bilder von Menschen, die sich gemeinsam über etwas freuen oder die Hand geben, wären hier exzellent. Wenn Ihr Vater Ihnen wichtig ist, ein Vor- oder Leitbild Sie begleitet, so kann ein Bild oder Gegenstand dieses Menschen im Bereich Nordwesten Ihrer Räume zu sehen sein.

Im Westen kann ein Aquarium das Kinderglück begünstigen. Fragen Sie Ihren Feng Shui-Berater nach unterstützenden Möglichkeiten.

Die Himmelsrichtungen Nordosten und Südwesten

Die Himmelsrichtungen Nordosten und Südwesten stehen in Verbindung mit dem Element Erde. Im Körper- und Meridiansystem finden wir die Entsprechungen hierzu im Magen-Milz und Pankreas-System wieder.

Das Element Erde steht für Ruhe, Gelassenheit, Ernährung und Frieden. Natürlich werden sich sehr schnell Beschwerden im Bereich des Magens einstellen, wenn die äußere Ruhe und der Frieden gestört sind. Ein kleiner Auslöser, wie eiskalte Getränke, Kaffee oder zu heiße Speisen und Getränke kann dazu führen, dass Sie akute Schmerzsignale empfangen. Wer sich sorgt, ja sich geradezu mit allen Sorgen dieser Welt beschäftigt und belastet, stört auch seinen inneren Frieden. Deshalb gilt beim Essen: Beginnen Sie gemeinsam eine Mahlzeit, und unterhalten Sie sich nicht über Kriege, Vergiftungen, Probleme der Regierung, etc. Sonst könnte Ihnen genau dieses Verhalten auf den Magen schlagen. Streit hat beim Essen erst recht nichts zu suchen. Sorgen Sie für einen mit Liebe gedeckten Tisch, eine schöne Obstschale, Blumen oder Musik. Essen spielte in allen Kulturen eine große Rolle. Gönnen Sie sich ein Essen, das naturbelassen ist, ein Essen, das von jeder Farbe etwas auf den Tisch bringt, und zünden Sie eine Kerze an. Bon Appetit!

Wählen Sie einen runden Esstisch oder einen mit abgerundeten Ecken. Dieser sollte in einem geschützten Bereich des Raumes stehen. Dies ist die Vorbedingung für ein Mahl, das Sie in Ruhe einnehmen können. Sollte der Tisch bisher zwischen Tür und Fenster gestanden haben oder mit Blick zum offenen Treppenaufgang, wie dies oft in Reihenhausanlagen vorkommt, so werden wir vom Qi-Durchzug, wie man dies nennt, förmlich mitgetragen und verweilen nur höchst ungern. Die Unruhe, die dabei entsteht, ist einem gesunden Miteinander am Tisch und auch der Gesundheit abträglich. Blaue Farben zügeln den Appetit, aber auch die Bildung von Verdauungssäften, die zum Verarbeiten der Speisen notwendig sind. Wählen Sie stattdessen Gelb und Orange an Ihren Wänden. Diese Farben regen die Magensaftproduktion an, unterstützen die Verdauung und bringen Sonne und Gelassenheit in den Raum – quasi eine mediterrane Grundeinstellung.

Auch Ihr Sofa, der Lieblingssessel oder Ihr Bett sollten Oasen der Ruhe sein, und je bequemer Sie liegen können, umso mehr fühlen Sie sich in dieser Position dem Element Erde in der Natur verbunden. Zusammen mit Halbedelsteinen, Keramik und Cotto werden Sie nahezu paradiesische Zustände schaffen.

Sind Sie auf diese Weise ruhig und ausgeglichen, dann werden Sie in Stresssituationen auch nicht mehr so schnell zu Süßigkeiten und Weißmehlprodukten greifen. Dann sagen Sie den Brötchen und der Schokolade ade. Damit wird die Bauchspeicheldrüse entlastet, der Körper übersäuert nicht mehr, weshalb es den Gelenken besser gehen kann, und Sie selbst fühlen sich leichter und beschwingter. Fehlt nur noch ein Gedanke zu Ihrem Glück: Werden Sie geliebt? Lieben Sie sich selbst? Gibt es jemand anderen, den Sie lieben? Gerade dieses Thema hat etwas mit der Bauchspeicheldrüse zu tun. Wer sich ungeliebt und zurückgesetzt fühlt, greift zum Zucker, zur Schokolade, wegen der Glücksgefühle, die sich allerdings später als Schwabbelbauch oder Rettungsringe auf den Hüften zeigen. Da die gesamte Bevölkerung mehr oder weniger darunter leidet, frage ich Sie: Fühlen sich die Menschen da draußen nicht geliebt? Denken wir doch darüber nach, und beginnen wir uns noch heute selbst zu lieben. Heißt es doch in der Bibel schon: »Liebe deinen Nächsten wie dich selbst!«.

Die Himmelsrichtungen Osten und Südosten

Die Himmelsrichtungen Osten und Südosten bringen Ihnen über Fenster und Türen die energetische Qualität des Elementes Holz in die Räume. Holz wächst, verändert und entwickelt sich. Es strebt in die Vertikale und gibt den Pflanzen Kraft. Gemüse und Kräuter im Osten Ihres Gartens werden prächtig gedeihen! Auch auf der Körper- und Meridianebene gibt es eine Entsprechung zum Element Holz. Unser Leber- und Gallensystem, sowie die Knochen und Gelenke sind elementar mit dem Holz verbunden. Hass, Zorn und Eifersucht nähren Energien, die sich auf die Gelenke schlagen und die Leber-Gallenfunktion beeinträchtigen. Deshalb gilt in erster Linie: Hören Sie in sich hinein, ob Sie mit dem einen oder anderen Thema ein Problem, quasi eine Aufgabenstellung haben sollten.

Stellen Sie Pflanzen, Blumensträuße und Bilder der Familie in diesem Bereich auf. Entfernen Sie allen Unrat, um auf der Ebene der Meridian- und Organentsprechungen auch dem Dickdarm eine Entlastung zukommen zu lassen.

Die Himmelsrichtung Süden

Die Himmelsrichtung Süden steht mit dem Organ- und Meridiansystemen Herz, Kreislauf und dem Gefäßregulationssystem, dem so genannten »Dreifach-Erwärmer« in Verbindung. Der Dreifach-Erwärmer entspringt der Magengrube und hat Verbindungen zum Kopf- und Beckenbereich. Wenn Sie erröten, dann ist dies beispielsweise nicht selten eine Auswirkung von etwas Unangenehmen, was Sie gesagt haben, oder auch einer Lüge. Etwas zu sagen, was uns in die Zwickmühle bringt, kann auch emotional weit reichende Auswirkungen haben. Natürlich werden wir auch im Zorn rot – puterrot, oder wenn uns das Schamgefühl die Röte in die Wangen treibt. Das Rot im Kopfbereich und ein warmer, gut durchbluteter Körper zeigen die Wirkkraft des Elementes Feuer an. Wer gut durchblutet ist, steht mitten im Leben, bewegt sich und erfreut sich an der Vielfalt, die das Leben jeden Tag mit sich bringt.

Apropos Tag: Wenn die Sonne im Süden steht, ist es Mittag. Gern öffnen wir ihr auf der Nordhalbkugel Tür und Tor, um ihre Wärme in unsere Räume zu lassen oder nutzen ihre Energie mittels Solarsystemen. Im Sommer kann die

Sonne aber unerträglich heiß sein. Lassen wir sie in unsere Wohnräume ein, kann dies günstig sein, so lange sie diese nicht so stark erhitzt, dass wir unter der Hitze zu leiden beginnen. Die Sonne ist extrem wichtig für uns Menschen. Alle Völker der Erde verehrten die Sonne und entzündeten Feuer, wenn sie das Licht, die Sonne ehrten.

Wir verehren die Sonne, indem wir große Fenster im Süden einbauen. Kommt zu viel Hitze in den Raum, müssen wir allerdings für Beschattungen sorgen, sonst kommt es zu Überhitzungen im Körper. Die Naturmedizin ihrerseits macht sich Überhitzungen zunutze. Bei Erkältungskrankheiten, die aufgrund von Kälteeinwirkungen entstanden sind, wird der Körper überhitzt, um Erreger im Körper abzutöten. Fieber hat den gleichen Nutzen.

Sollten Sie sich also unterkühlt haben, nehmen Sie ein heißes Voll- oder Fußbad. Die wohltuend heißen Dämpfe von ätherischen Ölen nutzen wir zum Inhalieren.

Die Kraft des Feuers zeigt sich auch darin, wie wir dem Leben gegenüber eingestellt sind, ob wir Freude in unser Leben lassen und diese auch empfangen und ausdrücken können. Menschen, die Freude empfinden, haben eine ganz andere Ausstrahlung als diejenigen, die traurig sind. Feuer lädt ein zum Tanz, zu Spiel und Überschwang. Blockiert kann unser inneres Feuer sein, wenn wir nicht vergeben, vergessen und verzeihen können. Dann erlischt es. Deshalb ist es wichtig, sich zu fragen, wem wir nicht vergeben können, vergessen oder verzeihen. Fangen wir noch heute damit an, uns zu erforschen. Sehen Sie einen Menschen vor sich, dem Sie nicht verziehen haben? Dann wird er Ihr inneres Feuer, Ihre Freude bis zum heutigen Tag blockiert haben. Nun aber nicht mehr länger, denn Sie können ihm heute noch verzeihen – jetzt, sofort! Denn diese Belastung kann Ihnen Beschwerden am Herzen einbringen. Wollen Sie das? Wissen wir wirklich, was emotional hinter dem Herzinfarkt steht? Wir vermuten es zumindest. Sind es nicht unendlich viele Menschen, die es gar nicht erst so weit kommen lassen sollten, nicht zu verzeihen?

Auch unser Kreislauf-Gefäßsystem ist ein Spiegel dafür, wie wir auf Veränderungen in unserem Leben reagieren. Halten wir an für uns nicht guten Situationen fest? Können wir loslassen, dem Kreislauf der Dinge freien Lauf lassen? Für eine Gesundung in jedem Sinne sind diese Fragen wichtig. Sie wollen doch etwas für sich tun? Sie wollen doch der Natur der Dinge nicht selbst im Wege stehen? Und sehen Sie, jeder Verlust ist auch ein Gewinn, wenn dies auch später erst deutlich werden wird. Alles im Leben hat seinen Sinn!

Integrieren Sie noch heute die Farbe Rot in Ihr Leben! Es gibt Menschen, die die Farbe Rot vermeiden, doch Rot ist die Farbe des Feuers, der Liebe und des Lebens. Bei den Chinesen wird sie hoch angesehen. Es ist eine braunrote, warme Farbe. Bräute in China heiraten traditionell in der Farbe Rot, um ihrer Freude Ausdruck zu verleihen und Glück in die Ehe mit hineinzunehmen. Heute ändert sich dies zunehmend durch den westlichen Einfluss. Die Farbe Weiß, die die chinesischen Bräute nun wählen, ist bei ihnen traditionell die Farbe der Trauer. Ob dieser westliche Einfluss nun wirklich so viel Positives und Aufbauendes in die Ehe trägt, mag dahingestellt sein.

Sie können in Ihren Räumen dazu beitragen, mehr Glück anzuziehen. Ein roter Sessel, eine Wand in einem schönen warmen Rotton oder ein Bild des Sommers mit roten Blüten bringen Leben in die Räume, Freude, Sommer und die Energie des Feuers.

Wenn Sie nun anfangen, mehr aus sich herauszugehen, Spiel und Spaß des Lebens neu zu entdecken, dann auch, weil Sie Ihren Feinden vergeben haben und sich gegenüber anderen Mitmenschen nachsichtig zeigen. Schreiben Sie entsprechende Briefe (das mag altmodisch klingen), gehen Sie den direkten Weg und reichen Sie Ihre Hand zur Vergebung. Sie gewinnen in jedem Fall. Leben Sie, leben Sie noch heute, und stellen Sie einen frischen Blumenstrauß mit roten Rosen auf den Tisch. Malen Sie ein feuriges Bild, oder gehen Sie tanzen! Das Leben wartet auf Sie, und Ihr Herz wird sich freuen!

Das Ost-West-Richtungssystem

Wollen Sie in Einklang kommen mit Ihrem persönlichen Qi und dem Qi im äußeren Umfeld, so sind die Himmelsrichtungen, in denen Sie sich am meisten aufhalten, entscheidend. Um zu wissen, wie Ihr Haus von der Sonne beschienen wird, reicht es im Feng Shui nicht aus, über den Daumen zu peilen und in etwa den Sonnenstand zu eruieren. Auf dem Lageplan werden Sie den Nordpfeil sehen, oder Sie benutzen einen Kompass. Legen Sie als Nächstes die Mitte Ihres Grundrissplanes fest. Teilen Sie dann den Grundrissplan Ihres Hauses in acht Himmelsrichtungen ein. Ihr Grundriss unterliegt einer himmlischen Ordnung. Acht Himmelrichtungen wirken Tag und Nacht auf Sie ein und bewirken eine Stärkung oder Schwächung Ihres Energiesystems. Wenn Sie sich lange in einer für Sie ungünstigen Richtung aufhalten sollten, so werden Sie nicht nur Probleme, Sie werden auch gesundheitliche Einschränkungen bekommen.

Jede Himmelrichtung korrespondiert in der himmlischen Ordnung mit Ihrem Meridian- und Energiesystem. Sehen Sie nachfolgend, zu welchen Himmelrichtungen Ihr inneres System orientiert ist. Wenn Sie sich in den für Sie besten vier Himmelsrichtungen jeweils mehr als drei Stunden aufhalten, so werden Sie an Kraft und Energie gewinnen. Ihr Gesundungsprozess wird sich beschleunigen. Bin ich selbst beispielsweise krank, was selten vorkommt, so gehe ich in den Südwesten des Hauses, um dort meinen »Krankenplatz zur Genesung« aufzuschlagen. Ich brauche nur ein bis zwei Tage, um mich dort auszukurieren.

Probieren Sie es aus! Wenn Sie allerdings in einem Bereich schlafen sollten, der Ihnen nicht zuträglich ist, dann werden Sie es schwer haben, Ihre Gesundheit zu erhalten oder wieder zu erlangen.

Jahreselementetabelle

Jahr	Beginn	Jahreselement	Tierkreiszeichen	Ming Kwa Beginn	Ming Kwa Männer	Ming Kwa Frauen
1901	19. Februar	Metall	Ochse	05. Februar	9	6
1902	08. Februar	Wasser	Tiger	05. Februar	8	7
1903	29. Januar	Wasser	Hase	05. Februar	7	8
1904	16. Februar	Holz	Drache	04. Februar	6	9
1905	04. Februar	Holz	Schlange	05. Februar	2	1
1906	25. Januar	Feuer	Pferd	05. Februar	4	2
1907	13. Februar	Feuer	Schaf	05. Februar	3	3
1908	02. Februar	Erde	Affe	04. Februar	2	4
1909	22. Januar	Erde	Hahn	05. Februar	1	8
1910	10. Februar	Metall	Hund	05. Februar	9	6
1911	30. Januar	Metall	Schwein	05. Februar	8	7
1912	18. Februar	Wasser	Ratte	04. Februar	7	8
1913	06. Februar	Wasser	Ochse	05. Februar	6	9
1914	26. Januar	Holz	Tiger	05. Februar	2	1
1915	14. Februar	Holz	Hase	05. Februar	4	2
1916	03. Februar	Feuer	Drache	04. Februar	3	3
1917	23. Januar	Feuer	Schlange	05. Februar	2	4
1918	11. Februar	Erde	Pferd	05. Februar	1	8
1919	01. Februar	Erde	Schaf	05. Februar	9	6
1920	20. Februar	Metall	Affe	04. Februar	8	7
1921	08. Februar	Metall	Hahn	05. Februar	7	8
1922	28. Januar	Wasser	Hund	05. Februar	6	9
1923	16. Februar	Wasser	Schwein	05. Februar	2	1
1924	05. Februar	Holz	Ratte	04. Februar	4	2
1925	25. Januar	Holz	Ochse	05. Februar	3	3
1926	13. Februar	Feuer	Tiger	05. Februar	2	4
1927	02. Februar	Feuer	Hase	05. Februar	1	8
1928	23. Januar	Erde	Drache	04. Februar	9	6
1929	10. Februar	Erde	Schlange	05. Februar	8	7
1930	30. Januar	Metall	Pferd	05. Februar	7	8
1931	17. Februar	Metall	Schaf	05. Februar	6	9
1932	06. Februar	Wasser	Affe	04. Februar	2	1

Jahreselementetabelle

Jahr	Beginn	Jahreselement	Tierkreiszeichen	Ming Kwa Beginn	Ming Kwa Männer	Ming Kwa Frauen
1933	26. Januar	Wasser	Hahn	05. Februar	4	2
1934	14. Februar	Holz	Hund	05. Februar	3	3
1935	04. Februar	Holz	Schwein	05. Februar	2	4
1936	24. Januar	Feuer	Ratte	04. Februar	1	8
1937	11. Februar	Feuer	Ochse	05. Februar	9	6
1938	31. Januar	Erde	Tiger	05. Februar	8	7
1939	19. Februar	Erde	Hase	05. Februar	7	8
1940	08. Februar	Metall	Drache	04. Februar	6	9
1941	27. Januar	Metall	Schlange	05. Februar	2	1
1942	15. Februar	Wasser	Pferd	05. Februar	4	2
1943	05. Februar	Wasser	Schaf	05. Februar	3	3
1944	25. Januar	Holz	Affe	04. Februar	2	4
1945	13. Februar	Holz	Hahn	05. Februar	1	8
1946	02. Februar	Feuer	Hund	05. Februar	9	6
1947	22. Januar	Feuer	Schwein	05. Februar	8	7
1948	10. Februar	Erde	Ratte	04. Februar	7	8
1949	29. Januar	Erde	Ochse	05. Februar	6	9
1950	17. Februar	Metall	Tiger	05. Februar	2	1
1951	06. Februar	Metall	Hase	05. Februar	4	2
1952	27. Januar	Wasser	Drache	04. Februar	3	3
1953	14. Februar	Wasser	Schlange	05. Februar	2	4
1954	03. Februar	Holz	Pferd	05. Februar	1	8
1955	24. Januar	Holz	Schaf	05. Februar	9	6
1956	12. Februar	Feuer	Affe	04. Februar	8	7
1957	31. Januar	Feuer	Hahn	05. Februar	7	8
1958	18. Februar	Erde	Hund	05. Februar	6	9
1959	08. Februar	Erde	Schwein	05. Februar	2	1
1960	28. Januar	Metall	Ratte	04. Februar	4	2
1961	15. Februar	Metall	Ochse	05. Februar	3	3
1962	05. Februar	Wasser	Tiger	05. Februar	2	4
1963	25. Januar	Wasser	Hase	05. Februar	1	8
1964	13. Februar	Holz	Drache	04. Februar	9	6

Jahreselementetabelle

Jahr	Beginn	Jahreselement	Tierkreiszeichen	Ming Kwa Beginn	Ming Kwa Männer	Ming Kwa Frauen
1965	02. Februar	Holz	Schlange	05. Februar	8	7
1966	21. Januar	Feuer	Pferd	05. Februar	7	8
1967	09. Februar	Feuer	Schaf	05. Februar	6	9
1968	30. Januar	Erde	Affe	04. Februar	2	1
1969	17. Februar	Erde	Hahn	05. Februar	4	2
1970	06. Februar	Metall	Hund	05. Februar	3	3
1971	27. Januar	Metall	Schwein	05. Februar	2	4
1972	15. Februar	Wasser	Ratte	04. Februar	1	8
1973	03. Februar	Wasser	Ochse	05. Februar	9	6
1974	23. Januar	Holz	Tiger	05. Februar	8	7
1975	11. Februar	Holz	Hase	05. Februar	7	8
1976	31. Januar	Feuer	Drache	04. Februar	6	9
1977	18. Februar	Feuer	Schlange	05. Februar	2	1
1978	07. Februar	Erde	Pferd	05. Februar	4	2
1979	28. Januar	Erde	Schaf	05. Februar	3	3
1980	16. Februar	Metall	Affe	04. Februar	2	4
1981	05. Februar	Metall	Hahn	05. Februar	1	8
1982	25. Januar	Wasser	Hund	05. Februar	9	6
1983	13. Februar	Wasser	Schwein	05. Februar	8	7
1984	02. Februar	Holz	Ratte	04. Februar	7	8
1985	20. Februar	Holz	Ochse	05. Februar	6	9
1986	09. Februar	Feuer	Tiger	05. Februar	2	1
1987	29. Januar	Feuer	Hase	05. Februar	4	2
1988	17. Februar	Erde	Drache	04. Februar	3	3
1989	06. Februar	Erde	Schlange	05. Februar	2	4
1990	27. Januar	Metall	Pferd	05. Februar	1	8
1991	15. Februar	Metall	Schaf	05. Februar	9	6
1992	04. Februar	Wasser	Affe	04. Februar	8	7
1993	23. Januar	Wasser	Hahn	05. Februar	7	8
1994	10. Februar	Holz	Hund	05. Februar	6	9
1995	31. Januar	Holz	Schwein	05. Februar	2	1
1996	19. Februar	Feuer	Ratte	04. Februar	4	2

Jahreselementetabelle

Jahr	Beginn	Jahreselement	Tierkreiszeichen	Ming Kwa Beginn	Ming Kwa Männer	Ming Kwa Frauen
1997	07. Februar	Feuer	Ochse	05. Februar	3	3
1998	28. Januar	Erde	Tiger	05. Februar	2	4
1999	16. Februar	Erde	Hase	05. Februar	1	8
2000	05. Februar	Metall	Drache	04. Februar	9	6
2001	24. Januar	Metall	Schlange	05. Februar	8	7
2002	12. Februar	Wasser	Pferd	05. Februar	7	8
2003	01. Februar	Wasser	Schaf	05. Februar	6	9
2004	22. Januar	Holz	Affe	04. Februar	2	1
2005	09. Februar	Holz	Hahn	05. Februar	4	2
2006	29. Januar	Feuer	Hund	05. Februar	3	3
2007	18. Februar	Feuer	Schwein	05. Februar	2	4
2008	02. Februar	Erde	Ratte	04. Februar	1	8
2009	16. Januar	Erde	Ochse	05. Februar	9	6
2010	14. Januar	Metall	Tiger	05. Februar	8	7
2011	03. Februar	Metall	Hase	05. Februar	7	8

Die Ming Kwa-Richtungsformel

Mit der Richtungs-Formel werden Sie diejenigen Richtungen kennen lernen, die Sie optimal unterstützen. Beachten Sie, dass der Jahresanfang, am 4. bzw. 5. Februar in Schaltjahren, zu berücksichtigen ist. Beachten Sie auch, wenn Sie am Anfang eines Jahres geboren wurden, gehören Sie möglicherweise noch zum vorangegangenen Jahr. Sind Sie zum Beispiel eine Frau und am 08.01.1958 geboren, dann ist die Ming Kwa-Zahl die 8, und Sie gehören dem westlichen Richtungssystem an, da das Geburtsdatum vor dem 5. Februar liegt.

Entnehmen Sie nachfolgend der Tabelle Ihre Ming Kwa-Zahl, um Ihre besten Richtungen zu finden.

Die Ming Kwa der östlichen Richtungen

Sie haben eine der folgenden Zahlen ermittelt:

1, 3, 4, 9

- Sie gehören den östlichen Richtungen an und sind ein so genannter *Morgensonnenmensch*.
- Sie benötigen Freiraum, Licht, Luft und Sonne. Um atmen zu können, sind höhere Räume, größere, offenere Situationen für Sie günstig. Wählen Sie eine sparsame Möblierung.
- Nach der himmlischen Ordnung sind Ihre besten Richtungen: Osten, Südosten, Süden und Norden.

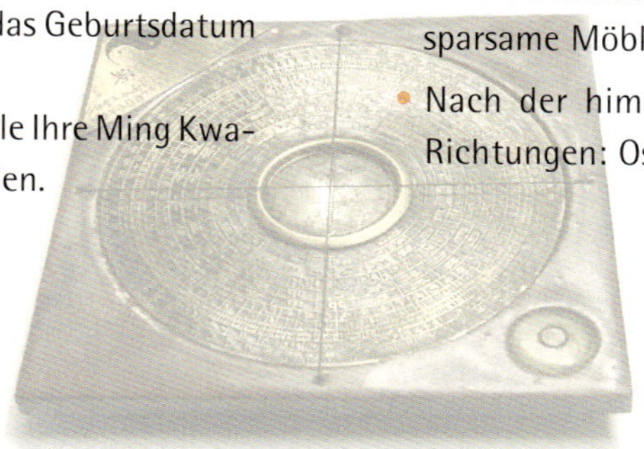

Das westlich gerichtete Ordnungssystem

Sie haben eine der folgenden Zahlen ermittelt:

2, 6, 7, 8

- Sie gehören den westlichen Richtungen an und sind ein so genannter *Nachmittagssonnenmensch*.

Ihre Himmelsrichtungen auf einen Blick

Ming Kwa-Zahl	1	2	3	4	6	7	8	9
Himmelsrichtung	N	SW	O	SO	NW	W	NO	S
Gruppe	O	W	O	O	W	W	W	O
Weitere	O	W	N	S	NO	SW	NW	SO
gute	SO	NO	S	N	W	NW	SW	O
Richtungen	S	NW	SO	O	SW	NO	W	N

O = Osten; SO = Südosten; S = Süden; SW = Südwesten; W = Westen; NW = Nordwesten; N = Norden; NO = Nordosten

- Sie benötigen den geschützten Raum, die Vogelperspektive. Sie schauen aus dem geschützten Nest Ihres Lieblingsplatzes nach draußen. Warmes Licht, die Urwärme des Feuers und kleine gemütliche Ecken sind genau das Richtige für Sie.
- Nach der himmlischen Ordnung sind Ihre besten Richtungen: Westen, Südwesten, Nordwesten und Nordosten.

Ihre aufbauenden und für Sie gesunden Energierichtungen

Was bewirkt diese Ausrichtung entsprechend der Ming Kwa-Zahl nach den östlichen oder westlichen Himmelsrichtungen?

Wer mit dem »Himmel«, seiner Himmelsrichtung, nach der himmlischen Ordnung lebt, ist im Einklang mit der Energie, die mit der Sonne wandert.

Sehen Sie nachfolgend, welche Himmelsrichtung welche Auswirkung hat. Wenn Sie gut schlafen wollen, so ist die Richtung der *Langlebigkeit* für Sie ideal. Wollen Sie Ihre Denkprozesse unterstützt wissen, so ist es günstig, in die Richtung der *Vitalität* von Ihrem Arbeitsplatz aus zu schauen. Die Richtung der *Harmonie* wird Ihnen besonders gut tun. Wenn Sie sich in einer für Sie strapaziösen Lebensphase befinden oder krank sein sollten, so ist es die Richtung des *Himmlischen Arztes*, die Sie benötigen.

Ihre Ming Kwa-Zahl ist 1

Sie gehören damit zur östlichen Lebensgruppe. Die Himmelsrichtungen Süden, Norden, Osten und Südosten sind günstig für Sie, um dort einen Raum einzunehmen, für die Kopfrichtung beim Schlafen oder generell beim Liegen oder Schauen. Die Richtung *Tien Yi* eignet sich als Schlafzimmer oder Raum, in dem Sie sich länger aufhalten und im Krankheitsfall Ihre Gesundheit unterstützen. Besonders viel Glück bringt Ihnen der Bereich *Sheng Chi*, wenn sich dort Ihr Eingang befindet oder das Büro.

Meiden Sie die vier ungünstigen Richtungen. Halten Sie sich dort nicht länger als drei Stunden ununterbrochen auf.

- **Günstige Richtungen**

Osten: *Tien Yi*, hier ist ein guter Heilbereich.

Süden: *Yien Nien*, die Richtung für ein langes und gesundes Leben.

Norden: *Fu Wei*, Sie fördern Ihre persönliche Entwicklung.

Südosten: *Sheng Chi*, Sie ziehen Vitalität und Energie an.

- **Ungünstige Richtungen:**

Südwesten: *Chueh Ming* bedeutet Energieverlust und Gesundheitsprobleme.

Westen: *Who Hai* gibt Hinweise auf Unfallgefahren. Sichern Sie Ihre Treppen, sorgen Sie für freie Laufzonen und entfernen Sie Hindernisse jeder Art.

Nordwesten: *Liu Sha*, hier warten Streitigkeiten auf der zwischenmenschlichen Ebene auf Sie.

Nordosten: *Wu Kuei*, in diesem Bereich können sie negative Energien anziehen, Verwirrungen und Unklarheiten.

Ihre Ming Kwa-Zahl ist 2

Sie gehören zur westlichen Lebensgruppe. Die Himmelsrichtungen Südwesten, Nordosten, Westen und Nordwesten sind günstige Richtungen, um dort einen Raum einzunehmen und für die Kopfrichtung beim Schlafen. Die Richtung *Tien Yi* eignet sich als Schlafzimmer oder Raum, in dem Sie sich länger aufhalten und im Krankheitsfall Ihre Gesundheit unterstützen. Besonders viel Glück bringt Ihnen der Bereich *Sheng Chi*, wenn sich dort Ihr Eingang befindet oder das Büro. Meiden Sie die vier ungünstigen Richtungen. Halten Sie sich dort nicht länger als drei Stunden am Stück auf.

- **Günstige Richtungen**

Westen: *Tien Yi*, hier ist ein guter Heilbereich.

Nordwesten: *Yien Nien*, hier unterstützen Sie ein langes und gesundes Leben.

Südwesten: *Fu Wei*, Sie unterstützen Ihre persönliche Entwicklung.

Nordosten: *Sheng Chi*, Sie ziehen Energie und Vitalität an.

- **Ungünstige Richtungen:**

Norden: *Chueh Ming* kann Gesundheitsprobleme mit sich bringen.

Osten: *Who Hai* gibt Hinweise auf Unfallgefahren. Sichern Sie Ihre Treppen, sorgen Sie für freie Laufzonen und entfernen Sie Hindernisse jeder Art.

Süden: *Liu Sha*, hier warten Streitigkeiten auf der zwischenmenschlichen Ebene auf Sie.

Südosten: *Wu Kuei*, in diesem Bereich können sie negative Energien anziehen, Verwirrungen und Unklarheiten.

Ihre Ming Kwa-Zahl ist 3

Sie gehören damit zur östlichen Lebensgruppe. Die Himmelsrichtungen Süden, Norden, Osten und Südosten sind günstig für Sie, um dort einen Raum einzunehmen und für die Kopfrichtung beim Schlafen. Die Richtung *Tien Yi* eignet sich als Schlafzimmer oder Raum, in dem Sie sich länger aufhalten und im Krankheitsfall Ihre Gesundheit unterstützen. Besonders viel Glück bringt Ihnen der Bereich *Sheng Chi*, wenn sich dort Ihr Eingang befindet oder das Büro.

Meiden Sie die vier ungünstigen Richtungen. Halten Sie sich dort nicht länger als drei Stunden kontinuierlich auf.

- **Günstige Richtungen**

Norden: *Tien Yi*, hier ist ein guter Heilbereich.

Südosten: *Yien Nien*, hier unterstützen Sie ein langes und gesundes Leben.

Osten: *Fu Wei*, Sie werden Ihre persönliche Entwicklung fördern.

Süden: *Sheng Chi*, Sie ziehen Energie und Vitalität an.

- **Ungünstige Richtungen:**

Westen: *Chueh Ming* bringt Ihnen Gesundheitsprobleme.

Südwesten: *Who Hai* gibt Hinweise auf Unfallgefahren. Sichern Sie Ihre Treppen, sorgen Sie für freie Laufzonen und entfernen Sie Hindernisse jeder Art.

Nordosten: *Liu Sha*, hier warten Streitigkeiten auf der zwischenmenschlichen Ebene auf Sie.

Nordwesten: *Wu Kuei*, in diesem Bereich können sie negative Energien anziehen, Verwirrungen und Unklarheiten.

Ihre Ming Kwa-Zahl ist 4

Sie gehören damit zur östlichen Lebensgruppe. Die Himmelsrichtungen Süden, Norden, Osten und Südosten sind günstig für Sie, um dort einen Raum einzunehmen und für die Kopfrichtung beim Schlafen. Die Richtung *Tien Yi* eignet sich als Schlafzimmer oder Raum, in dem Sie sich länger aufhalten und im Krankheitsfall Ihre Gesundheit unterstützen. Besonders viel Glück bringt Ihnen der Bereich *Sheng Chi*, wenn sich dort Ihr Eingang befindet oder das Büro.

Meiden Sie die vier ungünstigen Richtungen. Halten Sie sich dort nicht länger als drei Stunden ohne Pause auf.

- **Günstige Richtungen**

Süden: *Tien Yi*, hier ist ein guter Heilbereich.

Osten: *Yien Nien*, hier bekommen Sie genügend Energie für ein langes und gesundes Leben.

Südosten: *Fu Wei*, Sie werden Ihre persönliche Entwicklung fördern können.

Norden: *Sheng Chi*, Sie ziehen Energie und Vitalität an.

- **Ungünstige Richtungen**

Nordosten: *Chueh Ming* bringt Gesundheitsprobleme mit sich.

Nordwesten: *Who Hai* gibt Hinweise auf Unfallgefahren. Sichern Sie Ihre Treppen, sorgen Sie für freie Laufzonen und entfernen Sie Hindernisse jeder Art.

Westen: *Liu Sha*, hier warten Streitigkeiten auf der zwischenmenschlichen Ebene auf Sie.

Südwesten: *Wu Kuei*, in diesem Bereich können sie negative Energien anziehen, Verwirrungen und Unklarheiten.

Ihre Ming Kwa-Zahl ist 6

Sie gehören zur westlichen Lebensgruppe. Die Himmelsrichtungen Südwesten, Nordosten, Westen und Nordwesten sind günstige Richtungen, um dort einen Raum einzunehmen und für die Kopfrichtung beim Schlafen. Die Richtung *Tien Yi* eignet sich als Schlafzimmer oder Raum, in dem Sie sich länger aufhalten und im Krankheitsfall Ihre Gesundheit unterstützen. Besonders viel Glück bringt Ihnen der Bereich *Sheng Chi*, wenn sich dort Ihr Eingang befindet oder das Büro.

Meiden Sie die vier ungünstigen Richtungen. Halten Sie sich dort nicht länger als drei Stunden ohne Unterbrechung auf.

- **Günstige Richtungen**

Nordosten: *Tien Yi*, hier ist ein guter Heilbereich.

Südwesten: *Yien Nien*, hier sind Sie in einem Energiebereich, der langes und gesundes Leben unterstützt.

Nordwesten: *Fu Wei*, Sie werden Ihre persönlichen Entwicklung fördern.

Westen: *Sheng Chi*, Sie ziehen Energie und Vitalität an.

- **Ungünstige Richtungen:**

Süden: *Chueh Ming* bringt Gesundheitsprobleme mit sich.

Südosten: *Who Hai* gibt Hinweise auf Unfallgefahren. Sichern Sie Ihre Treppen, sorgen Sie für freie Laufzonen und entfernen Sie Hindernisse jeder Art.

Norden: *Liu Sha*, hier warten Streitigkeiten auf der zwischenmenschlichen Ebene auf Sie.

Osten: *Wu Kuei*, in diesem Bereich können sie negative Energien anziehen, Verwirrungen und Unklarheit.

Ihre Ming Kwa-Zahl ist 7

Sie gehören zur westlichen Lebensgruppe. Die Himmelsrichtungen Südwesten, Nordosten, Westen und Nordwesten sind günstige Richtungen, um dort einen Raum einzunehmen und für die Kopfrichtung beim Schlafen. Die Richtung *Tien Yi* eignet sich als Schlafzimmer oder Raum, in dem Sie sich länger aufhalten und im Krankheitsfall Ihre Gesundheit unterstützen. Besonders viel Glück bringt Ihnen der Bereich *Sheng Chi*, wenn sich dort Ihr Eingang befindet oder das Büro.

Meiden Sie die vier ungünstigen Richtungen. Halten Sie sich dort nicht länger als drei Stunden ohne Ortswechsel auf.

- **Günstige Richtungen**

Südwesten: *Tien Yi*, hier ist ein guter Heilbereich für Sie.

Nordosten: *Yien Nien*, hier sind Energien für ein langes und gesundes Leben.

Westen: *Fu Wei*, Sie werden Ihre persönliche Entwicklung fördern.

Nordwesten: *Sheng Chi*, Sie ziehen Energie und Vitalität an.

- **Ungünstige Richtungen:**

Osten: *Chueh Ming* bringt Gesundheitsprobleme mit sich.

Norden: *Who Hai* gibt Hinweise auf Unfallgefahren. Sichern Sie Ihre Treppen, sorgen Sie für freie Laufzonen und entfernen Sie Hindernisse jeder Art.

Südosten: *Liu Sha*, hier warten Streitigkeiten auf der zwischenmenschlichen Ebene auf Sie.

Süden: *Wu Kuei*, in diesem Bereich können sie negative Energien anziehen, Verwirrungen und Unklarheiten.

Ihre Ming Kwa-Zahl ist 8

Sie gehören zur westlichen Lebensgruppe. Die Himmelsrichtungen Südwesten, Nordosten, Westen und Nordwesten sind günstige Richtungen, um dort einen Raum einzunehmen und für die Kopfrichtung beim Schlafen. Die Richtung *Tien Yi* eignet sich als Schlafzimmer oder Raum, in dem Sie sich länger aufhalten und im Krankheitsfall Ihre Gesundheit unterstützen. Besonders viel Glück bringt Ihnen der Bereich *Sheng Chi*, wenn sich dort Ihr Eingang befinden sollte oder das Büro.

Meiden Sie die vier ungünstigen Richtungen. Halten Sie sich dort nicht länger als drei Stunden am Stück auf.

- **Günstige Richtungen**

Nordwesten: *Tien Yi*, hier ist ein guter Heilbereich.

Westen: *Yien Nien*, hier sind Energien, die ein langes und gesundes Leben unterstützen.

Nordosten: *Fu Wei*, Sie werden Ihre persönliche Entwicklung fördern.

Südwesten: *Sheng Chi*, Sie ziehen Energie und Vitalität an.

- **Ungünstige Richtungen:**

Südosten: *Chueh Ming* bedeutet Verlust von Arbeit und Besitz ist möglich, Mangel an Wohlstand, Gesundheitsprobleme.

Süden: *Who Hai* gibt Hinweise auf Unfallgefahren. Sichern Sie Ihre Treppen, sorgen Sie für freie Laufzonen und entfernen Sie Hindernisse jeder Art.

Osten: *Liu Sha*, hier warten Streitigkeiten auf der zwischenmenschlichen Ebene auf Sie.

Norden: *Wu Kuei*, in diesem Bereich können sie negative Energien anziehen, Verwirrungen und Unklarheiten.

Ihre Ming Kwa-Zahl ist 9

Sie gehören damit zur östlichen Lebensgruppe. Die Himmelsrichtungen Süden, Norden, Osten und Südosten sind günstig für Sie um dort einen Raum einzunehmen und für die Kopfrichtung beim Schlafen. Die Richtung *Tien Yi* eignet sich als Schlafzimmer oder Raum, in dem Sie sich länger aufhalten und im Krankheitsfall Ihre Gesundheit unterstützen. Besonders viel Glück bringt Ihnen der Bereich *Sheng Chi*, wenn sich dort Ihr Eingang befinden sollte oder das Büro.

Meiden Sie die vier ungünstigen Richtungen. Halten Sie sich dort nicht länger als drei Stunden kontinuierlich auf.

- **Günstige Richtungen**

Südosten: *Tien Yi*, hier ist ein guter Heilbereich.

Norden: *Yien Nien*, hier sind Energien, die ein langes und gesundes Leben unterstützen.

Süden: *Fu Wei*, Sie werden Ihre persönliche Entwicklung fördern.

Osten: *Sheng Chi*, Sie ziehen Energie und Vitalität an.

- **Ungünstige Richtungen:**

Nordwesten: *Chueh Ming* bringt Gesundheitsprobleme mit sich.

Nordosten: *Who Hai* gibt Hinweise von Unfallgefahren. Sichern Sie Ihre Treppen, sorgen Sie für freie Laufzonen und entfernen Sie Hindernisse jeder Art.

Südwesten: *Liu Sha*, hier warten Streitigkeiten auf der zwischenmenschlichen Ebene auf Sie.

Westen: *Wu Kuei*, in diesem Bereich können sie negative Energien anziehen, Verwirrungen und Unklarheiten.

5

Der Zeitfaktor

Grundlegendes

Sehen wir uns einen wichtigen Faktor, die Zeit, an. Ich lade Sie herzlich ein, dieses Kapitel gründlich zu lesen. Denn gerade mit dem richtigen Umgang mit der Zeit würden sich viele Krankheiten vermeiden lassen. Insbesondere Herz-Kreislauf-Erkrankungen. Was Sie darüber hinaus noch gewinnen, werden Sie am Ende des Kapitels wissen, denn die Zeit hat viele Gesichter und führt zu unglaublich interessanten Möglichkeiten der Gesundheitsprophylaxe und Heilung. Lassen Sie uns zunächst die Zeit als solches anschauen.

Der Zeit eigen ist, dass jeder in einem Zeitraum x gleich viel von ihr hat. Was man aber mit der Zeit anfängt und wie man sie gefühlsmäßig durchlebt, ist unterschiedlich. Ein schöner Tag kann beispielsweise nicht lang genug sein. Ein Tag mit vielen Hindernissen dagegen scheint viel zu lang, und ein solcher, an dem man tausend Dinge zu tun hat, erscheint gar viel zu kurz. Dabei hat jeder Mensch 24 Stunden am Tag zur Verfügung, nur nutzt er sie unterschiedlich.

Zeitmangel ist wie ein Gespenst der heutigen Zivilisation. Man meint, nie wirklich Zeit zu haben. Dabei ist sie ja da! Jeden Tag aufs Neue haben wir die Wahl, uns zu entscheiden, was wir mit ihr machen. Nutzen wir die Zeit als wertvollstes Gut, wird uns bewusst, dass sie nicht unendlich, sondern endlich ist, nämlich zirka 200.000 Stunden pro Leben. Mit diesem Wissen werden wir ihr einen neuen Stellenwert geben. Sie und ich, wir werden uns fragen, was wir mit unserer Zeit anfangen und mit wem wir sie verbringen. Ja, wem wir sie schenken oder für welche Aktivitäten sie dahingeht. Die meiste Zeit verpufft für Arbeiten, die wir delegieren könnten oder für Verpflichtungen, die wir eingegangen sind. Wer seinen Tagesablauf besser plant, nämlich schon tags zuvor, wird seine Zeit besser im Griff haben und für sich selbst dabei noch Zeit gewinnen. Den Tag zu planen ist eines, aber weit vorauszuplanen ist etwas anderes und genauso wichtig. Wie vielen Menschen mangelt es an einer Lebensplanung in Schritten von 5 oder 10 Jahren? Ein irisches Gedicht sagt dazu Folgendes:

» Die Zeit ist wie eine verspielte Katze. Sie umschmeichelt einen und schlabbert den Tag auf wie eine Schale Milch. «

Henry Ford

Nimm dir Zeit.

Nimm dir Zeit, um zu arbeiten,
es ist der Preis deines Erfolges.

Nimm dir Zeit, um nachzudenken,
es ist die Quelle der Kraft.

Nimm dir Zeit, um zu spielen,
es ist das Geheimnis der Jugend.

Nimm dir Zeit, um zu lesen,
es ist die Grundlage des Wissens.

Nimm dir Zeit, um freundlich zu sein,
es ist das Tor zum Glücklichsein.

Nimm dir Zeit, um zu träumen,
es ist der Weg zu den Sternen.

Nimm dir Zeit, um zu lieben,
es ist die wahre Lebensfreude.

Nimm dir Zeit, um froh zu sein,
es ist die Musik der Seele.

Nimm dir Zeit, um zu genießen,
es ist die Belohnung deines Tuns.

Nimm dir Zeit, um zu planen,
dann hast du Zeit für die übrigen neun Dinge.

Zeit zum Zungenbürsten

Beginnen Sie den Tag positiv. Seien Sie neugierig auf das, was kommt, was Sie lernen und erfahren dürfen und auf Kontakte zu anderen Menschen, die Sie bereichern werden. Fokussieren Sie Ihre Gedanken nur auf Positives! Während Sie mit einer Zungenbürste die Ablagerungen allmorgendlich herunterschaben, kann schon einmal das Wasser kochen...

Zeit zum Wasserkochen

Abgekochtes Wasser (die Oberflächenspannung wird reduziert für eine bessere Aufnahme) wird der Körper dankbar aufnehmen, und eine gute Verdauung wird sich wie von selbst einstellen. Zwei Tassen abgekochtes Wasser genügen am Morgen.

Zeit für eine Tasse Tee

Dann brauen Sie sich einen Vitaltee aus: Melissenblättern, Johanniskraut, Schachtelhalmen, Malvenblättern und Tausendgüldenkraut, oder Sie bestellen ihn direkt beim Pitz-Naturprodukteversand in Elsoff. Die Adresse hierzu finden Sie im Anhang. Wenn Sie sich gleich anderthalb Liter davon zubereiten, können Sie diesen Tee auch zur Arbeit mitnehmen und über den Tag verteilt trinken. Er wird Ihren Körper wohltuend stärken und ist ein gutes Mittel zur Rekonvaleszenz und zur Erhaltung der Gesundheit.

Zeit für Bewegung

Im nächsten Schritt beginnt die 30-minütige Ausdauerbewegung. Yang, der Tag hat begonnen, und Bewegung ist das Grundbedürfnis des Menschen. Beispielsweise können Sie den Tag beginnen mit Joggen, Walken, Qi Gong, Tai-Chi, den 5-Tibetern oder den Verjüngungsübungen (Bewegungsübungen aus dem Reich der Mitte), die ich Ihnen noch vorstellen werde. Eine Neuplanung des Tages ist Voraussetzung für diese Neuorientierung und Umstellung – raus aus dem Pyjama – rein in die Laufschuhe! Disziplinieren Sie sich! Die Absicht, sich selbst etwas Gutes zu tun, mit frischer Luft die Lungenflügel zu füllen und ein bewegtes Leben zu leben, Krankheiten vorzubeugen und vorhandene zu überwinden, sollte Motivation genug sein, eine neue Zeiteinteilung aufzustellen.

Zeit zum Frühstücken

Trinken Sie nach dem Bewegen wieder Wasser, oder – wenn Sie lieber wollen – eine Tasse Vitaltee, und beginnen Sie, frisch geduscht, mit einem Frühstück, das dem Körper wirklich gut tut, wie Obst (nur eine Obstsorte pro Mahlzeit) und Frischkornbrei. Sie können täglich Ihr Vital-Müsli

(dies ist auch als Kraft-Müsli über den Pitz-Naturprodukte Versand erhältlich) selbst zusammenstellen aus: Haferflocken, Leinsamen, getrockneten Datteln, etwas Sahne, Walnüssen, einer Banane oder Äpfeln etc. Wer natürlich eine Allergie auf Walnüsse hat, sollte sie weglassen. Vermeiden Sie Milch im Müsli! Die meisten Menschen vertragen die schwer verdauliche Milch nicht und lähmen damit die Verdauung. Dies gilt für alle Milchprodukte wie auch Käse, Joghurt und Quark. (Anbei bemerkt: Es wird den Schweizern nachgesagt, dass sie so langsam seien, wegen des hohen Käsekonsums!) Die Milcheiweißallergien haben zudem erschreckend zugenommen, so dass ein Verzicht darauf überlegenswert ist.

Die Sahne, verdünnt mit Wasser (1 Becher Sahne, 200 g, mit 4 Bechern Wassern ohne Milcheiweiß) ersetzt Ihnen die Milch und trägt zur besseren Verdauung bei. Vermeiden Sie schon morgens die Säurebilder wie Brötchen, Marmelade und Kaffee. Wer schon morgens basisch isst, vermeidet es, »sauer« zu werden. Dies hilft nicht nur den Gelenken, es hebt auch Ihre Stimmung! Ich nehme beispielsweise morgens meine Basentabs, um einen ausgewogenen Säure-Basen-Haushalt zu halten und Aronia zur Stärkung der Abwehrkräfte. Je nachdem, was Sie für Ihre Gesundheit tun müssen, können natürlich noch andere Präparate der Naturmedizin hinzukommen.

Zeit zum Kauen

Nehmen Sie sich Zeit zum Essen, und kauen Sie gründlich. Diese Zeit ist nicht »vergeudet«, Sie haben diese sich und der Erhaltung Ihrer Gesundheit, insbesondere der Ihres Verdauungsapparates, geschenkt und gewinnen an Energie.

Zeit für die (Fahrt zur) Arbeit

Jetzt können Sie an Ihre Aufgaben gehen und mehr Zeit als nötig für die Fahrt zu Ihrer Arbeitsstätte oder zum ersten Termin einplanen. Ihr Gefühl an einem solchen Tag wird unbeschreiblich gut sein, und bald schon werden Sie diesen Tagesbeginn als selbstverständlich ansehen und missen, wenn es einmal gar nicht anders geht. Um diesen Tagesbeginn »einzuschleifen«, benötigen Sie anfangs Disziplin über vier Wochen. Dann aber ist er so selbstverständlich wie das Zähneputzen am Morgen.

Gewonnen haben Sie: Zeit für sich, Zeit für ein neues Leben, und Sie sind wahrscheinlich um einige Pfunde leichter. Bedenken Sie, dass sich in jedem überflüssigen Gramm Fett auch Ablagerungen befinden, die wie eine »Giftmülldeponie« den Organismus belasten. Zu viel Gewicht geht auf die Gelenke, die Atmung, den Kreislauf und belastet die Immunabwehr. Deshalb gilt: Beginnen Sie noch heute, und planen Sie Ihr Leben neu!

Zeit, um den Tag richtig zu beenden

Fragen Sie sich an jedem Tagesende, was Sie hätten anders machen können, und filtern Sie heraus, welche Aufgaben Sie hätten abgeben können. Müssen Sie wirklich in so vielen Vereinen sein? Müssen Sie wirklich ständig erreichbar sein? Müssen Sie wirklich die Wohnung allein gründlich putzen? Kann nicht alles ein wenig oder doch grundlegend anders werden? Müssen Sie immer »ja« sagen, wenn man fragt, wer die Plätzchen backt, wer die Klassenfahrt begleitet? Kann dies nicht auch mal jemand anders machen? Müssen Sie immer der- oder diejenige sein, die die Kopierarbeiten macht oder dies und jenes besorgt? Selbst wenn Sie als »Kümmerer« geboren zu sein scheinen, so lässt sich das eine oder andere neu bedenken. Es ist Ihr Leben, und es ist Ihre Zeit. Wenn Sie nicht einem Herzinfarkt erliegen oder dem Burn-out-Syndrom zum Opfer fallen wollen, gilt es hier und jetzt nachzudenken. Damit Sie Zeit zum Leben haben, Zeit für Ihre Gesundheit – und die ist unbestritten das höchste Gut.

»Die Zeit ist wie der Wind:
Richtig genutzt,
bringt sie uns an jedes Ziel.«

Lothar Seiwert

Die innere Organuhr

Auch im Inneren des Körpers tickt die Uhr, nicht etwa nur die biologische. Es ist ein Rhythmus, der uns gesund erhält. Mit den Rhythmen des Körpers zu agieren heißt, einen großen Schritt in Richtung Gesundheit zu unternehmen. Die innere Uhr ist darauf eingestellt, dass wir vor Mitternacht, nämlich spätestens 23 Uhr im Bett liegen, weil dann alle Funktionen so eingestellt sind, dass der Stoffwechsel den Körper entgiftet. Haben wir abends zu schwer und zu spät gegessen, ist diese Funktion blockiert. Stehen wir am Morgen um 5 Uhr mit dem ersten Hahnenschrei auf, so ist dies im Sinne unserer inneren Organuhr. Ab 7 Uhr ist der Dickdarm aktiv und auf Ausscheidung programmiert. Am Morgen haben wir die höchste Energie, am Nachmittag fällt sie ab. Deshalb sollte man alle wichtigen Termine auf den Morgen legen. Entspannendes können Sie dagegen am Nachmittag einplanen.

Die innere Uhr kann aber auch Hinweise auf Krankheiten geben, wenn beispielsweise immer zu einer bestimmten Zeit Schmerzen auftreten oder Sie zu einer bestimmten Uhrzeit regelmäßig wach liegen. Ärzte und Heilpraktiker, die die Organuhr kennen, werden auch die Medikamenteneinnahme unter diesen Gesichtspunkten berücksichtigen.

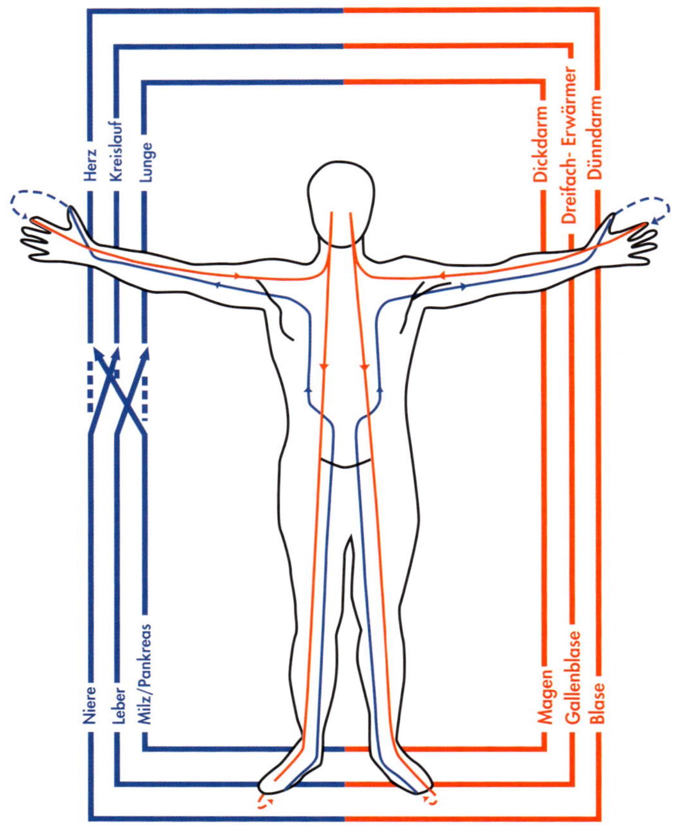

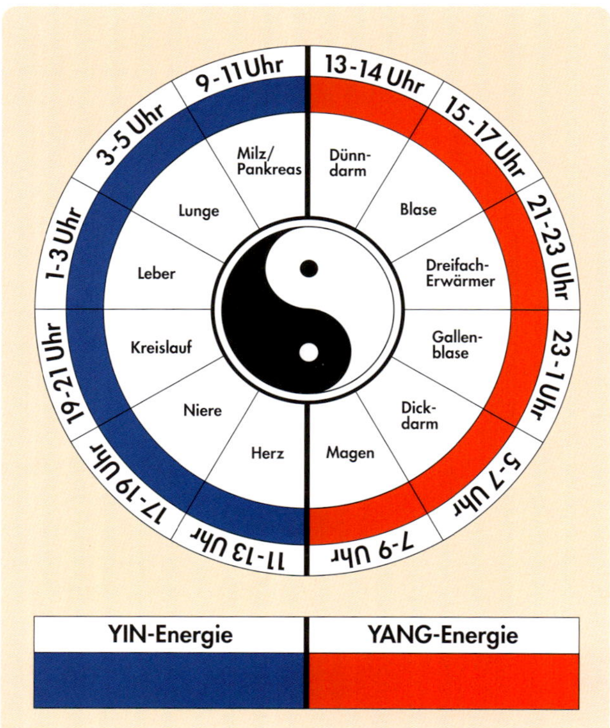

Die Organuhr

Die Organuhr ist ein sehr altes Modell, das (ca. 200 v. Chr.) in der Traditionellen Chinesischen Medizin entwickelt wurde. Die frühen chinesischen Ärzte haben erkannt, dass die Lebenskraft in Form einer Welle alle Meridiane durchflutet. Jeder Meridian und das damit verbundene Organsystem zeigt deshalb im Laufe eines Tages charakteristischerweise einen maximalen (Fülle) und einen minimalen (Leere) Zustand an, der auch als Kreislauf der Meridiane oder »Organuhr« beschrieben wird.

Die Kenntnisse über die Organuhr können Ihnen wertvolle Hinweise auf den Zustand Ihres Meridian- und Organsystems geben. Haben Sie immer zu bestimmten Zeiten Schmerzen, so teilen Sie diese Beobachtungen Ihrem behandelnden Arzt oder Heilpraktiker mit. Die Grundlage der Organuhr ist die Vorstellung, dass unser Körpersystem von Energien, Qi genannt, durchflossen wird. Nach den Erkenntnissen der Traditionellen Chinesischen Medizin (TCM) fließt die Lebensenergie, das Qi, auf bestimmten Energieleitbahnen (sog. Meridianen) durch den Körper. Die Leitbahnen bestehen aus 12 Hauptmeridianen, die den 12 Organsystemen zugeordnet sind, ergänzt von zwei steuernden Meridianen (Gouverneur- und Konzeptionsgefäß).

Die TCM beschreibt, dass in jedem Organsystem und seinem zugehörigen Meridian zu einer bestimmten Tageszeit die maximale Energie, das maximale Qi fließt. Diese Phase ist die Organmaximalzeit (Leistungsphase). Behandlungen oder Stärkungen der jeweiligen Energie sind zu dieser Zeit besonders effektiv. Jeweils 12 Stunden nach der Hochphase befindet sich das entsprechende Organ an seinem energetischen Tiefpunkt.

Regelmäßig empfundene Störungen der Befindlichkeit zu bestimmten Zeiten, z. B. Durchschlafstörungen, regelmäßiges Aufwachen zu bestimmten Zeiten geben, häufig Hinweise auf eine Schwäche des betreffenden Organsystems.

»Die ›Organuhr‹ ist nicht wissenschaftlich im strengen Sinne. Sie mag als eine Studie gelten, die zu Vergleich und Beobachtung anregen kann«, schreibt Prof. Dr. med. Erich W. Stiefvater im Vorwort der 1. Auflage seines Werkes »Die Organuhr«. Wollen wir diese seit Jahrtausenden in der chinesischen Medizin bekannte Organuhr nun näher kennen lernen, so bedarf es zuerst einiger Begriffserklärungen.

Den Uranfang nannten die Naturphilosophen im alten China wu-ki, welcher symbolhaft als leerer Kreis dargestellt wurde. Daraus entstanden zwei polare Kräfte: das Lichte (Yang) und das Dunkle (Yin) genannt, dargestellt als chinesische Monade. Das eine, Teil des anderen, fließt gemäß

der klassischen chinesischen Philosophie in einem wechselhaften Zu- und Abnehmen ineinander, ohne aber das andere zu verdrängen. Diese Yin-Yang-Kraft zirkuliert während einer Tag-Nacht-Einheit. Der Begriff Qi wird bei uns im Westen mit dem Ausdruck »Energie« gleichgesetzt. Qi ist eine Sammelbezeichnung für Atem, Lebenskraft (= vis vitalis), Gefühl, Odem, Wesen, Geist (= spiritus), also im Gleichklang mit komplexen Begriffen, welche auch in der abendländischen Medizin eine große Rolle spielen und

sowohl seelische als auch physikalische Phänomene umfassen. Kurz gesagt: Qi ist der Ursprung des Lebens. Man könnte aber auch sagen, dass Yin und Yang, die beiden Qi-Polaritäten, durch ihre gegenseitige Bewegung alle Dinge erzeugen und somit das Leben erhalten. Unter Yang verstehen wir das Männliche, das Aufstrebende, den Tag, die Wärme (Sonne), den Himmel, die Bewegung, die Körperrückseite, rechts, die ungerade Zahl, außen. Unter Yin verstehen wir das Weibliche, das Absteigende, die Nacht, die Kälte (Mond), die Erde, die Ruhe (Schlafen), die Körpervorderseite, links, die gerade Zahl, innen.

Gemäß der Yin-Yang-Lehre ordnen sich die 12 Organe des Menschen in zwei Gruppen: Tag- oder Yangorgane wie Dünndarm, Blase, Dreifach-Erwärmer (= Hormondrüsensystem), Gallenblase, Dickdarm und Magen sowie Nacht- oder Yin-Organe wie Herz, Niere, Kreislauf, Leber, Lunge, Milz-Pankreas.

Beobachtet man nun, zu welchen Tageszeiten (stets ist die Winterzeit gültig!) körperliche Beschwerden auftreten, und schaut man dann auf die Organuhr, so lässt sich die entsprechende Funktionsstörung ablesen. Menschen, welche z. B. zwischen 1 und 3 Uhr nachts aufwachen und während dieser Zeit auch nicht mehr einschlafen können, haben eine energetische Leberfunktionsstörung. Der Asthmatiker hingegen sitzt bevorzugt nachts zwischen 3 und 5 Uhr auf der Bettkante und ringt nach Luft. Dies entspricht der Maximalzeit der Lunge. Zur Versorgung entzündeter Zellen wie auch zur Beseitigung anfallender Gift- und Schlackenstoffe sendet ein reaktionsfähiger Organismus vermehrt Energie zu den Orten des Geschehens. Ist ein rascher Energieaustausch nicht mehr möglich, z. B. bei einem geschwächten Organismus, so kommt es zu einer Stauung im betreffenden Meridian.

Die Energie fließt normalerweise im Uhrzeigersinn: Mutter-Sohn-Kreis. Kann der erkrankte »Sohn« die Zweistunden-Energie von der »Mutter« nicht annehmen, so kann auch ein gesunder Meridian sich stauen. Folge davon ist eine Zweit-Erkrankung oder Folge-Erkrankung.

Jeder Meridian wird für zwei Stunden (eine »chinesische Stunde«) maximal mit Qi durchflutet. Genau zwölf Stunden später ist seine Energie am schwächsten.

Der Lungen-Meridian beispielsweise hat seine maximale Zeit zwischen 3.00 und 5.00 Uhr morgens und seine schwächste Zeit zwischen 15.00 und 17.00 Uhr nachmittags.

Die Organuhr/die Meridiane

Organ	Maximalzeit	Minimalzeit
Lunge	3.00 - 5.00	15.00 - 17.00
Dickdarm	5.00 - 7.00	17.00 - 19.00
Magen	7.00 - 9.00	19.00 - 21.00
Milz/Pankreas	9.00 - 11.00	21.00 - 23.00
Herz	11.00 - 13.00	23.00 - 1.00
Dünndarm	13.00 - 15.00	1.00 - 3.00
Blase	15.00 - 17.00	3.00 - 5.00
Niere	17.00 - 19.00	5.00 - 7.00
Kreislauf	19.00 - 21.00	7.00 - 9.00
Dreifach-Erwärmer	21.00 - 23.00	9.00 - 11.00
Gallenblase	23.00 - 1.00	11.00 - 13.00
Leber	1.00 - 03.00	13.00 - 15.00

Zeit der Beschwerden

Fragen Sie sich, ob Sie Beschwerden zu einer bestimmten Zeit haben oder sich diese zu einer bestimmten Zeit bessern?

Der Arzt für Traditionelle Chinesische Medizin unterscheidet zwischen so genannten Fülle- und Leerezuständen eines Meridians. Demzufolge auch zwischen Fülle- und Leerekrankheiten. Eine chronische Erkrankung kann sich in einem Leerezustand von Energie befinden, wo hingegen eine akute Entzündung einen Füllezustand anzeigt.

Wenn Sie beispielsweise im Winter an einer Bushaltestelle gestanden und gefroren haben, dann sind Sie möglicherweise in einen Leerezustand, in eine Yang-Energie-Mangel-Situation gelangt. Um diesen Mangel auszugleichen, nehmen Sie anschließend ein heißes Bad, um wieder in den Yang-Zustand, in die Wärme zu gelangen.

Das Herz

Herzrhythmusstörungen

Wenn das Herz aus seinem Takt gerät, dann ist es so weit: Wir sprechen von Herzrhythmusstörungen.

Die Zahl der Herz-Kreislauf-Erkrankungen ist in den letzten Jahren drastisch gestiegen. Die Ursache hierfür ist u. a. in unserer Lebensweise zu suchen. Stress und Hektik, hohe Leistungsanforderungen, negatives und destruktives Denken, fettreiche Ernährung und Bewegungsmangel - all diese Faktoren belasten Herz und Gefäße, so dass sie ihre eigentlichen Aufgaben nicht mehr in vollem Umfang wahrnehmen können. Gerade bei Herzbeschwerden muss dringend abgeklärt werden, ob eine organische Ursache vorliegt oder ob die Symptome eher psychischen Ursprungs sind.

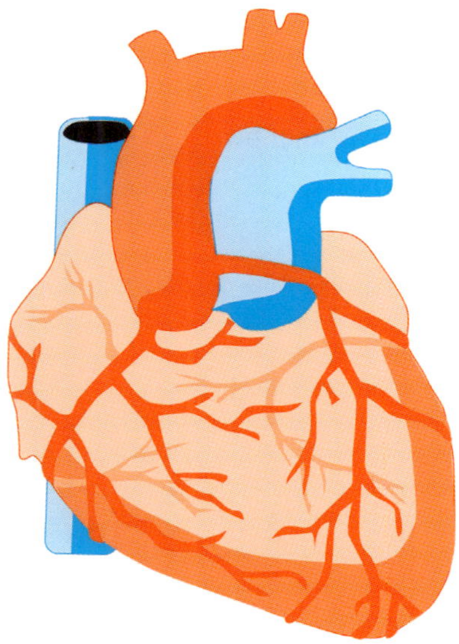

Das wohl bekannteste Mittel aus der Naturmedizin für das Herz ist der Weißdorn, bes. der Weißdornsaft; die Blätter und Blüten erhält man in Form von Crataegus, in der homöopathischen Potenz D2. Dreimal täglich werden 15 bis 20 Tropfen weit ab von den Mahlzeiten in einem Zeitraum von 4 Wochen genommen. Dann wird die Menge tropfenweise verringert. Sprechen Sie mit Ihrem behandelnden Arzt oder Heilpraktiker über die Möglichkeiten einer gezielten naturmedizinischen Behandlung.

Was Sie selbst tun können:

- Stellen Sie sich neue Zeitweichen. Atmen Sie bewusst aus, entspannen Sie nach 55-minütiger Tätigkeit für 5 Minuten. Nutzen Sie die Zeit für ein paar Schritte an frischer Luft zu bewusster Atmung und Muskelentspannung. Spannen Sie alle Muskeln beispielsweise im Sitzen an, bilden Sie Fäuste und entspannen Sie. Spüren Sie der Entspannung nach, und spannen Sie von neuem an.
- Gehen Sie vor Mitternacht zu Bett. Überlegen Sie, wann diese Beschwerden anfingen und was sich möglicherweise zu diesem Zeitpunkt in Ihrem Leben verändert hat. So können Sie selbst schon sehr viel tun, damit das Herz wieder in seinen Rhythmus kommt.

Teezubereitungen bei Herzbeschwerden

Herztees haben bei geringfügigen Schwellungen (Ödemen) von Händen und Füßen mild ausleitende Wirkung.

- **Weißdorntee**
  Nehmen Sie 4 Teile Weißdorntee auf 750 ml kochendes Wasser, kochen Sie den Tee kurz auf, und lassen Sie ihn 5 Minuten ziehen. Danach können Sie ihn schluckweise über den Tag verteilt trinken.

- **Weißdorn-Schafgarbentee**
  Nehmen Sie 2 Teile Weißdornblätter- und blüten, je einen Teil Schafgarbe, Rosmarin und Lindenblüten auf 750 ml kochendes Wasser. Lassen Sie den Tee kurz aufkochen und 5 Minuten ziehen. Fertig ist der das Herz stärkende Tee.

Nervöse Herzbeschwerden

Das Herz ist organisch gesund, macht aber funktionelle Schwierigkeiten. Schneller Puls, nächtliches Herzjagen mit leichten Angstgefühlen, Beklemmungen im Ruhezustand, »Außer-Puste-Kommen« schon bei kleinen Anstrengungen. Schlafstörungen und Stolpertöne gehören zu den meist auftretenden Erscheinungen. Das Herz ist nicht nur der Motor unseres Kreislaufs, sondern auch ein Ort seelischer Empfindungen. Es scheint vor Freude zu hüpfen, aber auch vor Kummer zu schmerzen oder vor Angst zerspringen zu wollen. Bei manchen Menschen, die besonderen Belastungen ausgesetzt sind, kann es zu nervösen Herzbeschwerden kommen. Sie äußern sich meist darin, dass das Herz deutlich zu spüren ist: Es klopft, sticht oder stolpert, und der Herzschlag ist unregelmäßig. Hinzu kommen oft ein Angst- und Engegefühl in der Brust sowie die Empfindung eines »Kloßes«, der im Hals oder hinter dem Brustbein zu sitzen scheint. Seien Sie jedoch vorsichtig! Schwerwiegende organische Herzerkrankungen können die gleichen Symptome hervorrufen. Klären Sie daher die Ursachen mit Ihrem Therapeuten. Auch die vorgestellten Möglichkeiten der naturheilkundlichen Behandlung mit Convallaria und Valeriana sind nicht im Alleingang zu unternehmen. Sprechen Sie diese mit Ihrem Arzt oder Heilpraktiker ab. Er wird die geeignete Therapie für Sie herausfinden.

Convallaria / Maiglöckchen

Der Saft der frischen und blühenden Pflanze wird in D2 und D3 Potenz in Tablettenform gereicht. Morgens, mittags und abends wird eine Tablette, weit ab von den Mahlzeiten empfohlen und dies über einen Zeitraum von 4 Wochen. Langsam wird die Dosis herabgesetzt, bis auf morgendlich 1 Tablette. Nach 8 Wochen sollte die Kur beendet sein. (Nur als Homöopathie einnehmen! Giftig.)

Valeriana / Baldrian

Der Wurzelsaft wird in der Homöopathie als »Urtinktur« in einer Verdünnung D2 gereicht und morgens und abends zu je 20 bis 30 Tropfen eingenommen, insbesondere, wenn die Beschwerden nachts auftreten. Nach vier Wochen senkt man die Dosis allmählich und setzt nach 8 Wochen die Kur ab.

Rytmopasc

Rytmopasc ist ein Produkt der Naturmedizin auf der Basis von Besenginster, Weißdorn, Tigerlilie, wildem Jasmin, Goldlack u. a.

Fragen Sie Ihren Arzt oder Heilpraktiker, ob er Ihnen zu diesem naturheilkundlichen Präparat rät.

Was Sie selbst tun können:

- Überprüfen Sie Ihre Lebensweise! Nehmen Sie sich das Kapitel über die »Zeit« zu Herzen, ja sprichwörtlich, und ändern Sie etwas an Ihrem Leben! Achten Sie auf einen geordneten Arbeits-Ruhe-Rhythmus mit ausreichendem Schlaf und viel Bewegung an der frischen Luft.
- Meiden Sie strikt Alkohol, Nikotin und am besten auch Kaffee!

- Versuchen Sie, in Belastungs- und Stresssituationen bewusste Pausen einzulegen. Bauen Sie einer Übersäuerung vor. Vermeiden Sie die Säurebilder wie beispielsweise Weißmehl und Zucker. Setzen Sie auf Gemüse und Obst. Prüfen Sie den pH-Wert des Urins und nutzen Sie die Basentabs zur Aufrechterhaltung- oder Wiederherstellung eines gesunden Säure-Basen-Haushaltes.
- Erlernen Sie Entspannungsübungen, z. B. Autogenes Training.
- Sprechen Sie mit Ihrem Therapeuten über die Möglichkeiten von Akupunktur.

Baldrian-Fencheltee

Nehmen Sie 2 Teile Baldrianwurzeln, je einen Teil Fenchelsamen, Lavendelblüten und Melisse auf 750 ml kochendes Wasser. Lassen Sie ihn kurz aufkochen und 5 Minuten ziehen. Fertig ist der Tee, der bei unregelmäßigem Puls oder beschleunigtem, unregelmäßigem Herzschlag zu empfehlen ist.

Erschöpfungszustände

Nervliche Erschöpfung

Es gibt Phasen im Leben, in denen das seelische Gleichgewicht gestört ist. Man hat das Gefühl, alltägliche Aufgaben nicht mehr bewältigen zu können, fühlt sich oft niedergeschlagen, erschöpft, mutlos, schlapp und überreizt. Die Ursache psychischer Unausgeglichenheit bzw. nervlicher Erschöpfung ist in den meisten Fällen lang anhaltender Stress oder ein einschneidendes, trauriges Erlebnis.

Stress als Auslöser

Nervliche Erschöpfungszustände sind in der heutigen Zeit ein häufiges Phänomen - mit weiterhin ansteigender Tendenz. Die Wissenschaft sieht einen Zusammenhang mit den rasanten Veränderungen von Gesellschaft und Wirtschaft in den modernen Industrienationen. Dabei spielen Faktoren wie Leistungsdruck, Sorgen um den Arbeitsplatz, ein Gefühl der ständigen Überforderung, Probleme in der Partnerschaft, Krankheit oder Pensionierung eine Rolle. Dies kann heftige psychische Konflikte auslösen, die von körperlichen Beschwerden begleitet werden.

Die weibliche Bevölkerung ist besonders betroffen. Eine Vielzahl der Frauen leidet unter der Mehrfachbelastung Haushalt-Familie-Beruf. Hinzu kommen finanzielle Sorgen und viele andere Lebensängste. Vertraute Strukturen wie die Familie lösen sich auf – und damit auch wichtige soziale und emotionale Sicherheiten. Es gilt jetzt zu handeln und sich über das Kapitel der »Zeit« Gedanken zu machen, bevor Sie schlapp machen und die Erschöpfung Sie im Griff hat.

Hier einige Teeempfehlungen zur Beruhigung der Nerven und bei Schlaflosigkeit:

- **Baldriantee**
  Nehmen Sie 5 Teile Baldrianwurzel auf 750 ml Wasser, und kochen Sie die Wurzeln 10 Minuten. Nach weiteren 20 Minuten, die Sie den Tee haben ziehen lassen, können Sie ihn abseihen und trinken.

- **Baldrian-Malvenblütentee**
  Weichen Sie in einer Tasse kaltem Wasser ein:
  2 Teile Baldrianwurzel,
  1 Teil weiße Taubnessel,
  1 Teil Malvenblüten,
  1 Teil Salbei
  Gießen Sie dann mit 750 ml kochendem Wasser den eingeweichten Tee auf, und lassen Sie ihn 20 Minuten ziehen.

- **Baldrian-Hopfentee**
  Kochen Sie 2 Teile Baldrianwurzeln 10 Minuten in 750 ml Wasser. Gießen Sie diesen Sud über 2 Teile Hopfenblüten- und blätter. Lassen Sie den Aufguss 20 Minuten ziehen.

Genießen Sie den Tee, und lehnen Sie sich zurück. Denken Sie über den Sinn des Lebens und die Zeiteinteilung nach. Gönnen Sie sich Bäder mit Baldrianzusätzen, und genießen Sie dazu Entspannungsmusik und Kerzenschein.

Mein Rat: Lassen Sie es nicht so weit kommen, dass Sie im Burn-out-Syndrom landen. Sie können die Anzeichen früh genug erkennen und handeln. Auch Feng Shui kann Ihnen helfen.

Der Feng Shui-Rat:

Das Herz gehört zum Element Feuer, einem von fünf Elementen oder Wandlungsphasen. Die Farbe Rot regt in Maßen eingesetzt an, im Übermaß aber auch auf. Wenn Sie nervös sind, unruhig, sich gehetzt und ausgelaugt fühlen, sind es die Grün- und Blautöne, die Ihnen Ruhe und Energie zurückbringen. Ein Schlafzimmer in Lindgrün mit einem dunklen Holzboden, einem roten Sessel und dem Bild eines Lindenbaumes würden dem Zimmer eine Ausstrahlung von Ruhe und Gelassenheit geben.

Reduzieren Sie den Inhalt Ihrer Schränke, konzentrieren Sie sich auf wenige Dinge und Möbel im Raum. Bringen Sie Klarheit, Ordnung und Übersicht in Ihre vier Wände. Sorgen Sie für Musik zum Entspannen und Möbel, in denen Sie sich ausruhen und genießen können. Bilder oder Gegenstände von Menschen, mit denen Sie im Zwist lagen oder noch immer in demselben sind, sollten Sie aus Ihrer

Wohnung verbannen. Vergeben, vergessen und verzeihen Sie! Sagen Sie sich: »Mein Herz ist voller Vergebung«. Es wird Ihnen helfen, inneren Frieden zu schließen.

Zurück zum Raum: Alle Messer, Säbel, Dolche oder sonstigen scharfen Gegenstände im Sichtbereich reizen das Energiefeld und bringen Unruhe in das System Mensch. Dies tun auch Bilder von frostiger Natur, verworrenen Inhalten oder trauriger Thematik.

Haben Sie sich zunächst von Ballast und Reizthematiken innerhalb der vier Wände befreit, ist Zeit für Tee, für wohlige Musik, ein gutes Buch oder Entspannungs-CDs. Dazu ein Rosenduft in der Duftlampe, und Sie werden eine merkliche Verbesserung Ihres Befindens spüren!

Das Burn-out-Syndrom

Wer die Signale der Erschöpfung übergangen hat, kann im Burn-out-Syndrom landen. Fühlen Sie sich erschöpft, müde, kraftlos und schlapp – einfach wie ausgebrannt? Immer mehr Menschen leiden unter dem so genannten Burn-out-Syndrom. Ca. 10 % der Arbeitnehmer sind davon betroffen, ca. 20 - 30% der Bevölkerung in den westlichen Leistungsgesellschaften sind gefährdet – mit steigender Tendenz. Besonders Berufssportler und Berufsgruppen wie die der Krankenschwestern, Lehrer und Ärzte sind betroffen.

Unter dem Burn-out-Syndrom versteht man einen chronischen Erschöpfungszustand mit Krankheitsgefühl, der über sechs Monate andauert. Die Erkrankung wurde bis jetzt noch nicht eindeutig wissenschaftlich definiert und kann sehr unterschiedliche Symptome zeigen. Als mögliche Ursachen werden chronische Infekte, insbesondere durch

Viren, Immunfehlfunktionen oder Hormonstörungen, außerdem Giftbelastungen, einseitige Ernährung und anhaltende, unbewältigte Konflikte sowie Stresssituationen diskutiert. Regelmäßig kommt es durch die Erschöpfung zu einer verminderten Leistungsfähigkeit und zu körperlichen Beschwerden, die von Kopfschmerzen über Schlafstörungen bis hin zu Verdauungsproblemen reichen. Über die Häufigkeit des Burn-out-Syndroms gibt es den verschiedenen Auslegungen entsprechend keine genauen Angaben. Die Diagnose wird mittels einer intensiven Untersuchung und durch den Ausschluss anderer in Frage kommender Erkrankungen gestellt. Die Behandlung besteht in der Beseitigung der im Einzelfall festgestellten Ursache, einer Diätberatung und Psychotherapie.

Wie stelle ich fest, ob ich unter dem »Burn-out-Syndrom« leide?

Zunächst merken Sie, dass die vorhandene Zeit nicht mehr ausreicht, um die Aufgaben zu erledigen. Das Gefühl kommt auf, ständig am »Ball« bleiben zu müssen. Danach tritt eine chronische Müdigkeit ein, die zum Nachlassen der Energie sowie des Engagements führt. Sie kommen in eine Phase, in der Sie schnell reizbar sind und glauben, nichts mehr geregelt zu bekommen. Sie fühlen sich von Freunden und Kollegen missverstanden, und diese ziehen sich immer weiter zurück. Selbstzweifel stellen sich ein und können starke körperliche Beschwerden hervorrufen.

Kein eindeutiges Beschwerdebild

Es gibt kein allgemeingültiges Erscheinungsbild des Burn-out-Syndroms. Die Symptome sind vielfältig somatisch, vegetativ und psychisch ausgeprägt.

Es werden in späten Phasen oft folgende Symptome genannt:

- Kopfschmerzen
- Muskelverspannungen
- andauernde Müdigkeit
- Konzentrationsstörungen
- fehlende Motivation
- Kraftlosigkeit
- Schlafmangel/Schlafstörungen
- Magen-Darm-Probleme
- gesteigerter Genussmittelverbrauch
- erhöhte Erkältungs- und Infektanfälligkeit
- Unvermögen abzuschalten

Die Übereifrigkeit wird langsam und schleichend, meist über Monate oder Jahre hinweg, von einem Gefühl der Erschöpfung verdrängt. Die Folgen sind eine geringere Belastbarkeit, höhere Fehlerquoten, Gefühlsschwankungen, Gereiztheit und die Unfähigkeit, sich zu erholen.

In der letzten Phase erfolgen dann die Krise und der Zusammenbruch mit teilweise langandauernden Krankheitszeiten.

Was tun beim Burn-out-Syndrom?

Der Beruf oder die Beschäftigung hat Ihnen jahrelang Spaß gemacht, Sie haben sich stark engagiert, immer Ihr Bestes gegeben und über die Anforderungen hinaus Überstunden geleistet. Alles ging leicht und ohne erkennbare Schwierigkeiten von der Hand. Aber dann ändert sich dies: Die Freude am Beruf schlägt um in Frustration, innere Leere und Erschöpfung. Körper und Seele geraten völlig aus dem Gleichgewicht.

Wer sich wie ausgebrannt fühlt, hat meist vorher lichterloh gebrannt!

Nicht die kürzeren Stressphasen, die viele Menschen durchleben, sind ein Auslöser für das Gefühl des Ausgebranntseins, sondern permanente Belastungen, die sich auf Körper und Seele niederschlagen. Das ständige Leistungsstreben führt zum körperlichen und seelischen Zusammenbruch.

Die Gefahr des Burn-out ist nicht nur bei Führungskräften und Personen in verantwortungsvollen Positionen gegeben. Zur Risikogruppe gehören auch Menschen, die Mehrfachbelastungen ausgesetzt sind oder in sozialen Berufen arbeiten. Häufig sind es die Betroffenen selbst, die sich zu viel aufbürden. Sie neigen dazu, sich sehr stark zu engagieren und sind überaus ehrgeizig oder idealistisch.

Aber auch Situationen wie hohe Arbeitsbelastung unter schlechten Arbeitsbedingungen, zu großes Arbeitspensum in einem zu eng gesteckten Zeitrahmen, zu geringe Unterstützung durch den Vorgesetzten, Nacht-, Wochenend- und Schichtarbeit sind Faktoren, die zum Burn-out führen können. Dabei kommen Familie, Freunde und die Freizeit zu kurz.

Die Grundsteine für ein Burn-out werden oft schon in der Kindheit gelegt: Die Betroffenen wurden in vielen Fällen sehr leistungsorientiert erzogen. Die Neigung, das eigene Selbstbewusstsein anhand hoher Leistungen und äußerer Anerkennung zu definieren, setzt sich dann im späteren Berufsleben fort.

Wie lässt sich das Burn-out-Syndrom vermeiden?

Machen Sie sich bewusst, dass sich Ihr Zustand nur bessert, wenn Sie langfristig Ihre Verhaltensweisen ändern. Hören Sie in sich hinein, und lernen Sie Ihre eigenen körperlichen und nervlichen Grenzen kennen. Akzeptieren Sie die eigenen Unzulänglichkeiten, und machen Sie sich Ihre persönliche Belastungsgrenze bewusst. Lernen Sie, auch mal »nein« zu sagen. Bitten Sie Bekannte und Freunde um Unterstützung. Fühlen Sie sich nicht für alles und jeden verantwortlich. Vertrauen Sie in die Fähigkeiten Ihrer Mitmenschen – sie können Ihre Aufgaben bestimmt genauso gut und gewissenhaft erledigen wie Sie. Finden Sie für sich heraus, welche Dinge sich positiv auf Ihr allgemeines Wohlbefinden auswirken. Gewinnen Sie eine realistische Selbsteinschätzung, fahren Sie Ihre Ansprüche herunter, und richten Sie danach Ihr Verhalten dauerhaft aus.

Entspannung vor der Anspannung

Und denken Sie daran: Vorbeugen ist immer besser als Heilen. Eine gesunde Lebensführung mit Sport, ausgewogener Ernährung und viel Schlaf stärkt Körper und Seele, sie bietet die besten Voraussetzungen, um einem Erschöpfungszustand vorzubeugen. Hilfreich sind auch Entspannungstechniken wie Autogenes Training oder die Progressive Muskelentspannung.

Was kann ich tun?

- Legen Sie während der Arbeit immer wieder kürzere Pausen ein. Geben Sie Arbeiten auch mal an Ihre Kollegen weiter.
- Achten Sie auf eine gesunde und ausgewogene Kost. Essen Sie regelmäßig und in Ruhe.
- Gestalten Sie aktiv Ihre Freizeit mit Freunden, Familie und Hobbys.
- Sorgen Sie für ein Gleichgewicht zwischen Berufs- und Privatleben.

Regenerieren Sie sich ganz bewusst außerhalb der Arbeit, und erschließen Sie Quellen für neue Energien und Kräfte. Nehmen Sie sich bewusst Zeit für Dinge, die Sie früher vernachlässigt haben, wie ein gutes Essen, moderate sportliche Betätigungen, Treffen mit Freunden und Familie, Hobbys und ausgiebige Spaziergänge in der Natur. Fahren Sie am Wochenende ans Meer, gehen Sie in die Sauna oder ins Dampfbad.

- Halten Sie sich körperlich fit, seien Sie aktiv, auch wenn es noch so schwer fällt!
- Legen Sie sich eine Liste von angenehmen und leichten täglichen Aufgaben an, und führen Sie diese Aufgaben aus!
- Setzen Sie sich kleine und überschaubare Ziele, damit Sie den Erfolg sehen!
- Vermeiden Sie Alkohol, und essen Sie vitaminreich, vollwertig – und vor allem regelmäßig!
- Sorgen Sie für Entspannung für die Seele!
- Lassen Sie sich von Problemen nicht aus der Bahn werfen, sondern schaffen Sie eben gerade diese aus der Welt!
- Befreien Sie sich von bedrückenden Gedanken, indem Sie mit einem Freund oder einem Therapeuten sprechen.
- Lernen Sie, »NEIN« zu sagen!
- Gönnen Sie sich Entspannungsbäder oder Saunabesuche (sofern keine gesundheitlichen Gründe dagegen sprechen).
- Entspannen Sie sich durch Massagen.
- Gestalten Sie sich eine entspannende Atmosphäre, indem Sie beruhigende Musik auflegen und sich die Zeit nehmen zu entspannen.
- Schalten Sie ab! Gönnen Sie sich ein- bis zweimal die Woche eine Auszeit, und betätigen Sie sich sportlich.
- Versuchen Sie sich bewusst Ihre Zeit zu nehmen, und lassen Sie sich nicht durch andere Dinge davon abbringen.

Ihnen muss bewusst sein, dass Sie sich selber zu sehr unter Druck setzten. Sprechen Sie Probleme, die Sie beschäftigen, offen an. Trennen Sie Ihr Berufleben und Ihr Privatleben. Nehmen Sie sich Zeit, und überprüfen Sie Ihren Tagesrhythmus. Stellen Sie sich die Frage, ob Sie ein Morgen- oder Nachtmensch sind, und versuchen Sie Ihren Arbeitsalltag dementsprechend zu gestalten. Lenken Sie sich von dem Druck ab, und finden Sie heraus, was Sie entspannt und Ihnen Freude macht. Bauen Sie bewusst Atempausen in den Alltag ein, um Ihre Kraftreserven wieder aufzufüllen. Legen Sie konkrete und überschaubare Ziele für den Tag fest. Wenn all dies nicht ausreicht, konsultieren Sie einen Therapeuten.

Stellen Sie sich die Fragen:

- Habe ich mir Ziele gesetzt, die nicht erreichbar sind?
- Stecke ich in einer Routine fest, die mich nicht mehr herausfordert?
- Überfordern mich meine Aufgaben?

Wenn Sie die Probleme nicht allein in den Griff bekommen, sollten Sie therapeutische Hilfe in Anspruch nehmen. Ihr Therapeut kann diagnostizieren, um welches Problem es sich handelt und eine geeignete Behandlung festlegen.

In jedem Fall aber gilt auch prophylaktisch: Nehmen Sie sich Zeit!!! Zeit zum Leben. Zeit für sich. Zeit für die Dinge, die Ihnen wichtig sind. Schreiben Sie heute einen Brief, wenn Sie dies schon lange tun wollten, ein Gedicht, ein Buch, oder nehmen Sie sich frei, und tun Sie an diesem Tag, was auch immer Sie wollen. Es ist Ihre Zeit, es ist Ihr Tag! Sie leben heute, und heute möchte Ihr Selbst Zeit für sich. Die Zeit, die heute ist, ist morgen vorbei. Jeder Mensch hat 24 Stunden am Tag Zeit. Wie Sie diese Zeit nutzen, das liegt in Ihrer Hand! Sie müssen in erster Linie gut zu sich selbst sein, und glauben Sie mir, Sie gewinnen, wenn Sie sich zurückhalten. Zurückhalten, wenn es darum geht, in den Elternbeirat gewählt zu werden, im Kirchenvorstand eine Rolle zu spielen oder wo auch immer. Sie können nicht überall sein und noch dazu Zeit für sich haben. Fragen Sie sich: »Wem will ich etwas beweisen?« Niemanden kümmert es wirklich, wenn Sie gesundheitlich nicht mehr können. Wenn Sie erst einmal entdeckt haben,

was Sie alles delegieren können, wo überall Sie einmal nicht »Ich mach das schon« in die Runde gerufen haben und es ging doch, fühlen Sie sich schon viel besser. Versprechen Sie vor allem nicht ständig jemanden: »Ich kopiere dir das«. »Ich bringe dir dies oder das mit.« »Ich besorge dir das schon.« etc. Welche Ämter können Sie niederlagen, welche Fahrgemeinschaften bilden, welche Kontakte reduzieren, damit Sie wieder Zeit für sich selbst haben? Es gibt im Feng Shui tatsächlich die bildliche Vorstellung von Energievampiren. Das sind Menschen, die andere nur aussaugen und ausnutzen, wenn sie merken, dass dies leicht machbar ist. Halten Sie sich von diesen Menschen fern! Sie gewinnen, gewinnen Zeit für sich und werden das neue Lebensgefühl auskosten. So sind Sie ein gutes Stück weiter auf dem Weg in Richtung Gesundherhaltung, Erhaltung der Lebensfreude und weg vom Zeitdilemma. Es ist Ihr Leben, es ist Ihre Zeit, und diese ist für Sie da. Wenn Sie sie anderen schenken möchten, dann liegt dies ganz in Ihrem Ermessen. Sie sind der wichtigste Mensch in Ihrem Leben. Sie wissen, was Sie brauchen. Sie kennen sich. Deshalb sollten Sie sich selbst auch Zeit schenken. Wenn Sie sich lieben, dann schenken Sie sich so viel wie möglich. Verwöhnen Sie sich – mit Zeit!

Hilfe aus der Naturmedizin mit Neurapas balance

Mein besonderer Tipp aus der Naturmedizin: Neurapas balance. Neurapas balance Bestandteile kommen aus dem Herzen der Natur.

Johanniskraut, Baldrian und die Passionsblume haben eine lange Tradition in der Erfahrungsheilkunde. Sehen Sie die Wirkung der einzelnen Bestandteile:

Johanniskraut – natürliche Lebensfreude erhalten

Johanniskraut, das den lateinischen Namen *Hypericum perforatum* trägt, ist das bei depressiven Verstimmungen am häufigsten eingesetzte Arzneimittel. Benannt ist die Pflanze nach Johannes dem Täufer, an dessen Gedenktag (24. Juni) das Kraut goldgelb in voller Blüte steht. Zur Herstellung von Arzneimitteln verarbeitet man allerdings nur die Triebspitzen, die kurz vor der Blütezeit gesammelt werden. Vor allem bei leichten und mittelschweren depressiven Verstimmungen ist die lindernde Wirkung von Johanniskraut seit langer Zeit geschätzt. Bereits Paracelsus vertraute der Heilpflanze, die er als Arnika der Nerven bezeichnete. In den letzten Jahren haben sich viele Wissenschaftler mit der Heilwirkung von Johanniskraut beschäftigt und deren Erfolge bei depressiven Verstimmungen untersucht. Entscheidend ist, dass die Wirkstoffe des Johanniskraut-Extrakts die Wiederaufnahme verschiedener Botenstoffe in die Nervenzellen des Gehirns hemmen, was schließlich dazu beiträgt, das seelische Gleichgewicht wieder herzustellen.

Die beruhigende Wirkung des Baldrian

Baldrian *(Valeriana officinalis)* hat als Arzneimittel eine lange Geschichte. Schon in der griechischen und römischen Medizin wurde die purpurrot bis weiß blühende Pflanze als Heilmittel geschätzt. In der Naturheilkunde sind vor allem die getrockneten Wurzeln der Baldrian-Pflanze von Bedeutung. Denn dort sind zahlreiche Stoffe angesiedelt, deren Wirkung die Pflanze so beliebt macht. Angewendet wird Baldrian bei Unruhe, Angst- und Spannungszuständen sowie bei nervös bedingten Einschlafstörungen oder Leistungs- und Konzentrationsschwächen.

Passionsblume

Die Passionsblume *(Passiflora incarnata)* ist eine Kletterpflanze mit spiralförmig gewundenen Ranken, die eine Höhe von bis zu zehn Metern erreichen kann. Traditionell kommt das Kraut der Passionsblume wegen seiner beruhigenden und angstlösenden Wirkung bei nervösen Unruhe- und Angstzuständen zum Einsatz. Auch bei nervös bedingten Beschwerden im Magen-Darmbereich und bei leichten Schlafstörungen sind die Inhaltsstoffe der Passionsblume eine beliebte Wahl. Sehr oft wird das Gewächs auch in Kombination mit anderen Heilpflanzen eingesetzt. Zur Herstellung von Arzneimitteln dienen die getrockneten Blüten oder die fruchttragenden oberirdischen Pflanzenteile.

Die Zeit des Klimakteriums: Wie Naturmedizin hilft

Die Zeit eilt, und was sagt Brigitte Koischwitz, die Malerin und Autorin vieler Bücher dazu? »Die Zeit eilt, und ich eile mit...« Wenn wir erst einmal registriert haben, dass wir in das Klimakterium kommen, beginnt eine neue Zeit. Der Körper kündigt an, dass jetzt die Zeit des »Kinderkriegens« vorbei ist und sich die Frau auf sich selbst besinnen sollte. Eine schöne Zeit, eine neue Zeit und doch beginnt auch eine Zeit, die auch einige Umstellungen mit sich bringt und manchmal Beschwerden, die neu sind. Dies muss nicht zwangsläufig so sein. Manche gleiten ohne Hitzewallungen und andere Anzeichen des Klimakteriums in diese Zeit des Wechsels – in die Wechseljahre.

Die Wechseljahre (Klimakterium) treten meist zwischen dem 45. und 55. Lebensjahr auf, wenn die Eierstöcke allmählich ihre Funktion einstellen. Sie sind gekennzeichnet durch Hormonumstellungen und die Anpassung des weiblichen Körpers an die neue Situation: Die Zyklen verkürzen sich, die Blutungen werden unregelmäßig und umstellungsbedingte Beschwerden können auftreten. Um in dieser Phase einen Ausgleich für die nicht mehr vom Körper produzierten Hormone zu schaffen, wurde vielen Frauen zu einer Hormonersatztherapie geraten. Es hat sich jedoch herausgestellt, dass eine langfristige Anwendung von Hormonpräparaten nicht unproblematisch ist. Bitte konsultieren Sie hierzu Ihren behandelnden Therapeuten.

Auf einem internationalen Symposium 1996 in Brüssel zum Thema »Die Rolle von Soja in der Prävention und Behandlung chronischer Krankheiten«, wurde in sechs Studien die Rolle von Phytoöstrogenen zur Behandlung klimakterischer Beschwerden vorgestellt. Sie belegten, dass bei einem Großteil der Frauen, die täglich eine bestimmte Dosis Sojaproteine zu sich nahmen, die Hitzewallungen und nächtlichen Schweißausbrüche deutlich zurückgingen. Über 100 Pflanzen produzieren zu ihrem eigenen Schutz Phytoöstrogene. Allerdings kann nur ein kleiner Teil dieser Pflanzen zu den pflanzlichen Nahrungsmitteln gezählt werden. In Asien nimmt man hauptsächlich über Sojaprodukte 50 bis 60 mg/Tag Phytoöstrogene mit der Nahrung auf. In den westlichen Ländern sind es weniger als 5 mg/Tag.

Einer Studie zufolge gibt es in den asiatischen Ländern, wo Sojaprodukte am meisten verzehrt werden, auch kaum Osteoporose.

Beschwerden der Wechseljahre

Das »klassische« Symptom der Wechseljahre ist die Hitzewallung, die sporadisch, aber auch bis zu 20-mal am Tag auftreten kann. Das plötzliche Hitzegefühl steigt vom Oberkörper zum Kopf auf und geht mit einer starken Rötung der Haut einher. Der darauf folgende Schweißausbruch kann so stark sein, dass die Kleidung gewechselt werden muss. Doch auch andere Beschwerden können die Patientinnen belasten, darunter Schlafstörungen, Herzjagen, Antriebs- und Konzentrationsschwäche sowie unbegründete Stimmungsschwankungen.

Diese Beschwerden werden teilweise als sehr unangenehm und sogar als bedrohlich empfunden. Es ist wichtig, sich klar zu machen, dass es sich bei Wechseljahresbeschwerden nicht um eine Erkrankung mit ernsthaften gesundheitlichen Folgen handelt, sondern um einen ganz natürlichen Umstellungsprozess, mit dem der Körper vorübergehend seine Schwierigkeiten hat.

Sobald die hormonelle Umstellung abgeschlossen ist, haben sich Körper und Psyche auf die neue Situation eingestellt – die Beschwerden verschwinden. Untersuchungen haben gezeigt, dass ein gesundes Selbstwertgefühl und eine lebensbejahende Einstellung entscheidend dazu beitragen, die Phase der Wechseljahre leichter zu meistern. Homöopathische Komplexmittel (z. B. Pascofemin) können helfen, den weiblichen Hormonhaushalt zu harmonisieren und damit die Beschwerden zu reduzieren. Die Mittel sollten nach Anweisung des behandelnden Therapeuten eingenommen werden.

Was ist der Unterschied zwischen »Klimakterium«, »Wechseljahren« und »Menopause«?

Klimakterium und Wechseljahre sind Synonyme. Manchmal wird auch der Begriff Menopause genauso verwendet. Das ist jedoch nicht ganz korrekt. »Menopause« ist die Bezeichnung für die letzte Monatsblutung, die durch die Hormone der Gebärmutter gesteuert wird. Die Wechseljahre umfassen den Abschnitt der Prämenopause und der Postmenopause. Die Prämenopause ist gekennzeichnet durch einen unregelmäßigen Menstruationszyklus. In der Postmenopause treten dann keine Monatsblutungen mehr auf. Der gesamte Abschnitt wird durch die Umstellung der Hormone und die Anpassung des Körpers an die neue Situation geprägt. Das Klimakterium ist damit keine Krankheit, die zwangsläufig medikamentös behandelt werden müsste, sondern ein hormoneller Umstellungsprozess, den man auch mit der Pubertät vergleichen kann.

Wann beginnen Wechseljahre, und wie lange dauern sie an?

In Nordamerika und Europa haben die Frauen mit durchschnittlich 51 Jahren ihre letzte Monatsblutung. Die Spannweite dafür zwischen 40 und 60 Jahren ist jedoch sehr groß. Im Allgemeinen sagt man, die Wechseljahre dauern 2 x 5 Jahre: 5 Jahre vor der letzten Menstruation und 5 Jahre danach.

Die Wechseljahre werden von Frauen ganz unterschiedlich erlebt. In Europa sagt man, dass etwa ein Drittel der Frauen kaum Beschwerden haben, ein Drittel hat leichte bis mittelschwere Befindlichkeitsstörungen und nur etwa ein Drittel der Frauen leidet relativ stark unter diesem Lebensabschnitt. Untersuchungen haben gezeigt, dass Art und Ausmaß klimakterischer Beschwerden in hohem Maße vom individuellen Lebensstil, den äußeren Lebensbedingungen und vom Selbstwertgefühl der Frau abhängen.

Meistens sind Hitzewallungen und Schweißausbrüche die ersten Kennzeichen der Wechseljahre. Später kommt hinzu, dass die Monatsblutungen unregelmäßiger werden – sowohl in ihrer Intensität, als auch in ihrer Dauer und ihrer Zykluslänge. Der Frauenarzt kann dann anhand der Hormonveränderungen die entsprechende Vermutung bestätigen. Hormone sind für die Regulation der gesamten Sexualfunktionen verantwortlich. Dabei steuern Hormone aus dem Gehirn die Hormonausschüttung der Ovarien (Eierstöcke). Die Eierstöcke produzieren sowohl Östrogene als auch Gestagene (z. B. das Progesteron). Ein kompliziertes Zusammenspiel all dieser Hormone bewirkt in der Zeit zwischen Pubertät und Wechseljahren die monatliche Blutung und damit die Fortpflanzungsfähigkeit der Frau.

In den Wechseljahren beginnen die Eierstöcke nun ganz allmählich, ihre Hormonproduktion einzustellen. Das hat zur Folge, dass das komplizierte Gleichgewicht der Hormone, das den regelmäßigen Zyklus bewirkte, zusammenbricht und zunächst vor allem der Östrogenspiegel sehr stark schwankt. Diese Schwankungen können für eine Reihe der Wechseljahresbeschwerden verantwortlich gemacht werden. Ein neues Gleichgewicht muss vom Körper hergestellt werden. Wie lange das dauert und wie stark es sich auf den Allgemeinzustand der Frau auswirkt, ist individuell sehr verschieden.

Ernährungsumstellung

- Ein Großteil der Frauen klagt über Gewichtsprobleme, die man aber meistens durch eine ausgewogene Ernährung mit viel frischem, vitaminreichem Obst, Gemüse, Ballaststoffen, viel Bewegung und etwas Selbstdisziplin in den Griff bekommen kann.
- Ein Thema der Wechseljahre ist auch das steigende Osteoporoserisiko auf Grund der nachlassenden Produktion weiblicher Hormone. Auch deshalb ist eine ausgewogene Ernährung mit ausreichender Vitamin- und Mineralversorgung – insbesondere mit Calcium – wichtig.
- Eine optimale Vitaminversorgung hilft generell, Beschwerden in Zusammenhang mit dem Alterungsprozess zu verringern.

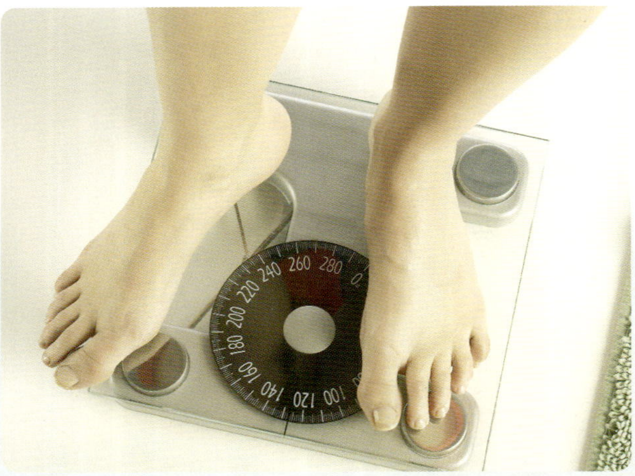

Bewegung

Für die allgemeine Fitness aber auch zur Osteoporosevorbeugung ist sowohl viel Bewegung an der frischen Luft (Wandern, Radfahren) als auch spezielle Gymnastik und Schwimmen wichtig. Es gibt spezielle Gymnastikübungen zur Osteoporosevorbeugung. Positive Nebeneffekte von viel Bewegung sind die Stärkung des Kreislaufs und der Abbau von Stress und Übergewicht.

Mit der nötigen Portion Lebensfreude können die Wechseljahre nach einem oft sehr arbeitsreichen Lebensabschnitt der Start in ruhigere und unbeschwertere Jahre werden.

Meine Naturmedizin-Empfehlung

- Calcium-Pascoe® Vital, das eine Zubereitung aus französischen Austernschalen enthält, einem natürlichen Mineralstoffträger.
- Pascofemin® Tropfen oder
- Pascofemin® Liquidum
  Zur Harmonisierung des weiblichen Hormonhaushalts bei Wechseljahresbeschwerden (Hitzewallungen, Schweißausbrüchen).

Lesen Sie auf den nächsten Seiten, was in Pascofemin enthalten ist, und Sie werden sehr schnell sehen, warum dieses Mittel meine erste Wahl zur Regulation des weiblichen Hormonhaushaltes, zur Normalisierung des weiblichen Zyklus bei verlängerter Regelblutung (Menorrhagie) und bei klimakterischen Beschwerden in den Wechseljahren ist.

- **Mönchspfeffer** *(Agnus castus)*
  Die Früchte des Mönchspfeffers mindern Blutungsstörungen und werden zur Anregung der Bildung körpereigener Gelbkörperhormone in der frühen Wechseljahresphase eingesetzt. Darüber hinaus erweisen sie sich als hilfreich bei den meist psycho-vegetativen Beschwerden des Prä-Menstruellen-Syndroms (PMS). Homöopathisch wird Agnus castus vorwiegend bei nervösen Verstimmungszuständen eingesetzt.

- **Traubensilberkerze** *(Cimicifuga)*
  Der Extrakt der Traubensilberkerze findet sehr häufig Anwendung bei klimakterischen Beschwerden. Typische Wechseljahrsbeschwerden wie Hitzewallungen, Schweißausbrüche, Reizbarkeit und Schlafstörungen können gelindert werden. Darüber hinaus wird Cimicifuga aber auch bei Regelbeschwerden eingesetzt. In der Homöopathie stehen Krampfschmerzen und Verstimmungszustände im Vordergrund.

- **Blauer Hahnenfuß** *(Caulophyllum thalictroides)*
  Der Blaue Hahnenfuß war schon bei den Indianern als wehenanregendes und krampflösendes Mittel bekannt. Er ist homöopathisch seit langem als Frauenmittel bei verschiedensten Unterleibsstörungen bekannt.

- **Weiße Esche** *(Fraxinus americana)*
  In der Medizin wird die Rinde dieses bis zu 40 Meter hohen Waldbaums verwendet. Homöopathisch wirkt sie als Gebärmuttertonikum insbesondere bei Senkung der Gebärmutter und Bändererschlaffung, aber auch bei Menstruationsbeschwerden.

- **Goldenes Kreuzkraut** *(Senecio aureus)*
  Volkstümlich wurde es gegen Blutungen eingesetzt. Der homöopathische Einsatz betrifft v.a. Regelstörungen, Blutarmut, Gerinnungsstörungen, nervöse Störungen und Entzündungen der Geschlechtsorgane.

- **Teufelsbiss** *(Helonias dioica)*
  Der Wurzelstock des Teufelsbisses, auch falsches Einhorn genannt, wird homöopathisch bei Gebärmuttersenkung, Brustschmerzen sowie Erschöpfungs- und Verstimmungszuständen eingesetzt.

- **Stern- oder Runzelwurzel** *(Aletris farinosa)*
  Der frische Wurzelstock dieser vielfältig wirksamen Heilpflanze findet unter anderem homöopathische Anwendung bei Erkrankungen der weiblichen Geschlechtsorgane, bei Ausfluss, Gebärmuttersenkung sowie allgemeiner Bindegewebsschwäche und Erschöpfungszuständen. In der amerikanischen Volksmedizin wurde Aletris bei Frauenleiden, Appetitlosigkeit, Verdauungsbeschwerden und chronischer Bronchitis eingesetzt.

- **Küchenschelle** *(Pulsatilla)*
  Hippokrates verordnete Pulsatilla zur Verbesserung der Menstruation sowie zur Unterdrückung hysterischer Angstzustände. Darüber hinaus wurde die Küchenschelle eingesetzt als krampflösendes Mittel, besonders bei Krämpfen der weiblichen Genitalorgane sowie bei Neuralgien und Migräne. Heute wird nur noch die homöopathische Anwendung empfohlen. Hier kommt Pulsatilla als typisches Frauenmittel zum Einsatz bei Entzündungen und Störungen der weiblichen Genitalorgane, Regelbeschwerden, Einschlafstörungen, nervösen Störungen und Stimmungsschwankungen.

- **Tigerlilie** *(Lilium tigrinum)*
  Die frisch blühende Pflanze ohne Zwiebel wird zur Arzneibereitung verwendet. Homöopathische Anwendungsgebiete sind Erkrankungen der weiblichen Geschlechtsorgane, Spannungsgefühle in den Brustdrüsen, aber auch die in den Wechseljahren häufigen nervösen Herz- und Kreislaufbeschwerden.

- **Ignatiusbohnenbaum** *(Ignatia)*
  Die zerstoßenen reifen Samen dieses immergrünen Strauches wirken auf die Überempfindlichkeit des Nervensystems. Sie werden vor allem bei sehr sensiblen Frauen, die aufgrund emotioneller Faktoren zu Verkrampfungen verschiedener Organe neigen, eingesetzt.

Die Wirkzeit von Naturmedizin

Der Mensch im Allgemeinen möchte schnell Hilfe. Jetzt, sofort! Am liebsten hätte er ein Allheilmittel. Einmal genommen – und schon wäre die Gesundheit wieder hergestellt. Wie Sie bereits wissen, gibt es einige Mittel der Schulmedizin, aus der Allopathie, die fast den Anschein erwecken, als könnten sie dies. Dafür haben sie unzählige Nebenwirkungen, die wir teuer bezahlen, auch mit Tablettenabhängigkeiten. Die Naturmedizin ihrerseits wirkt nicht immer sofort, aber dafür hat sie kaum oder gar keine Nebenwirkungen. Allerdings hat auch sie ihre Grenzen. Wo immer es aber möglich ist, sollten wir sie einsetzen. Denn der Mensch ist ein Teil der Natur, und was kann besser helfen als die Natur selbst? Nehmen Sie sich Zeit, und geben Sie auch Ihrem Körper Zeit, auf die Naturheilmittel zu reagieren. Er wird aufgefordert, seine Selbstheilungskräfte zu aktivieren, und Sie können mit Ihrer gesunden Ernährung, der Schaffung eines Feng Shui-Wohlfühlklimas im Raum, Bewegung, der neuen Zeiteinteilung in Ihrem Leben und positivem Denken dazu beitragen, dass die Naturmedizin schneller wirkt. Ein träger Dickdarm und ein verstopftes System benötigen längere Zeit der Heilung als ein System, das an und für sich in Ordnung ist und nur akut Beschwerden hat. Deshalb gilt auch: Warten Sie nicht zu lange, bevor Sie etwas unternehmen! Chronische Beschwerden sind schon lange da, viel länger aber noch bestehen die Ursachen für die Beschwerden. Dementsprechend sollten Sie Ihrem Körper auch Zeit geben, sich wiederherzustellen. Bei akuten Beschwerden können Sie innerhalb weniger Stunden schon Hilfe aus der Naturmedizin erwarten, manchmal auch in wenigen Minuten. Vertrauen Sie auf die Kraft und die Weisheit der Naturmedizin, die Sie hilfreich in vielen Lebenslagen unterstützen wird.

Sehen Sie hier einen Vergleich der Wirkkraft und -zeit von Allopathie und Naturmedizin.

1. Zur Wirkzeit (Zeit bis zum Wirkungseintritt)/Wirkprinzip

Über die Reizwirkung auf den Organismus kann ein homöopathisches Mittel bei akuten Erkrankungen innerhalb von Minuten bis Stunden zu einer Besserung führen. Bei chronischen Leiden ist ein positives Resultat oft erst nach geraumer Zeit spürbar.

Als allgemeine Richtlinie gilt, dass akute Leiden im Allgemeinen besser auf niedrige Potenzen bzw. höhere Dosierungen und chronische Erkrankungen besser auf höhere Potenzen bzw. niedrigere Dosierungen ansprechen.

Generell zielt eine allopathische Therapie auf die Beseitigung krankhafter Veränderungen. Die Behandlung findet dabei im wesentlichen ohne Mithilfe des Organismus statt. Die Stimulation der selbstregulatorischen Aktivität des Organismus bleibt unberücksichtigt. Durch die pharmakologische Substanzwirkung kommt es zu einer Symptomabschwächung bzw. Beseitigung. Die Wirkung setzt meist recht schnell innerhalb von Minuten bis Stunden ein.

Bei akuten Beschwerden ist die Zeit bis zum Wirkungseintritt zwischen homöopathischen Mitteln und allopathischen Mitteln durchaus vergleichbar.

Die Frage, wie lange die Wirkung eines homöopathischen Mittels im Vergleich zu einem allopathischen Mittel anhält, ist nicht leicht zu beantworten.

Wird die Ursache eine Erkrankung nicht behandelt, tritt nach Absetzen bzw. Herabsetzten der Dosierung des allopathischen Arzneimittels das Symptom oft wieder auf, z. B. Wiederauftreten von Schmerzen nach Absetzen eines Schmerzmittels, allergische Symptome nach Absetzen von Antihistaminika etc.

Da bei der Homöopathie die Selbstheilungskräfte des Körpers angeregt werden, kann davon ausgegangen werden, dass hier eher ein länger anhaltender Effekt erzielt wird. Die Wirkdauer eines Homöopathikums hängt allerdings immer von der Regulationsfähigkeit des Organismus ab. Oft kann mit einer homöopathischen Therapie, z. B. eine unspezifische Desensibilisierung bei allergischen Erkrankungen, eine dauerhafte Beschwerdefreiheit erzielt werden.

2. Info zur Applikationshäufigkeit von Homöopathika:

Als Faustregel gilt:

- Niedrige Potenzen (Ø bis ca. D6)
  halbstündliche bis stündliche Gabe,
  ggf. im Akutfall bis zu alle 10 – 15 Minuten.
- Mittlere Potenzen (über D6 bis ca. D12)
  mehrfach tägliche Gabe, z. B. 1 – 6 x täglich
- Hochpotenzen (D24/C12 und höher)
  einmalige Gabe, danach Abwarten der Wirkung,
  ggf. erneute Gabe nach einigen Wochen

3. Zum Wirksamkeitsspektrum:

Allopathische Mittel wirken breiter, dafür aber meist nicht so tief wie Homöopathika.

Beispielsweise wirkt ein Schmerzmittel gegen alle Arten von Schmerzen, egal ob Zahn, Kopf- oder Gelenkschmerz (große Wirkbreite, geringe Wirktiefe). Ein richtig gewähltes homöopathisches Mittel gegen Kopfschmerz wirkt nicht gegen andere Schmerzen, dafür aber bei leichten und bei starken Schmerzen (große Wirktiefe, geringe Wirkbreite).

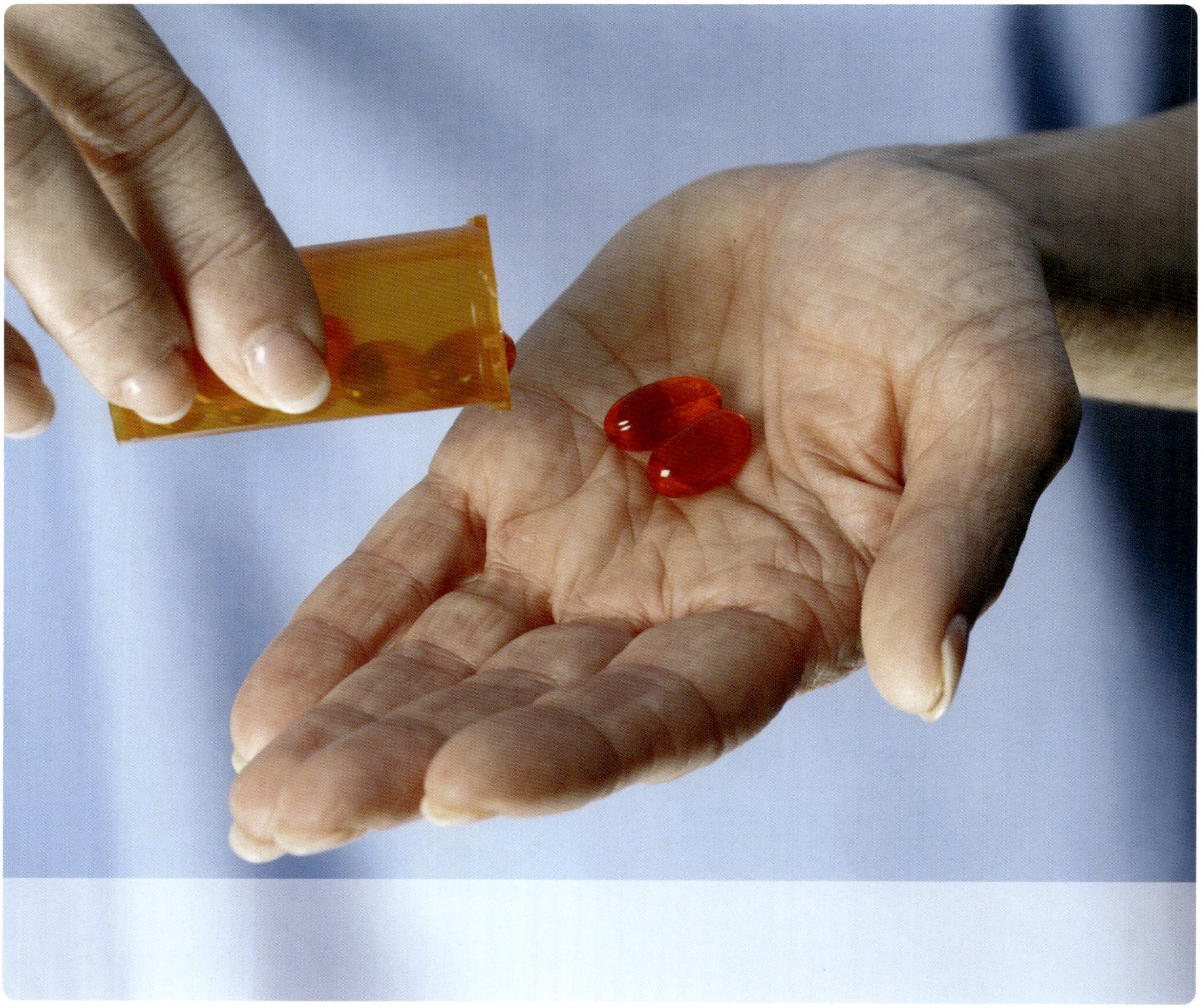

6
Der Stressfaktor

Der Raum-Stressfaktor

Neunzig Prozent der Stressfaktoren bauen wir uns selbst in die Häuser ein, nur zehn Prozent kommen von kosmischen, terrestrischen oder anderen Störfeldern. Das sollte zu denken geben. Machen wir da nicht etwas falsch beim Bau oder mit der Einrichtung? Feng Shui-Wissen kommt in eine Zeit, in der wir sensibel für Störungen geworden sind und umso harmoniebedürftiger. Die Technik nimmt immer mehr Einfluss auf unser Leben. Wir werden immer anfälliger und kränker. Untersuchen wir zunächst, was es für Stressfaktoren gibt, um diese nach Möglichkeit auszuschalten.

Gefahr Raumluft – Stress für die Lungen!

Der Wohnraum zählt zu den fünf gefährlichsten Bedrohungen für die Gesundheit, will man der US-Umweltbehörde EPA Glauben schenken. In Teppichböden, Polstermöbeln, Gardinenstoffen, Wandverkleidungen und Abdichtungen sitzt ein gefährlicher Cocktail purer Chemie. Verbindungen wie Formaldehyd, Xylol, Ammoniak, Benzol, Aceton, Trichlorethylen und Toluol dunsten aus. Wussten Sie, dass die Raumluft gesundheitsschädlich sein kann? Wussten Sie, dass auch zu hohe Raumtemperaturen, zu tiefe Fußbodentemperaturen oder eine zu hohe Luftfeuchtigkeit Krankheiten verursachen können? Wir sind laut Statistischem Bundesamt Wiesbaden nur noch täglich zwanzig Minuten wirklich an der frischen Luft. Ausgenommen Hundebesitzer und Jogger. Der Raum wird gerade einmal zu 10 % am Tag nur gelüftet, das heißt, dass Fenster und Türen vorwiegend geschlossen sind, so dass sich der Giftcocktail vor allem bei älteren Mitmenschen und Kindern bemerkbar machen kann, die sich viel zu Hause aufhalten. Sie können Atemwegsbeschwerden entwickeln, über entzündete Augen klagen und von Dauerinfekten geplagt werden. Die Haupt-Luftverpester sind Pressspanmöbel, Kleidungsstücke, die chemisch gereinigt wurden, und Zigarettenrauch. Aber auch der Mensch selbst belastet die Raumluft. Er lässt nicht nur »Winde« fahren, er gibt auch so genannte »Bio-Effluvien« wie Kohlendioxid, Methan und Wasserstoff ab. Holz- und Polstermöbel, Tapeten, Teppichauslegeware und Anstriche speichern diese gefährlichen Stoffe. Ziehen Sie beispielsweise in eine neue Wohnung ein oder in ein Haus um, so hängt der »Mief« der Vorbewohner im wahrsten Sinne des Wortes noch in der Luft, sprichwörtlich in

Tapeten und Teppichböden. Sollten Sie eine möblierte Wohnung übernehmen, so sind auch in den Holzmöbeln die Ausdünstungen der Vorbewohner. In diesem Fall wischen Sie die Holzmöbel von innen und außen feucht ab. Dann können Sie eine Keramikschale nehmen, diese auf eine feuerfeste Unterlage stellen und in die Schale selbst Kies oder Sand zur Hälfte einfüllen. Dann legen Sie darauf ein Stück Räucherkohle, zünden dies von der Unterseite her an und legen zwei bis drei Prisen »Kyphi«, eine Reinigungsräucherung, darauf. (Die Adressen dazu finden Sie im Anhang). Stellen Sie dann die Schale in einen der Schränke, und belassen Sie diese über Nacht dort. Am nächsten Tag sollten Sie die Schale entnehmen und säubern. Polstermöbel sollten Sie mit einem Spezialgerät feucht reinigen. Matratzen tauschen Sie am besten gänzlich aus.

Feng Shui-Empfehlungen gehen auch dahin, die Tapeten zu entfernen, sich neue zu gönnen. Auch sollte die alte Auslegeware entfernt werden. Wenigstens aber ein neuer Anstrich und eine gründliche Teppichreinigung sind von Nöten. Öffnen Sie die Fenster, und lassen Sie frische Luft hinein. Bei geschlossenen Fenstern können Doppelverglasungen und wärmedämmende Materialien zusätzlich die Frischluftzufuhr verhindern. Früher konnte noch Luft durch die so genannten undichten Fenster zirkulieren. Heute ist das so gut wie unmöglich. Dennoch reicht auch das Lüften allein nicht mehr aus, um die giftigen Gase aus dem Wohnraum zu entfernen. Dennoch gilt: Lüften Sie pro Stunde für 5 Minuten den Raum, bei Kälte und Wind kann eine kurze Stoßlüftung ausreichen.

Eine ungesunde Luft und Materialien, die den Menschen krank machen, werden unter dem Begriff »Sick-Building-Syndrom« zusammengefasst. Die Symptome die man durch ein schadstoffbelastetes Gebäude bekommen kann, sind verschiedenartig. Die Beschwerden reichen von Reizungen der Haut- und Schleimhäute, Lungen- und Bronchialerkrankungen, Kopfschmerzen, Asthma, Hals-Nasen- und Hauterkrankungen bis hin zu Allergien und Stirnhöhlenproblemen. Bei empfindlichen Personen ist durch ein ungesundes Raumklima auch ein Anstieg von Allergien auf Staub, Schimmelsporen, Pollen und Lebensmittel festzustellen.

Hier sehen Sie auf einen Blick die Auswirkungen von Temperaturen und Luftfeuchtigkeit auf die Gesundheit:

- zu hohe Temperaturen
  Wärmestau,
  vermehrte Schweißabsonderung
- zu tiefe Temperaturen
  Abkühlungen,
  Begünstigungen von Erkältungskrankheiten
- zu tiefe Fußbodentemperaturen
  Begünstigung von Erkältungskrankheiten
- zu hohe Luftfeuchtigkeit
  Behinderung der Transpiration
- zu niedrige Luftfeuchtigkeit
  Austrocknung der Schleimhäute,
  Behinderung der Selbstreinigung der Lunge,
  Förderung der elektrostatischen Aufladung

Hilfe aus dem Pflanzenreich

Nun die gute Botschaft: Pflanzen sind in der Lage, bei diesen Problemen abzuhelfen. Das Vorgehen ist bei schadstoffbelasteten Räumen denkbar einfach: Man bedient sich der günstigen Eigenschaften von Zimmerpflanzen. In Studien der amerikanischen Raumfahrtbehörde NASA fand man heraus, dass es durchaus Pflanzen gibt, die in der Lage, sind, aus der Luft belastende Schadstoffe herauszufiltern. Eine ganze Reihe von Pflanzen hat der amerikanische Wissenschaftler Bill Wolverton im Auftrag der NASA bezüglich ihres Resorptionsvermögens von Formaldehyd, Benzol und Trichlorethylen getestet und dabei die Wirksamkeit der Phytofiltration wissenschaftlich untermauert.

Formaldehyd

Man kann es in Möbelstoffen, Teppichböden, in Kleidungsstücken und in Schaumstoffen finden. Es reizt die Augen und Luftwege, führt zu Müdigkeit und mitunter zu Kopfschmerzen. Vermeiden Sie zunächst Formaldehyd, indem Sie beim Kauf von Teppichböden genauso auf das Label achten wie beim Kauf von Möbeln oder Kleidung.

Absoluter Spitzenreiter der Helfer aus dem Pflanzenreich ist der Schwertfarn, der zu den ältesten Pflanzen zählt, ist er doch vor rund 400 Millionen Jahren entstanden. Er baut außerordentlich gut Formaldehyd ab. Der Philodendron, die Chrysantheme und die Kornpflanze sind ebenfalls in der Lage, das schädliche Formaldehyd umzuwandeln und die damit verbundenen Gesundheitsbeschwerden wie Augenbrennen, Kopfschmerzen und allgemeine Müdigkeit einzudämmen.

- **Pflanzenhelferübersicht:**
  Gerbera, Schwertfarn, Efeu, Dieffenbachie, Birkenfeige, Drachenbaum, Gummibaum, Philodendron, Chrysantheme, Aloe Vera, Schefflera, Grünlilie

Trichlorethylen

Es kommt in Desinfektionsmitteln, in Farben, Lacken, Polituren, in chemisch gereinigten Kleidungsstücken und Reinigungsmitteln vor.

Es kann Leberschäden beim Menschen verursachen. Natürlich ist nicht zu vergessen, dass das erste Motto immer der Vermeidung dienen sollte. Schauen Sie einmal auf die Etiketten der Hersteller, und kaufen Sie sich Sachen, die Sie nicht immer in die Reinigung geben müssen. So vermeiden Sie von vornherein Trichlorethylen und damit Sha-Chi.

Die Gerbera, Chrysanthemen und Friedenslilie neutralisieren Trichlorethylen. Die Pflanzen erweisen sich als segensreiche Helfer bei der Luftreinigung. Jedoch ist in erster Linie die Vermeidung von allen Reizstoffen der Neutralisierung vorzuziehen.

- **Pflanzenhelferübersicht:**
  Gerbera, Chrysantheme, Friedenslilie

Benzol

Ob in Kunstfasern, Zigaretten, Reinigungs- oder Desinfektionsmitteln - Benzol ist weit verbreitet. Was Sie sofort vermeiden könnten, wäre das Rauchen, der Kauf von Kunstfasern, und Sie könnten die Inhaltsangaben bei Desinfektions- und Putzmitteln beachten. Symptome wie Appetitmangel, Schleimhautreizungen der Augen und Haut, Kopfschmerzen und Anämie können die Folge sein.

Efeu, Chrysanthemen, die Friedenslilie und Gerbera neutralisieren das Benzol, was in Kunststoffen, Tinten, Ölen, Reinigungs- und Desinfektionsmitteln vorkommt. Damit werden auch die Auswirkungen des Benzols bekämpft wie Schläfrigkeit, Kopfschmerzen, Appetitmangel, Haut- und Augenreizungen.

- **Pflanzenhelferübersicht:**
  Efeu, Drachenbaum, Grünlilie, Gerbera, Chrysantheme

Wer den Kampf gegen chemische Luftverpester antreten will, sollte sich der Chrysanthemen, der Bergpalme und beispielsweise der Gerbera bedienen. Ein absoluter Sauerstoffspender ist der genügsame Gummibaum.

Stressfaktor Yukkapalme & Co!

Die Yukkapalme ist ein Überlebenskünstler und als Wüstenpflanze hinlänglich bekannt. Nur leider hat sie harte, spitze Blätter, die Ihr Energiefeld angreifen und attackieren können. Man kann damit in der Tat auch Kunden abschrecken und, wenn sie in der Wohnung stehen, Freunde verlieren.

Besonders gut wird sie auf einer Störzone gedeihen. Da sie ein so genannter »Strahlensucher« ist, wird ihr die Strahlung nichts ausmachen und sie sogar zu Höchstleistungen animieren. Achten Sie darauf, dass sich Ihre Pflanzen in Blumenerde befinden, da diese Bakterien und Mikroorganismen enthält, die den schnelleren Abbau von Schadstoffen begünstigen. Alle sechs Monate sollten Sie die Erde teilweise austauschen, um die darin enthaltenen Giftstoffe zu entfernen.

In jedem Fall sind rundblättrige den harten und spitzblättrigen vorzuziehen. Noch in einem Abstand von ein bis zwei Metern sind z. B. Yukkapalmen störend. Sie schwächen die Energie des Menschen. Sie können dies auch mit Hilfe des kinesiologischen Armtestes nachweisen. Heben Sie einen Arm im Neunzig-Grad-Winkel seitlich vom Körper ab, und bitten Sie eine zweite Person, den Arm nach unten zu drücken, während Sie in einem Abstand von einem Meter zur Palme zunächst prüfen, ob Sie den Arm oben halten können oder nicht. Sie werden ihn meist nicht halten können. Gehen Sie an eine neutrale Stelle des Raumes, und probieren Sie dies erneut. Nun werden Sie den Arm ohne Mühe oben halten können. Damit Sie keinen Stress durch solche Pflanzen in Ihrem System erhalten, sollten Sie beispielsweise Yukkapalmen weit aus Ihrem Umfeld entfernen.

Stellen Sie diese Pflanzen in Bereiche, wo Sie sich nur kurzzeitig aufhalten. Sie können sie auch an große Einrichtungen mit breiten Fluren, wo sie niemandem Schaden zufügen, verschenken.

Stressfaktor giftige Pflanzenausdünstungen

Die Ficus Benjamini-Bäume sind wunderbare Pflanzen für die Luftreinigung, aber andererseits entwickeln sie nahe der Heizung oder an Standorten in der Sonne giftige Dämpfe. Diese können zu Lungenkrankheiten wie z. B. Asthma führen oder Allergien begünstigen. Wer an Asthma oder Bronchitis leiden sollte, wird schlecht beraten sein, sich eine solche Pflanze in den Raum zu stellen. Verzichten Sie ganz darauf! Auch Farne sind diesbezüglich mit Vorsicht zu genießen, da sie Asthmaanfälle auslösen können.

Kennen Sie den Zusammenhang zwischen Klimaanlagen, Asthma und Farnen? Nein? Dann sollten wir uns diesen einmal genauer ansehen. Stellen Sie die Farne nicht in die Nähe der Klimaanlagen. Denn durch den Luftzug können sich die kleinen Härchen an der Unterseite der Farnblätter leichter ablösen, in die Atemluft gelangen und schließlich Allergien und Asthma auslösen.

Stressfaktor Stacheln!

Achtung auch vor Kakteen! Sie haben spitze Stacheln, und diese wirken aggressiv. Stellen Sie den Kaktus in eine sichere Entfernung von anderthalb Metern von Ihnen. Der positive Aspekt der Kakteen ist die Fähigkeit der Pflanzen, Wasser zu speichern. Dadurch werden sie nach altem Feng Shui-Wissen zum Reichtumsspeicher. Die Stacheln verteidigen den Reichtum. Wenn Sie Ihre Kakteen auf die Fensterbank in den Südosten stellen, wird sich die Reichtumsenergie zeigen. Denn blühen die Kakteen, blüht auch der Reichtum! Die Psychologie eines Kaktus ist vielfältig. Manche Meister ihres Faches sehen ihn auch als Abwehrmittel. Denn seine Stacheln verteidigen den Bereich, in dem sie stehen. Deshalb gehört er nie in den Bereich eines Geschäftseingangs, damit Sie nicht die Kunden vertreiben. Sollten Sie in Ihrem Büro bereits Kakteen haben, könnten Sie selbst als eine Person gesehen werden, mit der es nicht leicht auszuhalten ist. Sie könnten quasi, wie Ihre Kakteen, als stachelig nach außen hin wirken, vielleicht wie Ingrid Bergmann in dem Film »Die Kaktusblüte«. Sie spielte in diesem Film mit Rock Hudson eine scheinbar unnahbare Krankenschwester. Ganz im Stil eines Kaktus, der schließlich doch noch zur Blüte gelangte. Sicherlich erinnern Sie sich an diese schauspielerische Glanzleistung...

Stressfaktor hervorstehende Ecken

Sitzen Sie am besten nicht mit Ihrem Körper im Einflusswinkel einer hervorstehenden Kante. Auch das Türblatt einer offen stehenden Tür kann den gleichen Effekt haben: Es kommt zu Verspannungen und zu einer Schwächung des Energiesystems. Die Folgen davon können Muskelschmerzen und Konzentrationsstörungen sein.

Stressfaktor ungeschützter Rücken

Wer mit dem Rücken zu einem Fenster oder einer Tür sitzt, wird energetisch gesehen geschwächt und wird nicht nur die Auswirkungen von eventueller Zugluft spüren, er wird auch unkonzentriert sein und möglicherweise im zweiten Schritt Verspannungen der Rückenmuskulatur verspüren, die mit einem schmerzhaften Rücken enden können.

Stressfaktor Elektrostatik

Elektrostatische Aufladungen bedingen ein unnatürlich aufgeteiltes Plus-Minusionen-Verhältnis der Luft. Zu wenig minuspolige Anteile lassen den Menschen krank werden. Es knistert, die Haare laden sich auf, und ab und an bekommen wir einen »Schlag«. Es entsteht durch elektrostatische Aufladungen eine künstliche Gewitteratmosphäre, ein Reizklima, und es liegt sprichwörtlich Spannung in der Luft. Sehen Sie selbst, was Sie tun können, um die Aufladungen zu vermeiden:

- Erhöhen Sie die Luftfeuchtigkeit auf 60%. Prüfen Sie diese mit einem Hygrometer.
- Legen Sie beispielsweise eine Naturdecke über ein Sofa, das aus Synthetikfasern besteht.
- Tragen Sie Ledersohlen und natürliche Kleidung aus Baumwolle, Seide, Leinen, Schafwolle etc.
- Kaufen sie strahlungsarme Bildschirme.
- Sorgen Sie für Luftbefeuchter, Pflanzen und Aquarien.
- Legen Sie Schurwollteppiche nur auf leitfähige Untergründe.
- Verzichten Sie auf Kunststoffe und Synthetikfasern.
- Kaufen Sie keine Kuscheltiere aus Kunststofffasern!
- Verzichten Sie auf Synthetikvorhänge und Synthetikteppiche.
- Rücken Sie Ihr Bett immer einige Zentimeter (20 bis 30 cm) von der Außenwand ab.
- Nutzen Sie Naturfarben wie die SynErgetikfarben, Pflanzenfarben und mineralische Putze.

Stressfaktor Elektrosmog

Im eigentlichen Sinne gibt es keinen Elektrosmog, da das Wort Smog mit Rauch oder Nebel übersetzt werden müsste und wir die gesundheitsgefährdende Elektrizität ja nicht sehen können. Dieser Begriff hat sich allerdings durchgesetzt, so dass Sie mir gestatten, diesen hier auch zu verwenden. Elektrosmog sind Wechselfelder, die durch technisch erzeugte Elektrizität entstehen und unserer Gesundheit schaden.

Unser Körper selbst ist leitfähig und funktioniert in gewisser Weise elektrisch. Diese elektrischen Impulse sind wichtig, um beispielsweise die Kommunikation im Nervensystem aufrecht zu erhalten. Sie sind andererseits gegenüber einer Fahrradglühbirne von 1,5 Volt Spannung millionenfach geringer. Würden Sie beispielsweise diese erwähnte Birne mit 10 Volt belasten, dann würde sie durchbrennen. Unser System hat ebenso einen Schutz- und Abwehrmechanismus gegenüber erhöhter Belastung durch Elektrosmog. Dies funktioniert so lange, wie das Immun- und Abwehrsystem stark genug ist. Im Falle einer Erkrankung sind wir wesentlich anfälliger für die Auswirkungen von Elektrosmog. Es kann zu Konzentrationsproblemen kommen, Kopfschmerzen, Leistungsverlust, Sehbeschwerden, ständiger Überreiztheit oder beispielsweise zu Herzrhythmusstörungen. Schauen Sie einmal, wie viele elektrische Hilfen Sie allein schon im Haushalt haben. Sie putzen sich morgens die Zähne mit der elektrischen Zahnbürste, föhnen sich die Haare. Sie nutzen morgens vielleicht schon die Mikrowelle zum Aufbacken Ihrer Brötchen oder toasten sich ein Toastbrot. Sie stellen die Kaffeemaschine an und hören Radio. Sie sitzen unter Halogen- oder Neonröhren. Bei der Arbeit angekommen, sitzen Sie am Computer und sehen abends zur Entspannung fern. Sie sehen, unsere alltägliche Welt ist voll von Elektrosmog. Schauen Sie auch einmal in Ihrem Umfeld nach, wie viele Lampen einen Schukostecker haben. Sie werden sehen, dass nur noch ein geringer Teil der Lampen mit diesen nützlichen Schutzsteckern ausgerüstet ist. Wie schade!

Die Auswirkungen von Strom um uns herum sind immer vielfältiger. So lange wie es von den Herstellern keine Sicherheitsabstandsangaben zu den Geräten gibt, werden wir nur auf ein Mittel zurückgreifen können: Vermeidung, wo dies möglich ist! Wenn Sie allerdings die Möglichkeit schon beim Bau Ihres Hauses haben, selbst zu entscheiden, welche Kabel Sie verwenden, so werden Sie auf abgeschirmte Kabel zurückgreifen und die Stromleitungen auch nicht hinter dem Kopfende verlegen lassen. Sie werden sich Lampen kaufen mit Schukosteckern und genügend weit weg vom Computer sitzen, die Mikrowelle gar nicht erst mit einziehen lassen und Neonröhren und Halogenlampen allerhöchstens im Flur gestatten, sich ihres Daseins zu erfreuen.

Stressfaktor Mobilfunk

Hochfrequenz beeinflusst Mensch und Tier. Je gesünder der Mensch ist, umso weniger spürt er die Auswirkungen. Bereits geschwächte Menschen reagieren dafür umso heftiger auf Mobilfunk. Damit Mobilfunk funktionieren kann, ist ein riesiges Aufgebot an Antennen notwendig. Natürlich ist ein großes Aufgebot an Energie nötig, um beim Empfänger anzukommen. Wer einen Analoganschluss hat, benötigt ein Minimum an Energie, im Vergleich zum Mobilfunknetz, um telefonieren zu können. Wer sogar auf dem eigenen Dach eine Mobilfunkantenne hat, wird mit einer Wertminderung seines eigenen Gebäudes und der Wertminderung der Gebäude in der Umgebung der Antenne rechnen müssen. Das Immunsystem wird belastet und die nächtliche, krebshemmende Endorphinproduktion und Melatonin-Ausschüttung in der Zirbeldrüse wird blockiert. So ist es möglich, dass Krankheiten an Schwachstellen ausbrechen können, die Genesungszeit länger andauert und der Mensch chronisch krank wird. Besonderes Augenmerk sollten Sie darauf legen, dass Sie Ihr Mobilfunkgerät nicht in der Hemdtasche über Ihrem Herzen tragen. Auch nicht in der Hosentasche. Wer es beim Sport bei sich trägt, vergisst, dass es auch eine Zeit ohne den Mobilfunk gab. In der Natur könnten wir uns wieder regenerieren, wenn wir nicht ständig erreichbar wären. Denken wir darüber einmal nach. Es ist gut, in Notsituationen darauf zurückzukommen. Aber muss es nachts auf Ihrem Nachtschränkchen liegen? Muss es immer angeschaltet sein? Für viele Berufsgruppen ist es unverzichtbar geworden, wenn es darum geht, schnell am Einsatzort zu sein und Menschen zu retten. Wir haben es aber in jedem Fall mit hochfrequenten magnetischen Feldern zu tun, deren Auswirkungen wir noch nicht hinreichend genug erforscht haben. In einer Sendung des britischen Fernsehsenders BBC wurde ein Expertenteam aus den USA, Australien und Schweden

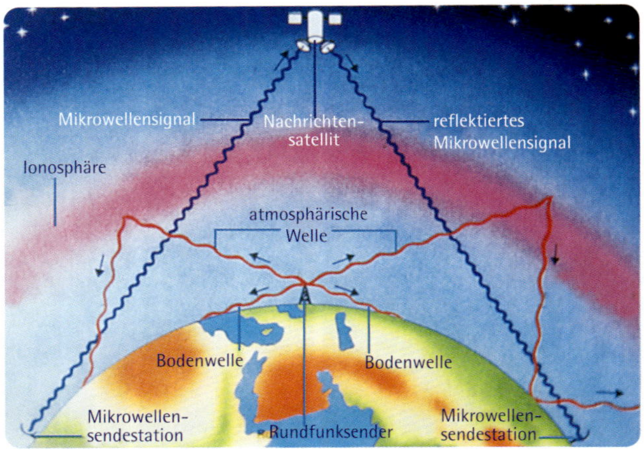

gezeigt, das die Ergebnisse umfangreicher Studien vorlegte, die besonders in Großbritannien Besorgnis auslösten. Sie sagten, dass Handybenutzer mit Asthma, Alzheimer Krankheit und Krebs rechnen müssen, weil die elektromagnetischen Wellen der mobilen Telefone die Gehirnzellen schädigen können.

Die Expertengruppe selbst veränderte ihr Verhalten. Entweder nahmen sie Handys erst gar nicht mehr in die Hand, schränkten stark den Gebrauch ein oder achteten darauf, dass sie spätestens nach einer Minute das Ohr wechselten, um nicht nur immer eine Gehirnhälfte zu bestrahlen. Die Wissenschaftler waren durch Tierversuche auf die Gefahr durch die Handys gestoßen. Mobilfunktelefone seien im Grunde genommen kleine Funkstationen, die Mikrowellen zu einem kilometerweit entfernten »Transmitter« senden würden, der die Funksignale weiterleitet, so die Expertengruppe. Ratten hätten in den Versuchen schwere Hirnschäden erlitten.

Alle Kinder und Jugendlichen unter 18 Jahren haben laut Gerhard Hyland, der in der britischen Naturwissenschaftszeitschrift The Lancet (Volume 356, Number 9244) darüber schrieb, verheerende Auswirkungen davongetragen. Die dünne Hirnschale, die Größenverhältnisse des Kopfes und die feineren Zellmembranen würden erwiesenermaßen zu neurologischen Schäden führen, zur Schwächung des Immunsystems, zu Gedächtnisschwäche, Schlafstörungen und Kopfschmerzen. Alles das kann uns nur zu dem Schluss führen, dass wir so spät wie möglich Kinder und Jugendlichen überhaupt das Handy zukommen lassen und sie über die Gefahren aufklären. Sie sollten das Handy nicht am Körper tragen, lieber SMS schreiben, als zu telefonieren und vorzugsweise eine Ohrhörer-Mikrofonkombination einsetzen. Selbst die Empfangsbereitschaft des Handys sollte so kurz wie möglich gehalten werden. Natürlich sollte es am Abend ohnehin ausgeschaltet werden.

Stressfaktor Hochspannung und Computer

Im Sinne von einem gesunden Feng Shui ist es wichtig, darüber nachzudenken, was wir in unsere Räume für Kräfte einladen. Wer häufig müde und angeschlagen ist, unter Schlafstörungen leidet, nervös, depressiv oder therapieresistent scheint, sollte über eine Störung nachdenken, die durch Hochspannungsleitungen, den Mobilfunk, Telefonnetze oder den Computer herrührt. Hochfrequente Felder können vor allem bei Kindern Veränderungen der roten Blutkörperchen zur Folge haben. Verhaltensstörungen wie das ADS-Syndrom, Hyperaktivität, Aggressivität und Lernstörungen könnten die Auswirkungen von diesen Feldern sein. Wachstums- und Entwicklungsstörungen sind nur eine Reihe von möglichen Erkrankungen, darunter auch Herzrhythmusstörungen, Bluthochdruck oder Gehirntumore.

Beginnen wir unseren Wohnort unter die Lupe zu nehmen, und halten wir uns fern (Minimum 300 m) von Hochspannungsleitungen, Bahnstromanlagen, Sendemasten oder Flugschneisen.

Nicht nur im Wohnumfeld kann es beträchtliche, die Gesundheit störende Faktoren geben. Sehen wir nur einmal in die eigenen vier Wände. Hier gibt es immer mehr Computer und andere elektrische Geräte. Die Industrie war zwar bemüht, die Strahlungsauswirkungen zu verringern und wird hoffentlich in naher Zukunft noch mehr dazu beitragen. Verzichten Sie aber in jedem Fall auf die drahtlose Übermittlung zwischen Computer und Tastatur oder das schnurlose Surfen im Internet. Sprach- und Stoffwechselstörungen, chronische Erschöpfung und Müdigkeit sind dabei nämlich scheinbar noch nicht alles, was uns auf der Krankheitsebene erwartet.

Stressfaktor Schnurlos-Telefone

Die Basisstation sendet relativ starke und gepulste digitale Wellen und dies nonstop, Tag und Nacht, auch wenn Sie nicht telefonieren. Gepulster Elektrosmog ist dies, ohne Unterbrechung. Ihr Umfeld reicht bis zu 200 Meter weit und geht auch durch Wände. Fragen Sie Ihren Fachhändler nach analog sendenden (ohne Puls) Telefonen. Analog sendende CT-1-Plus Geräte sind seit Jahren auf dem Markt. In der Gebrauchsanleitung der DECT Telefone wird darauf hingewiesen, dass die Technik dieser Telefone die Technik der Umgebung stören kann. Vor DECT Schnurlos-Telefonen wird immer mehr von Ärzten und Heilpraktikern gewarnt. DECT bedeutet: Digital enhanced cordless telecommunication. Diese hochfrequenten Magnetfelder sollen an der Begünstigung und Auslösung gesundheitlicher Schäden beteiligt sein. Da die Basisstation solche relativ starken und gepulsten digitalen Wellen aussendet – und das Tag und Nacht, selbst wenn Sie nicht zum Hörer greifen –, sollten Sie, wie gesagt, dringend darüber nachdenken, auf analog sendende CT-1-Plus-Geräte umzusteigen, die ebenfalls seit Jahren schon auf dem Markt sind. Sie sind nicht störungsfrei, dennoch sind sie die bessere Alternative.

Die Stiftung Warentest schreibt in ihrem Heft 7/1997, dass sich die DECT Telefone nicht mit elektronischen Geräten vertragen wie beispielsweise den Satellitenempfängern, Hörgeräten und Fernsehapparaten. Die Stiftung Warentest schreibt: »Digitale Telefone schneiden in Gebäuden schlechter ab als analoge.«

Fragen Sie sich selbst, ob es gesundheitliche Störungen gab, seitdem Sie ein solches Telefon in Betrieb genommen haben. Schlafen Sie seitdem schlechter als zuvor? Gerade Kinder klagen immer mehr über Symptome wie Schweiß, Angst, Schwindel und Alpträume. Erwachsene berichten von leichtem Bluthochdruck und Kopfschmerzen. Wenn Sie morgens verkatert aufstehen, obwohl Sie keinen Schluck Alkohol getrunken haben und früh zu Bett gegangen sind, dann denken Sie darüber nach, ob das Telefon seinen Beitrag dazu geleistet haben könnte.

Wir dürfen nie aufgeben, daran zu glauben, dass wir jederzeit unser Schicksal ändern können. Jederzeit können wir uns für Gesundheit im Leben entscheiden. Das hat allerdings zur Folge, dass wir auch u.U. etwas ändern müssen. Wir ändern unsere Lebensgewohnheiten, wir ändern unser Umfeld. Wir wenden Feng Shui an. Selbst allen Lesern dieses Buches, die schon krank sind, möchte ich mit auf den Weg geben: Es gibt immer eine Lösung! Ich habe in China erlebt, wie man in den Klöstern heilte und habe erfahren, dass selbst Schwerkranke, für unheilbar gehaltene Menschen wieder gesund wurden. Sie wurden mit Akupunktur, Bewegungsübungen, Kräutern, einem einfachen Leben in einer natürlichen Umgebung wieder gesund. Die Räume waren spartanisch gehalten und auf das Wesentliche reduziert.

Stressfaktor Sat-Anlagen

Die Satellitenschüsseln beherrschen oft das Stadtbild, insbesondere sind sie an Mehrfamilienhäusern zu sehen, wo jeder seine eigene Antenne auf dem Balkon hat. Manche haben sie auf dem Dach und andere im Garten. Baubiologen raten zu einem Abstand von mindestens zwölf Metern zu den Betten. Wesentlich empfehlenswerter sind die Kabelanschlüsse. Noch ist es Zeit, darauf umzusteigen, statt sich den Gefahren der Satellitenschüsseln auszusetzen.

Mein Rat:

Raum und Mensch stehen in einer Verbindung und ihre Energien bedingen sich gegenseitig. Es gibt immer einen Weg zur Lösung aller anstehenden Probleme. Geben Sie nicht auf!

Stressfaktor Zugluft

Ein Großteil der Rücken- und Nackenbeschwerden wird durch die nicht sichtbaren Qi-Strömungen hervorgerufen. Die Zugluft entsteht einerseits, wenn Sie die Türen und Fenster öffnen. Andererseits ist auch Glas kein wirklicher Schutz vor »Qi-Durchfluss-Problemen.« Setzen Sie sich deshalb nie mit dem Rücken zum Fenster oder zu einer Tür.

Stressfaktor Lärm

Wenn der Lärm von Motoren, Autos, Bahnen und Fabriken an unser Ohr dringt, löst dies Stress aus. Je mehr der Lärmpegel zunimmt, umso höher der Stress. Wenn möglich, denken Sie an eine neue Verglasung Ihrer Fenster, wählen Sie im Innenbereich schallschluckende Materialien und Geräusche der Natur wie das Wasserplätschern und Vogelzwitschern aus.

Der oxidative Stressfaktor – und wie man ihn knackt

Ein Übermaß an freien Radikalen bedeutet eine Gefahr für den Organismus. In dieser Situation spricht man auch von oxidativem Stress.

Was sind freie Radikale?

Jeder weiß, dass der menschliche Körper Sauerstoff zum Leben braucht. Wichtige Stoffwechselprozesse zur Energiegewinnung sind ohne Sauerstoff nicht möglich. Während dieser komplexen Vorgänge entstehen jedoch unvermeidbare Zwischenprodukte des Sauerstoffes, die hochreaktiv und aggressiv sind. Man nennt sie »freie Radikale« oder auch reaktive Sauerstoffspezies (ROS).

Freien Radikalen fehlt in ihrer chemischen Struktur ein Elektron. Sie greifen andere Moleküle an, um diesen ein

Elektron zu rauben. Die angegriffenen Moleküle werden nun auch zu freien Radikalen und brauchen selbst wieder ein Elektron.

Freie Radikale können in hohen Konzentrationen wichtige Proteine des Stoffwechsels, Zellmembranen und sogar die Erbsubstanz (DNS) angreifen. Es kann zu massiven Schädigungen verschiedenster Körperzellen kommen. Besonders gravierende Folgen hat dies, wenn die wichtigen Immunzellen davon betroffen sind. Dann kann die Immunabwehr gegenüber fremden Eindringlingen geschwächt sein. Vermeiden Sie beispielsweise auch übermäßige Sonnenbäder, da sie die freien Radikalen begünstigen.

Der menschliche Körper hat im Laufe seiner Evolution effektive Schutzmechanismen gegenüber freien Radikalen entwickelt: Die erste Verteidigungslinie bilden so genannte Antioxidantien. Sie sind in der Lage, freie Radikale abzufangen. Daher werden sie auch als Radikalfänger bezeichnet. Zu ihnen gehören Vitamine, z. B. Vitamin C und E, sowie sekundäre Pflanzenstoffe (z. B. Anthocyane und Polyphenole), die dem Körper mit der Nahrung zugeführt werden müssen.

In einem gesunden Menschen besteht ein Gleichgewicht zwischen der unvermeidbaren Entstehung von freien Radikalen und der Aufnahme von schützenden Antioxidantien aus rohkostreicher Nahrung. Dieser Zustand wird »oxidatives Gleichgewicht« genannt. Ist der oxidative Zustand im Ungleichgewicht, sprechen wir von oxidativem Stress.

Oxidativer Stress kann unter Umständen ernährungsbedingt sein: Die meisten Menschen essen viel Fleisch und Getreideprodukte und verhältnismäßig wenig Früchte und Beeren. Oft sind Obst und Gemüse zudem chemisch behandelt und im Vergleich zu früher mit weniger Antioxidantien bestückt. Man kann deshalb davon ausgehen, dass der Mensch heute bei einer allgemein üblichen Ernährung oft unter einem Antioxidantien-Mangel leidet, was weitreichende Folgen haben kann.

Tückisch ist, dass hohe Konzentrationen von freien Radikalen (oxidativer Stress) nicht spürbar sind. Obwohl die Abwehrkräfte schwach sind, denkt man, gesund zu sein. Erst wenn die Abwehr, z. B. durch Erkältungs-Viren oder Grippe-Viren, gefordert wird, merkt man, dass die Immunabwehr nicht optimal funktioniert und Viren und Bakterien ein leichtes Spiel haben. Dann wird man krank; andere Personen in unserer Umgebung hingegen oft nicht.

Bei niedriger Antioxidantien-Versorgung gerät der Körper durch moderne Lebensweisen zusätzlich unter Druck. Typisch für unsere Zeit sind:

- Zigarettenrauch, Alkohol
- Medikamente, wie z. B. Schmerzmittel
- Luftverunreinigung (Autoabgase, Ozon), Strahlenbelastung (UV, Handys)
- starke körperliche und seelische Überforderung (Stress)

Die Folge: Der Anteil von freien Radikalen im Organismus wird zusätzlich in die Höhe getrieben. Das körpereigene Antioxidantien-System wird stark belastet, freie Radikale nehmen unter Umständen überhand. Es kommt zu zellschädigendem oxidativen Stress, der u. a. auch die Abwehrkraft des Immunsystems weiter reduziert.

Stärkung der Abwehr durch Anthocyane

Anthocyane gehören als sekundäre Pflanzenstoffe zu der Gruppe der Flavonoide. Anthocyane sind für die typisch dunkle violette Färbung der Beeren verantwortlich. Je dunkler die Beeren, desto höher ist ihr Anthocyangehalt. Beerenfrüchte sind die reichste Antioxidantien-Quelle in unserer Nahrung. Dies ist u.a. auf den hohen Anthocyangehalt zurückzuführen.

Anthocyane können ganz besonders effektiv freie Radikale bekämpfen: Sie fangen freie Radikale direkt ab und neutralisieren sie.

Anthocyane und Aronia

Aronia ist ein Strauch, mit kleinen, violett-schwarzen Beeren, der in vielen Teilen Europas wächst. Die Aronia-Beere ist ein Lebensmittel mit einem der höchsten Anthocyangehalte.

Sie enthält 20-mal mehr Anthocyane als beispielsweise die Himbeere. Der hohe Anthocyangehalt macht sie für die Gesundheit des Abwehrsystems so besonders wertvoll. Frische Aronia-Beeren sind schwer zu kaufen, es gibt sie aber zum Glück auch in Kapselform in ihrer Apotheke.

Was Vitamin C wirklich leisten kann

Vitamin C wird chemisch auch als Ascorbinsäure bezeichnet, weil es das Mittel gegen Skorbut ist (A-scorbin-Säure = Anti-skorbutische-Säure). Als Skorbut bezeichnet man die Vitamin-C-Mangelkrankheit, die besonders unter Seefahrern im 15.-18. Jahrhundert sehr gefürchtet war.

- **Vitamin C wird von Pflanzen und den meisten Tieren selbst hergestellt.**

  Nur Meerschweinchen, einige Fisch- und Vogelarten sowie Affen und damit auch wir Menschen haben im Laufe der Evolution die Fähigkeit verloren, Vitamin C selbst herzustellen. Wir müssen Vitamin C mit der Nahrung aufnehmen!

- **Vitamin C wird von anderen Säugetieren in sehr großen Mengen selbst hergestellt.**

  Wenn man deren Vitamin-C-Produktionsmengen auf uns Menschen übertragen würde, müsste man davon ausgehen, dass wir in Ruhe täglich etwa 2-4 g Vitamin C bilden würden. Unter Stressbedingungen (auch Krankheiten) würde unsere Vitamin-C-Bildung sogar bis auf 15 g täglich anwachsen.

Zum Vergleich: Die deutsche Gesellschaft für Ernährung empfiehlt eine tägliche Aufnahme von nur 100 mg!

- **Vitamin C:**

  ... ist unterschiedlich stark in den einzelnen Organen des Körpers konzentriert.

  Dabei spiegeln hohe Konzentrationen einen hohen Bedarf wieder. Die höchsten Konzentrationen sind zu finden in Gehirn, Immunzellen, Augenlinse, Leber und Nebenniere.

  ... ist wasserlöslich.

  Deshalb kann der Körper keine größeren Speichervorräte anlegen. Vitamin C muss regelmäßig zugeführt werden. Überschüssiges Vitamin C wird sofort wieder ausgeschieden. Deshalb ist die Gefahr einer Überdosierung viel geringer als z. B. bei fettlöslichen Vitaminen.

  ... kann aus therapeutischen Gründen auch direkt in die Blutgefäße gespritzt bzw. infundiert werden.

  Das wird dann nötig, wenn dem Körper wegen einer Erkrankung höhere Konzentrationen von Vitamin C zugeführt werden müssen, als er über den Verdauungstrakt aufnehmen kann.

... ist sehr hitze-, licht-, sauerstoff- und chemikalienempfindlich.

Die höchsten Vitamin-C-Konzentrationen sind häufig in der Schale vom Obst bzw. unmittelbar darunter zu finden. Daher sind unsere Nahrungsmittel nach längerer Lagerung und küchentechnischer Bearbeitung (Schälen, Zerkleinern) meist relativ arm an Vitamin C.

... davon können vom **Körper innerhalb von 2 Stunden nur 200 mg** aufgenommen werden.

... ist besonders in Obst und Gemüse und weniger in Fleisch enthalten.

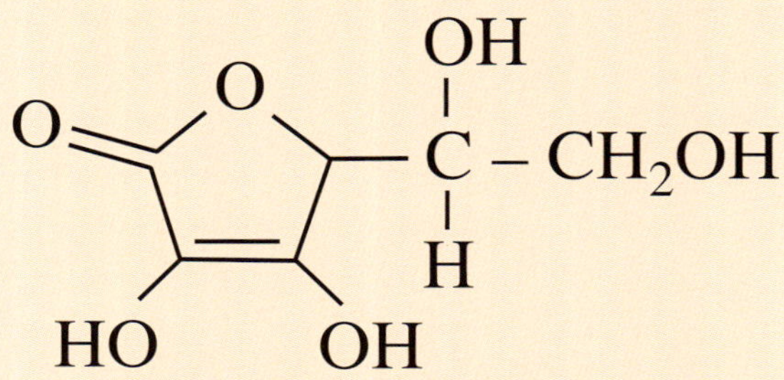

Geschichte des Vitamin C

Vitamin C ist sowohl historisch als auch therapeutisch gesehen eines der interessantesten Vitamine.

Die Geschichte seiner Entdeckung reicht bis ins Mittelalter zurück. Damals konnten jedoch die Skorbut-Epidemien bei zahlreichen Expeditionen und kriegerischen Auseinandersetzungen noch nicht in Verbindung mit einem Vitamin-C-Mangel gebracht werden.

Im 15. Jahrhundert – zu Beginn der Kolonialzeit - dauerten die Überfahrten auf die fernen Kontinente oft Monate. Mangelnde Hygiene und schlechte Ernährung - meist Pökelfleisch und Zwieback - führten auf den Schiffen zu hohen Verlusten unter der Besatzung. Häufigste Todesursache war eine rätselhafte Krankheit: Skorbut. Sie wurde damals auch als eine der »Geißeln der Menschheit« bezeichnet und war Todesursache Nummer 1 unter den Seefahrern. Die Symptome von Skorbut beschreibt Jaques Cartier in seinem Logbuch um 1540 folgendermaßen:

»Einige verloren all ihre Kraft und konnten nicht mehr auf den Füßen stehen. Dann schwollen ihre Beine. Ihre Muskeln wurden schwarz wie Kohle. Andere hatten ihre Haut gefleckt mit blutigen Stellen von purpurner Farbe. (...) Ihre Münder wurden stinkend. Ihr Zahnfleisch wurde so faul, dass alles Fleisch bis zu den Wurzeln der Zähne abfiel und diese beinahe alle ausfielen...«

In den folgenden Jahrzehnten erkannte man langsam, dass das Auftreten dieser Krankheit durch den Verzehr von Zitrusfrüchten und Frischgemüse verhindert werden konnte. Doch erst nach 2 Jahrhunderten setzte sich diese Erkenntnis vollständig durch. 1747 empfahl der Schiffsarzt James Lind der englischen Admiralität, den Matrosen auf hoher See Orangen- oder Zitronensaft zu verabreichen. Von dieser Empfehlung profitierte auch James Cook, dem es schließlich gelang, mit Hilfe von Sauerkraut und Zitronensaft seine Schiffe von Skorbut frei zu halten. 1776 wurde er dafür von der englischen Krone ausgezeichnet.

Seit Beginn des 19. Jahrhunderts wurden die britischen Schiffe mit Limonensaft ausgestattet. Das brachte den englischen Matrosen den Spitznamen »Lime-Juicers« ein. Der leicht abwertende Ausdruck »Limey« für Engländer hat sich in Amerika bis heute erhalten.

Die exakte Austestung zahlreicher Lebensmittel auf ihre antiskorbutische Wirkung und der Nachweis eines kausalen Zusammenhanges mit einem Vitamin-C-Mangel erfolgten erst im 20. Jahrhundert.

- 1928 gelang es dem ungarischen Wissenschaftler Albert Szent-Györgyi reines Vitamin C zu isolieren.

- 1933 klärte Norman Haworth die chemische Struktur von Vitamin C auf. Die späteren Nobelpreisträger Szent-Györgyi und Haworth nennen Vitamin C »A(nti)-scorbinsäure«, um damit auf den engen Zusammenhang des Vitamins mit Skorbut hinzuweisen.

- 1933 gelang dem Chemiker Tadeus Reichstein die Synthese von Ascorbinsäure auf der Grundlage von Traubenzucker. Seither wird Vitamin C, auf diesem Verfahren (Reichstein-Synthese) basierend, industriell hergestellt.

Was leistet Vitamin C in unserem Körper?

Vitamin C ist in unserem Körper an einer Vielzahl von Stoffwechselprozessen beteiligt. Es ist unentbehrlich für die Abwehrstärkung und Immunstimulation, das Hormon- und Nervensystem, die Regulation des Fettstoffwechsels, die Anregung des Entgiftungssystems, die Bildung und Funktionserhaltung von Knochen und Bindegewebe sowie die Beschleunigung der Wundheilung.

Vitamin C ist darüber hinaus der wichtigste **Radikalfänger** im menschlichen Körper und spielt eine entscheidende Rolle bei entzündlichen Erkrankungen und Strahlenbelastungen.

Freie Radikale sind aggressive und sehr reaktionsfreudige Substanzen, die durch körpereigene Stoffwechselprozesse entstehen oder im Organismus durch zugeführte chemische Substanzen bzw. Strahlen gebildet werden.

Unser Körper verfügt über ein ganzes Netz unterschiedlicher Schutzsysteme, die diese freien Radikale sofort wieder auffangen und vernichten. Dazu gehören körpereigene Verbindungen, aber auch Stoffe, die mit der Nahrung zugeführt werden, wie die Vitamine A, C und E.

Unter bestimmten Bedingungen (Umwelt- und Strahlenbelastung, Rauchen, Entzündungen und Stress) ist die Bildung freier Radikale so stark erhöht, dass die normalen Konzentrationen der körpereigenen Schutzsysteme nicht ausreichen. Dann können freie Radikale große Schäden anrichten. Sie schädigen z. B. Zellwände, das Erbgut und wichtige Eiweißverbindungen in der Zelle.

Bleibt das Übergewicht der freien Radikale dauerhaft bestehen, spricht man von **oxidativem Stress.**

Oxidativer Stress ist für viele Krankheiten und Beschwerden mitverantwortlich:

Eine gesunde Ernährung reicht bei einem gesunden Menschen prinzipiell aus, um den normalen Vitamin C-Bedarf zu decken. Hierzu werden täglich 5 große Portionen Obst und Gemüse empfohlen. Kranke haben u.U. einen deutlich erhöhten Bedarf, oder können manchmal die empfohlenen Mengen nicht essen, um die notwendige Versorgung über die Ernährung sicher zu stellen. Dann kann der Therapeut den zusätzlichen Verzehr einer Nahrungsergänzung oder den Einsatz eines entsprechenden Arzneimittels anordnen.

Oxidativer Stress ist für viele Krankheiten und Beschwerden mitverantwortlich:

- nachlassende Gehirnfunktion im Alter
- Störungen im Fett- und Zuckerstoffwechsel
- Herz- und Kreislauferkrankungen
- chronische Entzündungen
- Allergien
- Abwehrschwäche
- einige Augenerkrankungen
- Hautalterung und Faltenbildung

Oxidativer Stress kann durch eine optimale Versorgung mit Radikalfängern vermieden werden.

Vitamin C ist der wichtigste Radikalfänger im wässrigen Milieu!

Da unser Körper zu ca. 60% aus Wasser besteht, haben wir einen besonders hohen Bedarf an diesem wasserlöslichen Vitamin.

Ein besonders hoher Vitamin-C-Verbrauch besteht während der Auseinandersetzung mit Krankheitserregern oder Entzündungen. Das wird z. B. daran deutlich, dass bei Beginn einer Virusinfektion der Vitamin-C-Gehalt in den Immunzellen soweit absinken kann, dass dort häufig Werte erreicht werden, die denen bei Skorbut entsprechen.

Ein solcher lokaler Mangel an Radikalfängern beeinträchtigt das gesamte Schutzsystem gegen freie Radikale. Deshalb werden Patienten bei langem Fortbestehen einer Entzündung oder Infektion gleichzeitig anfälliger für weitere Erkrankungen.

Wann ist der Vitamin C-Bedarf erhöht?

Zahlreiche Erkrankungen, aber auch besondere Lebenssituationen erhöhen den Bedarf an Vitamin C. Der Vitamin C-Bedarf ist beispielsweise erhöht bei:

- Infektionskrankheiten
- entzündlichen Erkrankungen
- Verletzungen
- Allergien
- Arteriosklerose
- Rauchern
- Leistungssportlern
- Belastungen der Leber
- ständigen Stress-Situationen
- Einnahme bestimmter Medikamente

Meine Empfehlung:

Achten Sie bei Ihrer Ernährung stets auf eine gute Vitamin-C-Versorgung Ihres Körpers!

Besprechen Sie im Falle einer chronischen Entzündung oder einer Infektion mit Ihrem Arzt oder Heilpraktiker die Möglichkeit einer Vitamin-C-Hochdosisinfusionstherapie, um Ihren Körper schnell wieder mit ausreichend Vitamin C zu versorgen.

Die Vitamin-C-Hochdosis-Therapie

Die Vitamin-C-Therapie ist untrennbar mit dem Namen des zweifachen Nobelpreisträgers Prof. Dr. Linus Pauling (1901-1994) verbunden. Ihm ist es zu verdanken, dass Vitamin C seit den 60iger Jahren des vergangenen Jahrhunderts wieder viel Aufmerksamkeit erregte. Ausgehend von der Tatsache, dass wir Menschen die Fähigkeit zur Vitamin-C-Produktion verloren haben, vertrat er die Auffassung, dass wir deshalb täglich ebenso viel Vitamin C zu uns nehmen sollten, wie andere Säugetiere selbst produzieren – also Mengen im Gramm-Bereich.

Pauling glaubte, dass Vitamin C vielen schweren Krankheiten vorbeugen, ja diese sogar heilen könne. Obwohl seine Theorien von Anfang an von vielen Zweiflern abgelehnt wurden und immer noch werden, gewann man in den letzten 20 Jahren viele neue Erkenntnisse über die therapeutische Anwendung von Vitamin C.

Seit Anfang der 90er Jahre des 20. Jahrhunderts wird intensiv auf dem Gebiet der Vitamin-C-Therapie geforscht. Allein in der bedeutendsten medizinischen Datenbank, der Medline, erschienen seit 1990 rund 8000 Arbeiten, die sich schwerpunktmäßig mit Vitamin C beschäftigen.

Diese Arbeiten führten zur Entwicklung der Vitamin-C-Hochdosisinfusionstherapie, mit der zunehmend mehr Ärzte und Heilpraktiker auch in Deutschland hervorragende Erfahrungen gesammelt haben.

Die Grundlage der Vitamin-C-Hochdosisinfusionstherapie bildet die Erkenntnis, dass bei zahlreichen Erkrankungen der Vitamin-C-Bedarf weit höher ist, als dem Organismus über die Nahrung zugeführt werden kann. Zudem ist krankheitsbedingt häufig die Aufnahme durch die Darmschleimhäute weiter reduziert. Manchmal können therapeutisch wirksame Vitamin-C-Spiegel nur erreicht werden, indem Vitamin C direkt über die Blutbahn, also als Injektion oder Infusion, dem Körper zugeführt wird. Lassen Sie sich von Ihrem Arzt für Naturheilverfahren oder Heilpraktiker beraten.

Hilfe für den gestressten und entzündeten Hals

Mund und Nase sind wichtige Eintrittspforten für Nahrung und Sauerstoff. Aber auch Mikroorganismen, z. B. Bakterien und Viren sowie Schadstoffe, gelangen durch diese Eintrittswege in den oberen Verdauungstrakt.

Um diese über kurze Wege schnell zu neutralisieren und somit Infektionen des Körpers zu vermeiden, ist in diesem Bereich das Abwehrsystem besonders effektiv organisiert: 35% aller Lymphknoten des Körpers sind im Hals-Nackenbereich positioniert. Man bezeichnet diesen Bereich als »Lymphatischen Rachenring«.

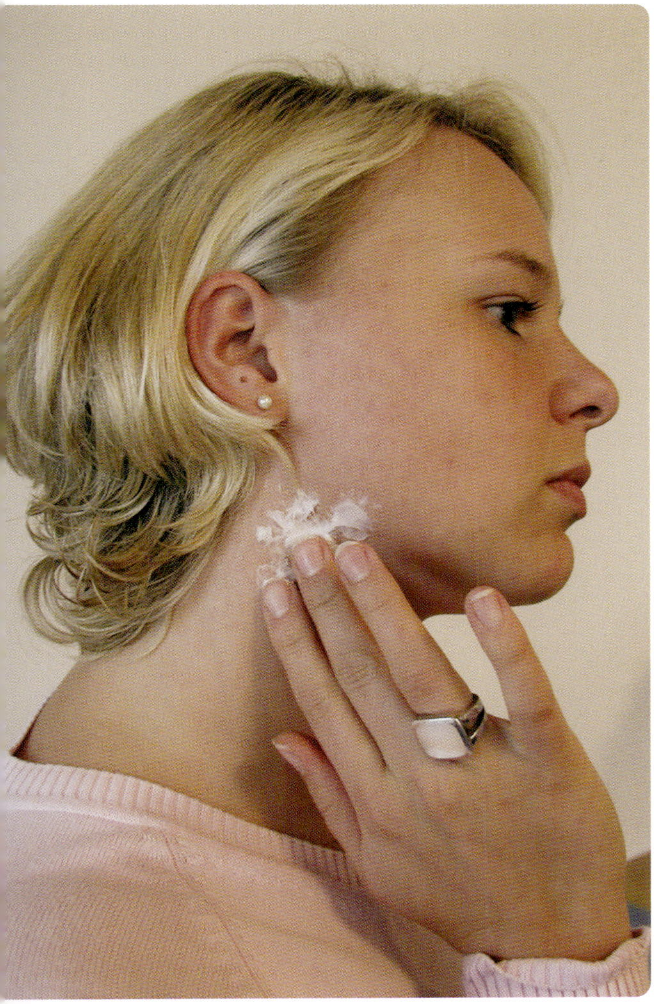

Die Aufgabe dieser Lymphknoten, in denen hohe Konzentrationen spezialisierter Immunzellen (T- und B-Lymphocyten) vorliegen, ist es, eine für den Erreger maßgeschneiderte Abwehr in Gang zu setzten. Damit diese Prozesse optimal ablaufen, ist es wichtig, dass der Lymphfluss zwischen den Schleimhäuten in Nase/Mund und den entsprechenden Lymphknoten gewährleistet ist.

Die häufig bei Infekten eingesetzten Vitamine, Mineralstoffe oder Echinacea-Extrakte zur Stärkung der Immunzellen sind förderlich, reichen aber nicht aus. Auch der Lymphfluss muss gefördert werden, denn nur dadurch wird gewährleistet, dass eine auf den Erreger speziell zugeschnittene Abwehr in Gang gesetzt wird und auch die Immunzellen/Antikörper an den Ort des Geschehens gelangen können.

Oft schwellen bei Infekten die Schleimhäute des Rachens, der Nase, der Nasennebenhöhlen bzw. im Mittelohr stark an, was sehr schmerzhaft sein kann. Das Lymphsystem ist dann überlastet. Um wichtige Heilungsprozesse in Gang zu setzen und zu beschleunigen, sollte der Lymphfluss angeregt werden. Dazu können Techniken der manuellen Lymphdrainage Anwendung finden oder homöopathische Arzneimittel eingesetzt werden, die den Lymphfluss fördern.

Speziell für immer wiederkehrende Mandelentzündungen und Lymphknotenschwellungen wurden Lymphdiaral® Halstabletten entwickelt. Sie fördern den Lymphabfluss speziell im Hals- und Kopfbereich und stärken gleichzeitig die Immunabwehr. Wichtig ist es, die Tabletten beim Auftreten der ersten Krankheitssymptome zu nehmen und dabei einige Zeit im Mund zu belassen, um die Aufnahme über die Schleimhäute zu intensivieren.

7

Der Bewegungs- und Gelenkerhaltungsfaktor

Der Bewegungsapparat

Der Bewegungsapparat des Menschen setzt sich überwiegend aus Knochen, Gelenken sowie Muskeln und Sehnen zusammen. Dabei wird zwischen einem passiven (festen) und aktiven (beweglichen) Bewegungsapparat unterschieden.

Das gesamte Skelettsystem mit seinen Knochen, Gelenken und Bändern wird als passiver Bewegungsapparat bezeichnet. Die zentrale Rolle im Skelettsystem übernimmt die Wirbelsäule, die als Stütze des Ganzen fungiert.

Den aktiven Bewegungsapparat bilden schließlich die Muskeln, die über die Sehnen an den Knochen befestigt sind und eine aktive Bewegung des passiven Bewegungsapparates ermöglichen.

Folglich haben wir es der Leistung des gesamten Bewegungsapparates zu verdanken, dass wir aufrecht gehen, uns drehen, bücken oder zufassen können.

Knochen

Das Skelett (griechisch: ausgetrockneter Körper) eines ausgewachsenen Menschen verfügt über 200 Knochen, von denen sich die Hälfte in den Händen und Füßen befindet. Knochen dienen neben der Stütz- und Haltefunktion für Weichteilgewebe auch dem Schutz bzw. der Stabilisierung lebenswichtiger, innerer Körperorgane. Sie bestehen aus Zellgewebe: im Einzelnen aus organischen Substanzen (hauptsächlich Protein Ossium), anorganischen Mineralien (Calcium, Phosphor, Magnesium) und Wasser (ca. 20 %). Mit steigendem Alter nimmt die organische Substanz ab und die Knochenstruktur wird poröser. Bei den Knochenzellen, die u. a. für Knochenbildung und Knochenabbau verantwortlich sind, werden drei Arten unterschieden:

- Osteoblasten (Knochenbildungszellen)
- Osteozyten (Transportzellen für Nährstoffe)
- Osteoklasten (Fresszellen bei Knochenabbau)

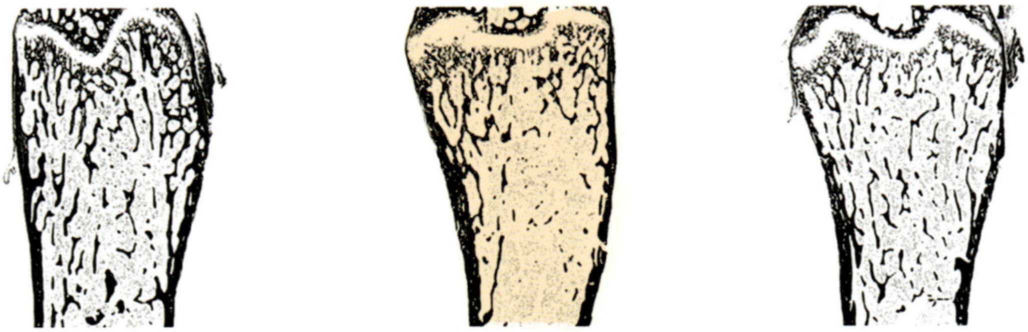

Zwischen Knochenabbau und -bildung existiert ein empfindliches Gleichgewicht, das, wenn es aus dem Gleichgewicht gerät und gestört wird, zu gravierenden Hindernissen führt. So kann etwa ein starker Knochenabbau die Beweglichkeit der Knochen und Gelenke einschränken.

Weiterhin gibt es unterschiedliche Knochenformen:

- platte Knochen (dienen vorwiegend als Schutz der inneren Organe, z. B. Schädel)
- kurze Knochen (zu finden als Wirbelkörper, Hand- und Fußwurzelknochen)
- lange Knochen (so genannte »Röhrenknochen« besitzen einen hohlen Schaft gefüllt mit Knochenmark, z. B. Oberschenkelknochen)
- unregelmäßig geformte Knochen (z. B. Knochen des Gesichts)
- lufthaltige Knochen (z. B. Oberkiefer)
- Sesambeine (als Lenkstellen für Sehnen, z. B. Kniescheibe)

Gelenke

Gelenke sind Verbindungsstellen zwischen Skelettteilen (z. B. Knochen), die es ermöglichen, Knochen gegeneinander zu bewegen. Die Ausprägung der Beweglichkeit ist primär von der Knochenform, der Muskulatur und den Bändern abhängig. Ein einachsiges Gelenk wie etwa das Ellenbogengelenk erlaubt eine Beuge- und Streckbewegung. Das Schultergelenk beispielsweise ermöglicht als dreiachsiges Gelenk eine Rotationsbewegung.

Insgesamt besitzt der menschliche Körper über 100 Gelenke, die sich in zwei Hauptgruppen einteilen lassen: »echte« und »unechte« Gelenke.

Bei »unechten« Gelenken – in der Fachsprache Fugen, Haften oder Synarthrosen genannt – werden zwei Knochen durch bindegewebige, knorpelige oder knöchernes Füllgewebe verbunden. Diese Gelenke lassen sich kaum oder gar nicht bewegen. Beispielhaft können hier die Knochennähte im Schädel, die Bandscheiben oder das Kreuzbein angeführt werden.

Charakteristisch für »echte« Gelenke – in der Fachsprache als Diarthrosen bekannt – ist die Trennung der gelenkig verbundenen Knochen durch einen Gelenkspalt. Die Gelenkflächen besitzen einen gefäß- und nervenfreien, druck- und zugelastischen Knorpelüberzug, der zwar ungleich dick ist, jedoch eine glatte Oberfläche bildet und gleitfähig macht. Das Gelenk wird von einer Gelenkkapsel umgeben, die die Gelenkhöhle luftdicht abschließt und bis in tiefe Schichten gefäß- und nervenfaserreich ist. Die Gelenkhöhle enthält die Gelenkschmiere (Synovia), eine dickflüssige, dem rohen Hühnereiweiß ähnelnde Substanz. Die Gelenkinnenhaut der Gelenkhöhle (Synovialmembran) scheidet die Gelenkflüssigkeit aus. Sie hat u. a. die Aufgabe, die Reibung an den Gelenkflächen zu minimieren. Ferner erhält der Gelenkknorpel seine Nährstoffe über die Gelenkflüssigkeit, da er keine Blutgefäße besitzt. Über die Gelenkschmiere werden zusätzlich Schlackstoffe oder Verschleißprodukte entsorgt, die sich im Gelenkspalt befinden. Durch eine regelmäßige Bewegung wird die Gelenkflüssigkeit in den Knorpel »eingeknetet«. Bei Bewegungsmangel oder ebenfalls bei zu starker Bewegung über einen längeren Zeitraum wird der Knorpel unterversorgt und »verhungert«.

Schließlich kommt es zu einer degenerativen Veränderung (Arthrose), da Knorpelgewebe nicht regenerationsfähig ist!

Wirbelsäule

Den Mittelpunkt des Skeletts bildet die Wirbelsäule, welche zentral im Gerüst eingeordnet ist. Sie setzt sich aus Wirbeln zusammen, die durch Zwischenwirbelscheiben (Bandscheiden), Gelenke und Bänder miteinander verbunden sind. Hauptsächlich dient die Wirbelsäule zum Schutz des Nervensystems und als Leitorgan für das Rückenmark im Wirbelkanal. Weiterhin kann sie durch ihre elastische Aufhängung und die Doppel-S-Form Stöße und Erschütterungen abfangen. Zudem wird der Einsatz von Oberkörper und Händen – somit der aufrechte Gang – durch die Beweglichkeit erst in vollem Umfang möglich.

Die Wirbelsäule lässt sich in verschiedene Abschnitte gliedern:

- Halswirbelsäule mit 7 Halswirbeln
- Brustwirbelsäule mit 12 Brustwirbeln
- Lendenwirbelsäule mit 5 Lendenwirbeln
- Kreuzbein: 5 verschmolzene Kreuzwirbel
- Steißbein: 3-5 verschmolzene Steißwirbel

Muskulatur und Sehnen

Jede Bewegung erfordert die Betätigung von Muskeln. Insgesamt besteht der menschliche Körper aus über 600 Muskeln, die ca. 45% der Körpermasse ausmachen. Dabei werden drei Arten von Muskeln unterschieden:

- willkürlich, quergestreifte Muskulatur (Skelettmuskulatur)
- unwillkürlich, glatte Muskulatur (Organmuskulatur, z. B. der Magen)
- Herzmuskel (Mischform zwischen beiden Arten)

Für den Bewegungsapparat spielen die Skelettmuskeln eine wesentliche Rolle, weil sie willkürlich – also bewusst – gesteuert werden können. Durch das Zusammenspiel von Nervensystem und Muskulatur können sie zusammengezogen und wieder entspannt werden.

Die Skelettmuskeln sind durch Sehnen mit den Knochen verbunden und ermöglichen so deren Bewegung. Sehnen bestehen aus festem, aber biegsamem Bindegewebe. Zusätzlich zu den Sehnen gibt es Sehnenplatten, die die Form einer festen, dicken Haut besitzen. Um Sehnen eine unnötige Reibung durch etwa Knochen zu ersparen, werden sie durch Führungsröhren (so genannte Sehnenscheiden) geleitet. Die Röhren bestehen aus zwei Hautschichten, zwischen denen sich Flüssigkeit befindet und eine Gleitfläche entsteht.

Gelenkerkrankungen – Die Arthrose

Unter Arthrose versteht man eine chronische, meist schmerzhafte und zunehmend funktionsbehindernde Gelenkveränderung. Diese entsteht infolge eines Missverhältnisses zwischen Tragfähigkeit und Belastung; es handelt sich um eine degenerative (verschleißbedingte) Gelenkerkrankung, die zum rheumatischen Formenkreis gehört. Sie ist die häufigste Erkrankung (ca. 55 %) innerhalb der rheumatischen Erkrankungen. Im Gegensatz zur Arthritis (Gelenksentzündung) sind bei der Arthrose die Gelenke nicht entzündet, sondern abgenutzt.

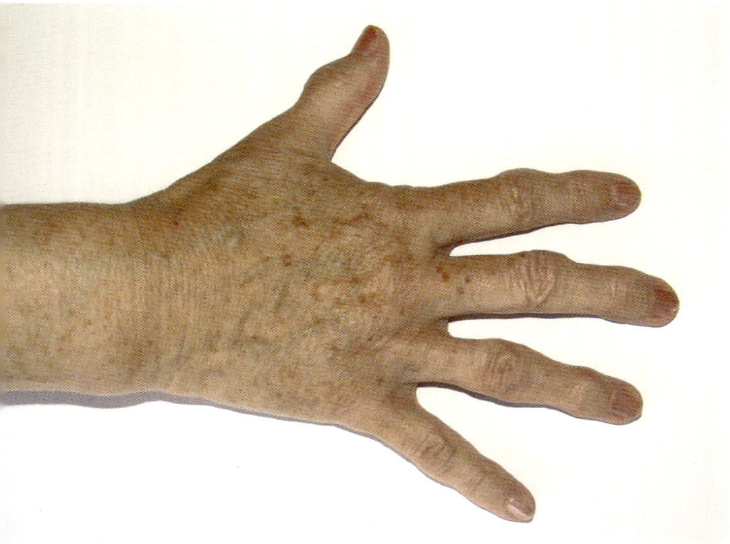

Wie macht sich Arthrose bemerkbar?

Häufig treten im Frühstadium einer Arthroseerkrankung belastungsabhängige Schmerzen und Muskelverspannungen auf (bspw. Aufrichten aus einem Sessel oder beim Aussteigen aus dem Auto). Mit fortschreitendem Verschleiß des betroffenen Gelenks kommt es vermehrt zu Bewegungsschmerzen (bspw. Schmerzen beim Bergabgehen oder Treppenheruntergehen). Schließlich treten sogar Ruheschmerzen auf (bspw. nächtliche Schmerzen beim Herumdrehen im Bett), die anfänglich als »dumpfer Schmerz« nur zeitweise auftreten. Allmählich weichen sie dann einem mehr oder minder starken Dauerschmerz.

Was kann ich machen, wenn ich an Arthrose leide?

Wenn jede Bewegung Schmerzen verursacht, dann ist es kaum noch möglich, die alltäglichen Aufgaben in Haushalt und Beruf zu bewältigen. Hier wird folglich eine medikamentöse Hilfe notwendig.

Über die medikamentöse Behandlung hinaus sind aber auch Massagen, Krankengymnastik und Rotlichtbestrahlungen wohltuend und schmerzlindernd. Diese Maßnahmen fördern die Durchblutung und führen somit zu einer verbesserten Nährstoff- und Sauerstoffversorgung.

Eine weitere Therapieform ist die Ultraschalltherapie. Dieses therapeutische Prinzip beruht auf Vibrationen und bezweckt eine Erwärmung im Gewebe, die schmerzlindernd wirkt.

Des Weiteren sind Heilbäder (Schwefel- und Solebäder) sowie Schlamm- und Moorpackungen beliebt. Schlamm (vulkanisches Material) und Moor (Torf) gelten ebenfalls als ausgezeichnete Wärmeträger. Welche Art der Therapie für den jeweiligen Patienten die geeignete ist, entscheidet der Therapeut.

Tipps für die Gelenkpflege

Kräftige Muskeln, elastische Bänder und Sehnen schützen die Gelenke unseres Bewegungsapparates. Ausgewogene Bewegung und regelmäßiges, sportliches Training – zweifelsohne dem Alter bzw. Gesundheitszustand angemessen – halten Ihre Muskeln kräftig und den Bandapparat elastisch. Vernünftige Bewegung sorgt dafür, dass die Gelenkschmiere, die den Gelenkknorpel ernährt, im Gelenkspalt immer gut durchgemischt wird. Ihre Beweglichkeit bleibt ohne Belastung erhalten!

Wichtig: Das Gelenk sollte nicht durch berufliche oder sportliche Aktivitäten überlastet werden. Besondere berufliche Belastungen können die Entwicklung einer Arthrose (= Verschleißerkrankung der Gelenke) begünstigen. Beispielsweise treten bei Personen, die mit einem Presslufthammer arbeiten, häufig Arthrosen im Ellenbogengelenk oder bei Fliesenlegern vermehrt Kniegelenksarthrosen auf. Bei Leistungssportlern kann es durch eine Überbeanspruchung bereits in jungen Jahren zu ersten Beschwerden beginnender Arthrose kommen. Wer sich trotz Gelenkbeschwerden sportlich betätigen möchte, sollte deshalb nach Rücksprache mit seinem Arzt eine Sportart wählen, die das betroffene Gelenk schont.

Als gelenkfreundliche Sportarten gelten etwa:

- Schwimmen
- Radfahren
- Wandern
- (Nordic-) Walking
- Gymnastik
- Rudern

Hilfe aus der Naturmedizin – Die Teufelskralle

Die Teufelskralle stammt aus den Savannen der Kalahari Südafrikas und Namibias. Seit 1953 wird sie aus Wildbeständen geerntet und von dort aus in verschiedene Länder exportiert.

Die von der primären Wurzel oberflächlich austreibenden Sprossen liegen dem Boden an und erreichen eine Länge von bis zu 2 m, sternförmig um den Spross verteilt. Mit diesem Habitus ist die Teufelskralle ein typischer Vertreter der Savannenpflanzen. An den Trieben befinden sich die gegen- oder wechselständig gebuchteten Blätter. In den Blattachseln stehen die rotvioletten Blüten, die im Aussehen Gloxinien ähneln. Die verholzten Früchte bilden lange, verzweigte Arme mit ankerähnlichen Haken, wovon auch die lateinische Bezeichnung der Pflanze herrührt (harpago = Enterhaken, phytum = Pflanze, procumbens = niederliegend). Die kleinen Widerhaken der Teufelskralle heften sich an vorbeistreifende Menschen und Tiere, an denen sie dann hartnäckig hängen bleiben. Die Verbreitung der Heilpflanze ist dadurch gesichert. Von der Primärwurzel zweigen die Sekundärwurzeln ab. Sie reichen bis zu 2 m in die Tiefe und bis zu 1,5 m zur Seite. In diesen Wurzeln kann die Pflanze bis zu 90% Wasser speichern.

Die südafrikanische Teufelskralle (Harpagophytum procumbens DC.) etablierte sich mehr und mehr als ein Mittel der Wahl zur Behandlung verschleißbedingter Gelenkbeschwerden (Arthrose).

Vorbeugung und Heilung durch Bewegung

Der beste Weg die Gesundheit zu erhalten oder zu erlangen, sind neben positivem Denken und Sensibilität Ernährung, Feng Shui, die Vermeidung von gesundheitsschädlichen Einflüssen und Bewegung. Der 7. Faktor dieses Buches ist dem Bereich Bewegung gewidmet, denn ohne Bewegung lässt sich unser Körpersystem nicht aufrecht erhalten. Muskeln bauen sich schon nach drei Wochen Ruhestellung ab, die Atmung wird flacher, die Durchblutung schlechter und die Giftstoffe werden nicht aus dem Körper »gepumpt«. Dies sind nur einige der Auswirkungen, die sich bei mangelnder Bewegung einstellen.

Bewegungsübungen wurden von je her als Gesundheitsvorsorge angesehen. Das älteste überlieferte Werk der klassischen chinesischen Medizin, Huang Di Nei Jing So Wen (Fragen und Antworten des Gelben Kaisers zum Inneren), wird auf die Zeit um 200 Jahre vor Christus datiert. In ihm finden wir die ersten schriftlichen Hinweise auf Körperübungen zur Erhaltung der Gesundheit.

Bedenken Sie, dass Bewegungsmangel die Lebensenergie einschränkt und es nicht nur zu Sauerstoffarmut im Blut kommt, sondern auch zu dem damit verbundenen

Leistungsabfall, zu Kopfschmerzen und Durchblutungsstörungen. Im Buch des gelben Kaisers heißt es: »Der Weise ist sensibel genug zu wissen, wie er sich bewegt und wann er welche Haltung einnehmen sollte. Er ist wie ein Fluss und fließt hoch hinauf und tief hinab, windet sich und ist doch stark in sich.«

Yoga ist hierzu eine gute Möglichkeit, sich geschmeidig in der Wirbelsäule zu erhalten und eine aufrechte Haltung einzunehmen. Beachten Sie diesbezüglich auch die wirbelsäulengerechte Sitzposition.

Herr Ohashi deckt in seinem Buch »Körperdeutungen« einige Zusammenhänge zwischen der persönlichen Einstellung und der Haltung des Rückens auf. Ihre Haltung präsentiert Ihre Art des Denkens, drückt Aufrichtigkeit und Ehrlichkeit oder das Gegenteil davon aus.

Eine sehr aufrechte Haltung, z. B. die Streckung des Organismus' in der Vertikalen, wird als Betonung des Yang gesehen. Die einzigen Feinde einer *Yang-Haltung* sind Egoismus und Selbstgefälligkeit, die gemeinsam im Gang zu hochnäsig wirkender Haltung führen können.

Um mit Bewegung die Gesundheit zu verändern, gibt es viele Möglichkeiten. Sie müssen für sich herausfinden, ob Sie joggen, walken, schwimmen oder tanzen möchten. Ob Sie beispielsweise Tai Chi, Yoga, Qi Gong oder die Verjüngungsübungen in Ihr Leben integrieren wollen. Denken Sie bei der Auswahl der für Sie besten Bewegungsart an ein Prinzip: Suchen Sie sich eine Bewegungsart, die Sie auch im Freien ausüben und eine, die Sie innerhalb von Räumen praktizieren. Die Bewegungen dienen der Erhaltung der Elastizität sowie Geschmeidigkeit und der Durchblutungsförderung. Durch die Konzentration auf die Übungen selbst wird Stress abgebaut. Die Grundlage aller Übungen ist die Anwendung von Yin- und Yangprinzipien, von Ruhe und Bewegung. Wählen Sie entsprechend Ihres Gesundheits- oder Krankheitszustandes etwas für Sie täglich Durchführbares aus. Die Regelmäßigkeit aller Übungen bringt Sie ans Ziel: der Erhaltung oder auch der Wiederherstellung Ihrer Gesundheit!

Qi Gong-Übungen

Qi Gong ist eine chinesische Meditations- und Konzentrationstechnik. Diese Bewegungsform dient dazu, Körper und Geist zu kultivieren. Zur Praxis gehören Atem-, Körper- und Bewegungs- und Konzentrationsübungen sowie die Meditation. Die Übungen dienen der Anreicherung und Harmonisierung des Qi.

Die Bezeichnung Qi Gong findet erst seit den 50er Jahren des 20. Jahrhunderts Verwendung, und die unterschiedlichen Stilarten des Qi Gong sind zum Teil ganz neue Entwicklungen, die jedoch auf den Jahrtausende alten Traditionen basieren. In den Fünfzigerjahren wurde der Name Qi Gong von dem Arzt Liu Guizhen für diese Gesundheitsübungen verwendet, der in seiner Arbeit Techniken alter Tradition zur Förderung und Stabilisierung des Energiehaushaltes des Körpers und zur Behandlung von Krankheiten verwendete.

Qi Gong bedeutet, frei übersetzt, Energieübung, ist aber auch zu bezeichnen als Weisheit-Gesundheits-Übung. Im weiteren Sinne ist es eine Lebensform mit philosophischem Fundament, eine unsichtbare, schrankenlose und äußerst wirkungsvolle Denkweise.

Die Menschheit kann heute auf triumphale Erfolge auf vielen Gebieten zurückblicken, vor allem auf denen von Wissenschaft, Technik und Medizin. Dadurch sind der Lebensstandard und die Produktivität enorm gestiegen. Doch die Vorteile der westlichen Wissenschaft sind zugleich ihre Nachteile. Es ist ein großes Wissen entstanden, wie wir die äußeren Dinge manipulieren können, aber diese Fähigkeit hat uns immer weiter von der Natur entfernt und richtet sich oft unwissentlich gegen die Gesetzmäßigkeiten der subtileren Ebenen des Lebens.

Schädliche Umweltbedingungen und eine ungesunde Lebensführung beschleunigen den natürlichen Abbau unserer Lebensenergie, was sich in nachlassenden Kräften, Anfälligkeit für physische und psychische Krankheiten und raschem körperlichem Verschleiß äußert. Die Qi Gong-Praxis hingegen stärkt und nährt die Lebensenergie und verhilft uns zu einem gesunden, langen Leben in einer guten, lebensbejahenden geistigen Verfassung.

Die Entscheidung für Qi Gong bedeutet, dass wir die Verantwortung für unser Schicksal selbst übernehmen und lernen, mit der Natur, anstatt gegen sie zu leben. Heute praktizieren über hundert Millionen Menschen auf der Erde Qi Gong. Die Verbreitung des Qi Gong kann weit reichende Konsequenzen für jeden einzelnen und für die gesamte Umwelt haben. Menschen, die ihre Lebenskraft erhöhen, entwickeln ein natürliches Verständnis dafür, was lebensfeindlich und was lebensfreundlich ist. Qi Gong ist im tiefsten Sinne eine »Wissenschaft vom Leben«, ein Wissen, das mit Weisheit verbunden ist.

Jungbrunnen – die Verjüngungsübungen aus dem alten Kaiserreich

Bewegung, namentlich die Verjüngungs-Übungen, können ebenfalls dazu beitragen, Ihre Haltung zu verbessern, Schmerzen vorzubeugen oder diese zu reduzieren und Ihr inneres Gefühl der Balance zu bewahren.

In den chinesischen Texten aus dem 3. Jahrhundert v. Chr., dem Buch *»Der innere Klassiker des Gelben Kaisers«*, wird über die Heilkünste der Medizin berichtet. Anders als in der westlichen Medizin, wird hier von außen nach innen gearbeitet. Dies kann beispielsweise durch Akupunktur, Körperübungen oder mittels speziell erstellter Ernährungspläne erfolgen. Bei all diesem Bemühen um Gesundheit geht es darum, die Energien des Körpers so auszubalancieren, dass Gesundheit die natürliche Folge ist. Die Absicht der Ärzte früher wie heute war und ist es, dass die Balance zwischen Yin und Yang erhalten oder wieder erlangt wird. Dazu ist es notwendig, nach Störungen zu suchen, die diese verursachen.

Strahlende Gesundheit und langes Leben sind die natürliche Folge von praktizierten Verjüngungsübungen. Körperübungen waren schon immer Teil der chinesischen Kultur und wurden auch als Ausdruck von Gefühlen, zur Erhaltung der Geschmeidigkeit und zum eigenen Vergnügen ausgeführt. Jede einzelne dieser Bewegungen erfordert Aufmerksamkeit und Konzentration auf die Details, um letztlich eine Gesamtharmonie zu erreichen. So wird der Geist geklärt, und die harmonische Dynamik der Bewegung macht es möglich, das körperliche Gleichgewicht der Kräfte zu erhalten.

Im Huasan-Kloster und im Kaiserpalast des alten China wurde lange das Geheimnis gehütet, bis sich Meister Gong dem Westen öffnete und die Übungen preisgab.

Über Tausende von Jahren hinweg dienten die Übungen einerseits der Vervollkommnung von Anmut und Schönheit, andererseits aber auch der Gesunderhaltung selbst und der Behandlung von Krankheiten.

»Schmerz ist der Schrei des Gewebes nach fließender Energie.«

Übungen, wie die Verjüngungsübungen, können maßgeblich dazu beitragen, Energieflussstörungen zu beseitigen, die Gesundheit zu erhalten, und sie sind auch für Menschen gut anwendbar, die bereits Einschränkungen ihres Bewegungsspielraumes haben.

Die 5 Elemente sind die Grundlage der Übungen.

Die fünf Elemente, Wu Hsing, sind im Einzelnen:
Feuer – Erde – Metall – Wasser – Holz

- **Feuer:**
  rot, Freude, bitter, Herz-Kreislaufsystem
- **Erde:**
  gelb, Glaube, süß, Magen-Milz-Pankreas-System
- **Metall:**
  weiß, Zuversicht, scharf, Lunge-Dickdarm-System
- **Wasser:**
  blau, Mut, salzig, Niere-Blasensystem
- **Holz:**
  grün, Vertrauen, sauer, Leber-Gallensystem

Die fünf *Wu Hsing* befinden sich in einem sich ständig wandelnden Kreislauf: So wie der Morgen dem Abend, der Sommer dem Winter weicht und die Wärme von der Kälte abgelöst wird, so sind die Kräfte des Winters nach innen und die Frühjahrskräfte nach außen gerichtet. Sehen Sie im Kapitel der Organuhr, wie alle 2 Stunden die Polaritäten von Yin und Yang wechseln.

Die innere Energie, *Neichung Chi*, und die Lebenskraft, *Sheng Chi*, sollten durch die Übungen in Harmonie mit der äußeren Energie, *Ching Sheng Li*, gelangen, so dass der Wandel der fünf Elemente unterstützt wird.

Das Gleichgewicht der Elemente und der Ausgleich der Polaritäten von Yin und Yang werden durch die Übungen erreicht.

Yin und Yang sind zwei entgegengesetzte Energien,
die zusammen im Tao verschmelzen.
Sie sind im äußeren Lebensumfeld wie auch
im Körperinneren zu finden.

Ich werde Ihnen nachfolgend acht Übungen anführen. Wenn Sie daraufhin Lust bekommen haben sollten, noch mehr Übungen auszuführen, werden Sie im Buch »Beauty Feng Shui« fündig.

Was Sie bei der Durchführung der Übungen beachten sollten:

Sollten Sie bereits Tai-Chi-Übungen kennen, so werden Sie hier Ähnlichkeiten in der Bewegungsausführung feststellen können, denn die kaiserlichen Verjüngungsübungen waren der Ausgangspunkt für Tai Chi.

- Wählen Sie lockere Kleidung.
- Legen Sie allen Metallschmuck ab, fühlen Sie sich frei.
- Schaffen Sie sich eine Atmosphäre des Friedens und der Ruhe.
- Seien Sie unbeschwert.
- Lüften Sie, oder gehen Sie nach Möglichkeit auf den Balkon, die Terrasse, den Garten oder in einen Park.
- Die beste Zeit für die Übungen ist nach dem Aufstehen, zwischen 6 und 7 Uhr morgens und vor Sonnenuntergang.
- Ihre Mahlzeiten sollten Sie so legen, dass Sie frühestens eine Stunde nach den Übungen essen. Bedenken Sie, dass die von Ihnen bewegte Energie Zeit benötigt, um im Dienste von Gesundheit und Schönheit tätig zu werden.
- Schauen Sie nach Möglichkeit in die Richtung der Morgen- bzw. Abendsonne, wenn Sie mit Ihren Übungen beginnen.
- Bündeln Sie Ihre Aufmerksamkeit auf den Energie-Punkt, Tandiem, drei Querfinger breit unterhalb des Bauchnabels.
- Entspannen Sie Körper und Geist.
- Beginnen Sie die Übungen mit einem Lächeln.
- Beginnen Sie mit ein paar tiefen Atemzügen. Zählen Sie *beim Einatmen* eins, zwei, drei und *beim Ausatmen* eins, zwei, drei, vier, fünf, sechs, sieben, acht, neun... (so weit Sie können).
- Langsame und fließende Bewegungen sollten Ihr Leitbild sein.
- Behalten Sie die Balance. Stellen Sie Ihre Füße immer wieder auf den Boden, als seien Sie fest mit ihm verbunden.

Ziel der Übungen im Allgemeinen:
Die Bewegungen fördern Gesundheit, Anmut und Schönheit.

Das *Sheng Chi*, die innere Kraft des menschlichen Organismus', ist unermesslich groß und kann mit den Übungen jederzeit aktiviert werden.

1. Eröffnungsübung

Stehen Sie aufrecht mit geschlossenen Beinen, und schließen Sie die Knie. Richten Sie nun Ihren Blick nach vorn, auf einen imaginären Punkt am Horizont. Konzentrieren Sie Ihre Aufmerksamkeit nun zu Ihrem Tandiem-Punkt, dem Punkt der Energiesammlung. Die Arme hängen locker nach unten. Atmen Sie langsam ein, drehen Sie nun die Daumen nach oben und führen Sie die Handflächen an der Körperseite über dem Kopf zusammen. Stellen Sie sich jetzt auf die Zehenspitzen, und strecken Sie sich.

Atempause.

Beim Ausatmen senken Sie die geschlossenen Handflächen bis unter die Nasenspitze. Halten Sie einen Moment inne, und atmen Sie ein. Beim Ausatmen senken Sie die Hände wieder zur Körperseite. Von da aus beginnen Sie erneut mit dem Einatmen und der Bewegung der Hände zum Kopf.

Wirkung:
- Müdigkeit und Erschöpfung werden abgebaut. Das Nervensystem wird beruhigt.

2. Übung: Schulter öffnen

Beachten Sie die natürliche, tiefe Atmung während dieser Übung.

Stellen Sie die Beine schulterbreit auseinander. Die Arme hängen locker neben Ihrem Körper, und die Knie sind in leichter Beugehaltung. Beugen Sie sich nun leicht nach vorn, und gleiten Sie dabei mit Ihren Händen von der Oberschenkelaußenseite in Richtung Kniescheibe. Dies geschieht ganz locker und ohne Druck. Verbleiben Sie für einen Moment bei den Kniescheiben. Heben Sie nun die Fersen vom Boden leicht ab, und drücken Sie sich über die Fußballen langsam nach oben, indem Sie die Schultern in Richtung Schulterblätter kreisen. Richten Sie sich auf, und atmen Sie in den Brustkorb ein. Dann lassen Sie Ihre Hände beim Ausatmen wieder an der Seite der Oberschenkel zu den Knien gleiten.

Wirkung:

- Befreien Sie Ihren Schultergürtel von Blockaden, und öffnen Sie die Energieleitbahnen: Lunge-Dickdarm, Herz-Dünndarm und Dreifach-Erwärmer und Gallenblase.

3. Übung: Die Rückkehr des Frühlings

Stellen Sie die Beine schulterbreit auseinander. Richten Sie Ihren Blick nach vorn, und bleiben Sie aufrecht, mit locker neben dem Körper hängenden Armen, leicht gebeugt in den Knien, stehen. Beide Füße lassen Sie wie verwurzelt fest auf dem Boden stehen. Federn oder wippen Sie nun aus den Knien heraus 164-mal. Der ganze Körper wird so leicht durchgeschüttelt. Alles schwingt mit. Insbesondere die Schultern und Arme werden automatisch mit in Bewegung gesetzt und ausgeschüttelt.

Diese Übung sollten Schwangere vermeiden!

Wirkung:

- Die Übung verbessert den Hautstoffwechsel. Die Haut wird rosiger und besser durchblutet. Es lösen sich Verklebungen des Bindegewebes und der Fascien, die durch Entzündungen, Stoffwechselstörungen, Medikamente und Fehlernährung entstanden sein können. Das Mesenchym (Bindegewebe) wird entlastet, neue Energie und Vitalität strömen. Das Immunsystem wird entgiftet und entlastet.

4. Übung: Pumpen des Yin

Stehen Sie mit beiden Füßen zusammen, und stemmen Sie die Hände in die Hüften. Die Finger zeigen nach vorn, die Daumen zum Rücken. Richten Sie Ihren Blick geradeaus in die Ferne. Gehen Sie langsam in die Knie, dabei bleiben die Fußsohlen fest am Boden. Wenn Sie hoch gehen, drücken Sie sich von den Fußballen her ab, ohne die Knie zu strecken. Der Po ist fest. So entsteht eine Pumpbewegung, die den Nierenpunkt an der Fußsohle massiert.

Wirkung:

- Bei kalten Füßen, Rücken- und Nierenbeschwerden hilft diese Übung, indem unter der Fußsohle »die sprudelnde Quelle«, der Niere 1-Punkt massiert wird.

5. Übung: Stärkung der Nieren

Diese Übung wird langsam und fließend ausgeführt, mit fest auf dem Boden verwurzelten Fußsohlen. Beginnen Sie, indem Sie die Füße zusammenschließen. Die Hände sind zu einer lockeren Faust gelegt, die Daumen bleiben dabei außen. Legen Sie nun die Fingerknöchel beider Hände gegeneinander auf den Rücken. Die Daumen drücken zirka zwei Querfinger neben der Wirbelsäule auf den Streckmuskel. Gehen Sie etwas in die Knie. Dehnen Sie sich nun ohne große Anstrengung, mit gerader Wirbelsäule, nach hinten und halten Sie den Kopf dabei in der Verlängerung des Rückens, mit Blick nach vorn und oben gerichtet. Bitte nicht den Kopf dabei in den Nacken abknicken. Die Knie sind nicht ganz durchgestreckt. Drücken Sie nun mit den Daumen und Fingerknöcheln auf die Muskulatur des Streckmuskels. Dehnen Sie sich, und nutzen Sie dabei die Kraft aus Ihren Beinen. Lösen Sie die Spannung wieder, indem Sie zur Ausgangsposition zurückkehren. Wiederholen Sie diese Übung achtmal.

Wirkung:

- Das energetische System der Nieren- und Nebennieren wird gestärkt. Die Vitalenergie und die Wirbelsäule werden gestärkt.

6. Übung: Das Herz beleben

Schließen Sie die Füße. Halten Sie beide Hände geschlossen in Brusthöhe vor Ihren Körper. Die Fingerspitzen sind dabei kopfwärts gerichtet. Ellenbogen nach außen drücken. Halten Sie den Blick nach vorn gerichtet. Schieben Sie nun auf einer gedachten, geraden Strecke Ihre Ellenbogen nach rechts und die Hüfte zur linken Seite heraus. Lächeln Sie. Bewegen Sie sich zur Mitte zurück, und wechseln Sie dann zur anderen Seite. Verharren Sie jeweils in der Körpermitte einen Moment, und schieben Sie gegengleich Hüfte und Arme zur anderen Seite. Wiederholen Sie diese Übung achtmal zu jeder Seite

Wirkung:

- Stärkung des Herz-Kreislauf-Systems. Die Umgebung des 5. Brustwirbels wird dabei gelockert Diesem Wirbel kommt eine Schlüsselrolle bei der Entstehung von funktionellen Herzstörungen zu, wenn dieser blockiert ist.

Ist kein organischer Befund gegeben, der auf die Ursache für Herzrasen oder Herzbeklemmung hinweist, kann mit dieser Übung über die Lockerung der Muskulatur und die bessere Durchblutung für Unterstützung des Herz-Kreislauf-Systems gesorgt werden.

7. Übung: Die Himmelsscheiben

Schließen Sie beide Füße, und stehen Sie mit diesen fest auf dem Boden. Halten Sie den Blick auf einen imaginären Punkt vor Ihnen gerichtet.

Beschreiben Sie mit beiden, parallel gehaltenen Händen acht, vertikale Kreise über Ihrem Kopf, vier im Uhrzeigersinn und vier in der entgegengesetzten Richtung. Setzen Sie dabei die Bewegung des ganzen Körpers mit ein. Bei dem Kreis in Richtung vor dem Körper sind die Hände im Handgelenk in Richtung der Füße abgeknickt und die Handflächen zeigen zum Boden. Sind die Hände beim Kreisen hinter dem Kopf, dann öffnen Sie die Handflächen zum Himmel hin und winkeln diese im Handgelenk um zirka 90 Grad ab.

Jede Seite wird achtmal bewegt.

Wirkung:

- Die Organe und Meridiane von Herz, Lunge, Dickdarm, Magen, Milz und Nieren werden angeregt. Durch die Streckung werden Stoffwechselschlacken gelöst. Trinken Sie Wasser ohne Kohlensäure nach den Übungen, oder noch besser: abgekochtes Wasser, um die Schlacken schneller auszuscheiden.

8. Übung: Erdenkreise

Stellen Sie die Füße schulterbreit auseinander. Dann beginnen Sie mit der linken Seite, indem Sie einen Schritt nach vorne machen, ziehen Sie dazu zunächst die Fußspitzen nach oben. Das Bein heben und links vorne abstellen. Der rechte Fuß dreht sich, in Blickrichtung der Zehen, ebenfalls nach links. Beugen Sie nun die Arme in Brusthöhe an, und richten Sie die Ellenbogen nach außen. Drehen Sie die Handinnenflächen zum Boden. Formen Sie nun einen liegenden Kreis, indem Sie sich mit dem Körper nach links bewegen und die Arme dabei ausstrecken, wieder anziehen und an der rechten Körperseite vorbeigleiten lassen. Wenn Sie wieder in Brusthöhe ankommen sind, dann ist der Kreis vollendet. Bewegen Sie den ganzen Körper so, als ob Sie einen großen horizontalen Kreis, der in Taillenhöhe vor Ihnen liegt, nachfahren wollten. Wechseln Sie ab, indem Sie einmal den Kreis zur rechten Seite fahren und einmal zur linken. Jede Seite sollte achtmal geübt werden.

Mit dieser Bewegung nehmen Sie die Energie der Erde in sich auf.

Wirkung:

- Die Hüftgelenke, das Iliosakralgelenk (Kreuzbein-Darmbein-Gelenk) und die Lendenwirbelsäule werden in Bewegung gesetzt, und gestaute Energie wird freigesetzt.

8

Der Silentiumfaktor

Ihr Schlafzimmer: der wichtigste Raum der Regeneration

In Industriegesellschaften befindet sich auch der nächtliche Rhythmus oft nicht mehr im Einklang mit der biologischen Uhr des Menschen. Flexible Arbeitszeiten, 24-Stunden-Dienste sowie Nacht- und Wechselschichten können die Ursache sein. Dadurch wird die Nacht zum Tag und der Tag zur Nacht; »Hell-Dunkel-Takt« und »innere Uhr« geraten aus dem Gleichgewicht. Zudem sind Ruhephasen während des Tages weniger erholsam und regenerativ. Solche unnatürlichen Gewohnheiten können früher oder später Störungen des seelischen Gleichgewichts hervorrufen.

Aber auch psychische Probleme können solche Störungen verursachen. Meistens treten sie in Lebensphasen auf, in denen man Sorgen hat oder vor einer einschneidenden beruflichen oder privaten Veränderung steht. In solchen Situationen ist es normal, dass der Körper auf den privaten und beruflichen Stress reagiert. Die Gedanken beschäftigen einen so stark, dass man schlecht zur Ruhe kommt und sich mit den Problemen im Bett herumwälzt.

Hält diese Situation dauerhaft an, wird das seelische und körperliche Gleichgewicht gestört. Man fühlt sich morgens wie gerädert und braucht einen langen Anlauf für den Tagesbeginn. Die Konzentrations- und Leistungsfähigkeit lassen nach, man ist gereizt, kaum belastbar und reagiert nicht selten aggressiv. Probleme in Partnerschaft, Freundeskreis und Familie sowie im Beruf können die Folge sein.

»Gesundheit beginnt mit dem Schlaf«, sagt ein irisches Sprichwort. Wir verbringen ein Drittel des Lebens im Schlafzimmer. Hier haben Träume, Erholung und Sexualität Entfaltungsfreiheit. Der Alltag kann getrost draußen bleiben.

Nach Ansicht der alten Meister des Feng Shui sollte sich das Schlafzimmer auf der Seite des Hauses befinden, die dem Straßenverkehr abgewandt ist. Wer zur Eingangstür herein kommt und gleich auf das Schlafzimmer blickt, wird als Erstes an den Schlaf denken und leichter ermüden. Der Schlaf ist ein Yin-Zustand und benötigt Ruhe. Alle Räume, die nah an der Tür liegen, sind Yang. Verlegen Sie deshalb die Schlafräume weg von der Eingangstür.

Die goldenen Regeln des Silentiumfaktors – für einen erholsamen und regenerierenden Schlaf

1. Räumen Sie auf!

Sehen Sie den Raum als Erweiterung Ihrer Haut, und schauen Sie sich ihn nach diesen Gesichtspunkten erneut an. Alles, was dort blockiert, verstopft im übertragenen Sinne Ihr Energiesystem. Verbannen Sie die Staubsauger aus den Ecken, die Wäschekörbe mit der Schmutzwäsche oder die vielen eingestaubten Dinge aus Ihrem Umfeld, die das Schlafzimmer zu einem möglichen »Abstellplatz« haben werden lassen.

2. Entfernen Sie alles, was spitz ist, aus Ihrem unmittelbaren Umfeld, und runden Sie hervorstehende Ecken und Kanten ab!

Eckiges und Spitzes sendet so genannte »geheime Pfeile« aus, die die Körperenergie subtil angreifen. Alles, was eckig und spitz ist, sendet störendes »Sha-Qi« aus, das die Körperenergie schwächt oder behindert. Abhilfe bringt folgende Vorgehensweise: Vor eine Schrank- oder Wandkante können Sie von der Decke her ein Geschenkband in einer Breite von 5 Zentimetern in der Farbe der Wände herunterhängen lassen und »brechen« so die schädliche Auswirkung einer Kante. Oder nehmen Sie kleine Bergkristalle, die Sie an einem Band auffädeln, und lassen Sie diese vor der Kante herunterhängen. Stellen Sie auch schräg gestellte Möbel so um, dass ihre Kanten nicht mehr auf das Bett weisen. Auf diese Weise sind Sie einem erholsamen Schlaf schon viel näher.

3. Sorgen Sie für frische Luft!

Wussten Sie schon, dass frische Luft nicht nur ein Gesundheitsgarant ist, sondern diese auch Infektionskrankheiten vorbeugt? Des Rätsels Lösung: Die Schleimhäute fühlen sich in dem Klima von Kühle und leichter Feuchtigkeit wohl und können so optimal ihre Arbeit verrichten. Kühle Luft soll zudem lebensverlängernd wirken!

Wer »Durchzugslinien« in seinem Schlafzimmer feststellt, sollte diese beheben, damit das einströmende Qi nicht direkt den Raum wieder verlässt. Oft liegen sich leider Fenster und Türen gegenüber. Ziehen Sie hier die Gardinen vor das Fenster, oder hängen Sie ein Klangspiel auf. In das Fenster können Sie auch Kristalle hängen, durchscheinende Stoffkunst oder bunte, durchlässige Mandalabilder und Ähnliches, um den Qi-Durchfluss zu bremsen.

Lüften Sie morgens und abends gründlich durch (Stoßlüftung). Wer nachts das Fenster geöffnet hat, sollte darauf achten, dass es nicht zieht und die kalte Luft bei geöffnetem Fenster nicht auf den Schlafenden fällt. Ist die Außenluft kälter als die Raumluft, kann dies sonst zu Windkrankheiten wie Kopfschmerzen und Halsentzündungen führen.

Entfernen Sie alles, was irgendwie »müffelt« aus Ihrem Umfeld. Dazu gehört auch das regelmäßige Wechseln der Bettwäsche und hier und da auch einmal die Betrachtung Ihrer Kopfkissen und Betten, ob Sie nicht für eine Reinigung längst überfällig sind oder sogar ausgewechselt werden sollten. Dies gilt auch für die Matratzen. Schauen Sie sich spätestens nach 8 Jahren nach neuen um, denn vor allem Staubmilben ernähren sich von den menschlichen Hautschuppen. Die Milbenausscheidungen lösen beim Menschen Allergien aus. Geben Sie Ihnen keine Chance!

Aus Feng Shui-Sicht gibt es auch eine andere Ebene, die das Bett berührt – und das ist die Harmonie zwischen Liebenden. In diesem Sinne sollte die Matratze bei Paaren keine Trennung bewirken, kaufen Sie also entweder eine durchgehende Matratze oder zwei, die keine erkennbare Trennung aufweisen.

Bei Eheproblemen:

Ein typisches Feng Shui-Heilmittel bei Eheproblemen ist ein rotes Band, das bis zu 5 Zentimetern breit sein kann. Binden Sie also ein rotes Band in Feng Shui-Maßen um beide Matratzen und verknoten Sie dieses am Fußende doppelt, um das Glück einziehen zu lassen (Feng Shui-Bandmaße: 360 cm; 405 cm; 450 cm; 490 cm; 535 cm).

Eine staubige Luft kann auch von den Gardinen oder Betthimmeln ausgehen. Wer Besitzer von Hunden oder Katzen ist, wird in diesem Fall auch nach deren Haaren sein Bett durchsuchen müssen, damit er nachts unbehindert von aufgewirbelten Härchen in der Luft ein- und durchatmen kann. Davon abgesehen sollten Sie auch bedenken, dass die Luft durch Ausdünstungen belastet sein kann, die von Holzanstrichen herrühren können, von Teppichbodenausdünstungen oder Wandanstrichen, das so genannte Sick-Building-Syndrom. Gehen Sie zu dem Grundsatz über, dass nicht etwas in Ihrem Schlafzimmer zu suchen hat, was nicht natürlichen Ursprungs ist. Vollholzbetten, Leinen, Seide, Baumwolle und Schurwolle erzeugen beispielsweise ein gesundes Raumklima und obendrein eine gute Luft!

4. Räucherungen wirken auf die Psyche wohltuend und reinigen Räume!

Ab und an gilt es, die Atmosphäre auch eines Schlafzimmers zu verbessern, indem Sie räuchern. Lüften Sie zuvor alles gründlich durch, und räumen Sie das Zimmer auf. Dann schließen Sie die Fenster und Tür hinter sich. Wenn Sie räuchern, empfehle ich Ihnen dies vornehmlich an Sonntagen, da an diesen Tagen das Element des Feuers vorherrschend ist. Für die Räucherung benötigen Sie eine feuerfeste Schale, geben etwas Sand hinein und setzen darauf spezielle, für diesen Zweck entwickelte Räucherkohle. Zünden Sie diese an, warten Sie, bis sie durchgeglüht ist und geben Sie dann eine Prise Ihres Räuchermittels darauf. Zum Reinigen der Atmosphäre gibt es bereits fertig gemischte Räucherungen, wie das handelsübliche »Kyphi« (Adressen finden Sie im Anhang). Oder Sie benutzen Salbei und je nach Wunsch auch Weihrauch. Schwenken Sie die Schale, die Sie zuvor mit Sand oder Kieseln gefüllt haben, damit sie nicht zu heiß von der Kohle wird, einige Male in allen Ecken des Raumes. Lassen Sie diese nun am besten zwei Stunden auf einer feuerfesten Unterlage im Raum stehen. Verlassen Sie den Raum, indem Sie die Tür hinter sich schließen und die Räucherung »arbeiten« lassen. Danach können Sie die Schale aus dem Raum entfernen und noch einmal durchlüften. Wenn Sie dann am Abend den Raum betreten, wird sich die Grundessenz der Räucherung wohltuend bemerkbar machen.

Wenn Sie möchten, so können Sie auch spezielle »Liebesräucherungen« wählen, wie beispielsweise »Kadesha«, um eine liebevolle Atmosphäre zu erzeugen.

5. Düfte wirken ausgleichend auf das seelische Gleichgewicht!

Benutzen Sie ätherische Öle, um ein Klima des Wohlbefindens zu schaffen.

Der Duft von Mandarinen wirkt aufheiternd. Basilikumduft befreit das Herz von Kummer und Sorgen, mobilisiert die Lebensfreude und Energie. Anis entfacht das innere Feuer und sorgt für Wärme und Behaglichkeit. Kamille und Zimtrinde lösen Verspannungen und trösten zu jeder Zeit. Der wohltuende Duft der Rose, mit nur fünf Tröpfchen im Duftlämpchen, öffnet das Herz und stimmt

sanftmütig. Die Rose ist die »Königin der Düfte« und weckt die zarten Gefühle der Liebe. Oder Sie haben Lust auf aphrodisierende Düfte für die Liebe? Dann wählen Sie Ylang-Ylang, Vanille oder Patschouli, in homöopathischer Dosierung. Beachten Sie: Geringe Dosierungen bewirken mehr!

Salbeiduft stärkt die Selbstheilungskräfte, und Lavendel versprüht Klarheit. Bergamotte sorgt für Gelassenheit. Sandel- und Rosenholz wirken hingegen aphrodisierend.

6. Licht spendet Lebensfreude!

Hierbei gilt: Tageslicht ist künstlichem Licht vorzuziehen. Insbesondere sollten Sie gut sehen können, was sich in Ihren Schränken befindet. Lampen, die mittig über dem Bett hängen und mit ihren Spitzen auf die Schlafenden weisen, sollten sofort abgehängt werden. Sanfte Beleuchtung ist im Schlafzimmer ein unbedingtes Muss. Wollen Sie die Zartheit Ihres Wesens, die Gefühle des Herzens und Ihre Haut in bestem Licht erscheinen lassen, so empfiehlt es sich, beispielsweise eine Salzkristalllampe aufzustellen. Ihr sanfter Lichtschimmer wird Sie begeistern!

Tages- und Deckenlicht ist Yang-Energie und wichtig für das Suchen von Kleidungsstücken im Schrank. Um Behaglichkeit und eine liebevolle Atmosphäre zu erzeugen, sollten Sie mit gedämpftem Licht agieren. Je gedämpfter das Licht wird, umso mehr Yin-Charakter erhält es. Wählen Sie je nach Tätigkeit die richtige Licht-Qualität. Um einen kleinen Platz auf einem Sidebord oder Tisch zu beleuchten, der mit einem Partnerschaftsbild, Kerzen, Herzsteinen oder anderen die Gemeinsamkeit förderlichen Gegenständen bestückt ist, benötigen Sie eine Tischlampe mit sanftem Lichtschein. Über den Schlafenden sollte sich grundsätzlich keine Deckenlampe befinden. Eine Ausnahme sind runde Lampen, die keine Spitzen auf den Schläfer hin aufweisen. Wählen Sie Lampen für Ihre Nachtschränkchen, die Ihnen ein nicht blendendes Licht vermitteln. Im Raum selbst sollten Sie an ein großes Dreieck in der Horizontalen beim Aufstellen Ihrer Lampen denken, um die richtige Beleuchtung im Raum zu erzielen. Da das Schlafzimmer ein Yin-Raum, ein Raum der Ruhe ist, können Sie auch an einzelne Punkte im Raum denken, die ein indirektes Licht aussenden.

Vom Feng Shui-Standpunkt aus gesehen gilt: Je weniger Lampen, insbesondere ohne Schukostecker, umso besser.

7. Sorgen Sie für einen guten Yin-Yang Ausgleich!

Wie schon erwähnt, gehört das Schlafzimmer zum Bereich der Yin-Energien. Diese ruhende Energieform zeigt sich am besten in Rundungen und sanften Pastellfarben. Betonen Sie die horizontalen Linien, und setzen Sie auf Bilder, die von ihrer Thematik her Ruhe vermitteln. Den Gegenpol, das Yang, sollten Sie maximal zu einem Drittel betonen. Dies sind aufstrebende, vertikale Formen und Muster sowie stärker hervortretende Farben, die Sie an einer Wandseite einsetzen können.

8. Achten Sie auf die Aussage und den Sinngehalt von Bildern und Skulpturen!

Wenn Sie sich Bilder gönnen, so sollten Sie Ihre Stimmung aufhellen, beruhigen oder stimulieren. Landschaftsbilder, Blüten, Bäume, Ebenen und natürlich auch Engel- und Elfenbilder eignen sich für das Schlafzimmer hervorragend. Ein Künstler ist im Allgemeinen mit seinen Bildern weit über ihre Herstellung hinaus verbunden. Seine ganze Gefühlswelt zum Zeitpunkt der Entstehung ist in dem, was Sie sehen, enthalten. Die Energie des Malers wirkt über seine Bilder! Wichtig: Die Harmonie von Skulpturen, Bildern und Farben wirkt sich auch dann noch aus, wenn die Augen längst geschlossen sind.

Bilder, die unvollkommene Körper zeigen, oder gar Grausamkeiten wie Kriegs- oder Jagdszenen und schroffe Felsen, sollten Bildern mit friedlichem und aufbauendem Inhalt weichen. Achtung: Auch ein Seebild kann Probleme mit sich bringen. Hängen Sie das Bild eines Sees nicht über das Kopfende, da es sonst die Untreue des Mannes fördern könnte. Wasserfallbilder gehören zum Yang und sollten ebenfalls keinen Einzug in Ihr Schlafzimmer halten.

In jedem Fall sollte man das Bild eines glücklich lächelnden Paares im Schlafzimmer haben. Dies können auch Sie selbst und Ihr Partner sein.

Selbst bei Skulpturen wird das kritische Auge des Feng Shui-Experten verweilen. Nur Skulpturen, die zum Themenbereich der Partnerschaft, des Friedens, der Freude und zur Nahrung der Seele nützlich sind, sind im Schlafzimmer bestens platziert, damit es den Bewohnern auch seelisch gut geht.

9. Temperatur und Luftfeuchtigkeit

Die Temperatur eines Raumes und dessen Luftfeuchtigkeit wirken sich nachhaltig auf Ihre Gesundheit aus. Wählen Sie lieber die Raumtemperatur niedriger als höher, denn das bekommt Ihnen besser und Sie sind weniger anfällig für Infektionskrankheiten.

Übermäßige Feuchtigkeit oder feuchte Wände können ein gesundheitliches Risiko darstellen, da sich in einer solchen Umgebung besonders gern Pilzsporen vermehren. Werden sie nachts eingeatmet, so sinkt die Energie des Körperhaushaltes mitunter drastisch ab. Lassen Sie sich gern hierzu auch die Informationen von der Firma Aquapol zusenden, die ein System im Angebot hat, das Feuchtigkeit bekämpft. Die Adresse hierzu finden Sie im Anhang.

10. Ihre Schränke

Wischen Sie von Zeit zu Zeit den Kleiderschrank vollständig mit einem feuchten Tuch aus. Danach könnten Sie die Sommer- und Winterbekleidung voneinander trennen und diese jeweils an einem anderen Ort aufbewahren, wie wir dies in unserem Haus praktizieren. Legen Sie in den frisch gereinigten und sortierten Schrank Zedernholstücke oder Lavendelsäckchen, und vertreiben Sie auf diese Weise Motten. Alle kaputten Kleider- und Metallkleiderbügel (von der Reinigung) sollten entfernt werden. Hängen Sie auch die chemisch gereinigte Kleidung niemals direkt in den Schrank, sondern lassen Sie diese vorher auf dem Balkon lüften oder in einem Ankleidezimmer, das Sie regelmäßig durchlüften.

Das Qi des Raumes und auch das der Schränke sollte zirkulieren können. Dies geht natürlich nicht in einem voll gestopftem Schrank. Sie benötigen weniger, als Sie glauben. Was Sie drei Jahre nicht angezogen haben, werden Sie auch die nächsten fünf Jahre nicht mehr tragen. Die Mode ändert sich, die Figur, der Geschmack und die Stoffe. Denken Sie einmal darüber nach!

Wenn Sie alles aus dem Schlafraum entfernen, was nicht zum Schlafen oder der Liebe passt, sind Sie einem guten Feng Shui schon sehr nah. Sie schaffen sich eine Oase der Gesundheit und Regeneration.

11. Bettaufstellung/Schlafposition

Zunächst ein paar Worte zur Schlafposition im Allgemeinen: Liegen Sie auf Ihrer linken Seite, so werden Sie Ihr Herz drücken, liegen Sie auf dem Bauch, so schränken Sie Ihre Atmung ein, drücken den Magen und verspannen die Nackenmuskulatur. Die Rückenlage wäre die beste Variante. Gelegentlich führt diese Position allerdings auch zum Schnarchen. Beim Schnarchen entsteht ein Sauerstoffmangel im Gehirn, der ebenfalls von Nachteil ist. Dies stört nicht nur den Partner, dies kann auch zum Atemstillstand führen. Liegen Sie mit leicht angewinkelten Beinen auf der rechten Seite, so kann dies günstig sein, wenn Sie unter Ihrem oberen Knie eine Dinkelspreurolle haben, damit die Wirbelsäule gerade liegt.

Wer glaubt, dass es keine »Tiere« in seinem Schlafzimmer gibt, irrt! Die Tiere *Phönix, Tiger, Schildkröte* und *Drache* sind in Ihrem Schlafbereich unsichtbar vertreten. Das Bett sollte immer an einer festen Wand, der *Schildkröte*, stehen und am Fußende ausreichend Platz für den *Phönixbereich* bieten. Wenn Sie auf das Bett schauen, ist die rechte Seite die Seite des *Drachen*, wo auch der Mann schlafen sollte und sich ein Schrank befinden könnte. Die linke Seite ist die *Tigerseite* und der Bereich der Frau. Platzieren Sie dort niedrigere Möbel.

In den vergangenen Jahren gab es noch die biederen Schlafzimmer mit Über- und Einbauten in Kopfhöhe, mit Spiegeln an der Bettrückseite, Neonröhren über den Schlafenden und integrierten Radios. Dies brachte einige Probleme mit sich, insbesondere einen unruhigen Schlaf. Verändern Sie die Situation so bald wie möglich. Investieren Sie in die Gesundheit, und leisten Sie sich wenn möglich ein neues Schlafzimmer, aus Massivholz, ohne Metall und elektrischer Höhenverstellbarkeit, dafür mit der Gesundheit förderlichen Matratzen. Das Geld ist hier bestens angelegt!

Beachten Sie auch die Lage Ihres Kopfes. Der Kopf braucht Freiheit, damit es nicht zu Kopfschmerzen oder unruhigem Schlaf kommt. Wer schwanger ist, sollte sein Bett nur umstellen, wenn es dringende Gründe dafür gibt. Insbesondere sind auch Schlafzimmer über einer Garage, Toilette oder einem leer stehenden Raum nicht zu empfehlen. Die Tür des Schlafzimmers sollte darüber hinaus im Idealfall nicht der Küchen-, Toiletten- oder Haupteingangstür gegenüberliegen. Auch das Kopfteil des Bettes sollte man nicht an eine Wand stellen, wo sich die Toilette, der Herd, ein Kühlschrank oder die Waschmaschine befindet. Verzichten Sie auch auf Aquarien in Ihrem Schlafzimmer. Denn diese und die vorgenannten ungünstigen Bettpositionen könnten dazu beitragen, dass Sie sich am Morgen müde, erschöpft, antriebs- und energiearm fühlen.

Beachten Sie für einen gesunden Schlaf auch, dass Sie Ihr Bett nicht zu nahe an der Tür aufstellen, weder mit den Füßen zur Tür, noch dass Sie mit dem Kopf unmittelbar zum Fenster liegen. Beides könnte Ihren Schlaf stören und Sie so empfindlich auf Alltagsstress reagieren lassen. Es würde im übertragenen Sinne eine Art »Zugluft« entstehen, die Ihrem Bedürfnis nach einem tiefen, erholsamen Schlaf nicht gerecht werden würde. Mitunter ist es nur einer der Partner, der in direkter Linie mit den Füßen zur Tür liegt. Er wird es sein, der Probleme bekommen kann. Stellen Sie in diesem Fall sofort das Bett um! Nutzen Sie, wenn es nicht anders möglich ist, auch einen Paravent oder Stoff am Fußende, um die Linie zu unterbrechen. Sollten Sie jetzt auf den Gedanken gekommen sein, das Bett schräg in den Raum zu stellen, wäre dies auch nicht empfehlenswert. Vom Standpunkt des Feng Shui aus gesehen könnte das dazu führen, dass die Dinge des Alltäglichen schief laufen.

Wie Sie sehen, gibt es für die Bettaufstellung viele Details zu beachten, da Sie ja weder unter Balken, noch den Kopf unter einer niedrigen Schräge platzieren sollten. Wenn die Schrägen hoch genug sind und Ihnen Kopffreiheit geben, sind sie unproblematisch. Wichtig ist dann, dass Sie in den weiten Teil der Schräge schauen, wenn Sie liegen. Man bezeichnet diese Position als das Visier, das aufgeklappt ist und Ihnen Schutz und Geborgenheit vermittelt. Eine parallele Lage zu der Raumschräge stellt kein Problem dar.

Viele Feng Shui Meister empfehlen Ihnen auch, auf die Einsehbarkeit der Tür von Ihrem Bett aus zu achten, da wir so die »Kontrolle« über das übernehmen, was im Türbereich geschieht. Wenn Sie sich im Bett aufsetzen, sollten Sie von dort aus die Tür einsehen können. Ist dies nicht möglich kann ein kleiner runder Spiegel die Einsicht zur Tür gewähren. Achten Sie darauf, dass Ihr Kopfteil keinen unmittelbaren Kontakt zur Wand hat und die Luft noch zirkulieren kann.

Die Ming Kwa-Zahl

Die Richtung Ihres Bettes nach der Ming Kwa-Zahl, um Kraft zu tanken, entnehmen Sie bitte dem Kapitel 4 dieses Buches. Beachten Sie immer, dass es vier günstige Richtungen gibt und vier ungünstige. Für alle Menschen der Ming Kwa 1, 3, 4 oder 9 sind die besten Richtungen: Osten, Südosten, Süden und Norden. Die Richtungen Nordosten, Nordwesten, Südwesten und Westen sind ungünstig.

Für die Menschen mit der Ming Kwa-Zahl 2, 6, 7 oder 8 sind die besten Richtungen der Nordosten, Südwesten, Nordwesten und Westen. Die schlechtesten Richtungen sind Osten, Südosten, Süden und Norden.

Entnehmen Sie bitte der Tabelle der Ming Kwa-Zahlen im Kapitel vier dieses Buches, welches Ihre Zahl ist.

12. Balken

Ein Bett sollte grundsätzlich nicht unter einem Balken oder einem Hängeschrank stehen. Balken können besonders trennend wirken, wenn Sie von der Decke längs zwischen zwei Partnern verlaufen. Sie stören unter Umständen das Beziehungsglück – und das wollen Sie doch nicht auf die Probe stellen, oder? Laufen die Balken quer über das Bett der Schlafenden, tragen sie dazu bei, Erkrankungen der darunter liegenden Organe zu begünstigen. Sie üben eine Art »Druck« auf den Schläfer von oben her aus.

Wenn Sie eine solche Situation haben, wählen Sie eine andere Schlafstelle, oder hängen Sie sich die Balken mit einem Tuch oder Baumwoll-Betthimmel ab. Vielleicht erwägen Sie auch die Entfernung nicht tragender Balken, oder schließen Sie diese mit einem Unterzug blickdicht ab. Balken, die man nicht sieht, richten keinen Schaden an!

13. Spiegel

Sämtliche Spiegel im Schlafzimmer sollten im Sinne eines guten Feng Shui vor dem Zubettgehen mit Stoffen zugehängt werden. Am besten aber verzichten Sie gleich ganz auf sie. Einige Klienten spüren ganz deutlich, dass sich beispielsweise die Raumtemperatur unter Einwirkung von Spiegeln ändert. So wird es erstaunlich wärmer, wenn sie unberücksichtigt bleiben. Selbst wenn Sie nur einen Handspiegel auf dem Nachttisch liegen haben sollten, ist es unerlässlich, diesen mit dem Gesicht nach unten zu legen. Wenn Sie ganz und gar nicht auf Spiegel verzichten wollen, so eignen sich runde und ovale Formen.

14. Elektrosmog

Ich habe dieses Thema eingangs schon erwähnt. Gerade aber im Schlafzimmer ist es von besonderer Wichtigkeit, und dort besteht oft Handlungsbedarf. Vermeiden Sie Elektrosmog in Form von Neonlicht, Computern, Fernsehern oder Radioweckern in Ihrem Schlafbereich. Insbesondere die Fernseher, die Sie am Fußende des Bettes stehen haben, können das Eheglück empfindlich stören. Ich empfehle Ihnen, Netzfreischalter einbauen zu lassen, so wird der Elektrosmog im Schlafzimmer reduziert und Ihrem gesunden Schlaf steht nichts im Wege. Im Hausbau sollten Sie von vornherein hinter dem Betthaupt keine Kabel verlegen lassen. Brauchen Sie Licht am Bett, so empfiehlt es sich, die Leitungen seitlich an das Bett heran zu führen und für die Lampen Schukostecker zu verwenden. Wer auf Heizdecken nicht verzichten kann und diese nicht durch

Wärmflaschen mit Baumwollbezug oder Kirschkernkissen ersetzen möchte, sollte sie vor dem Schlafengehen auf alle Fälle abschalten und den Stecker ziehen. Sonst könnten Sie das Energiefeld empfindlich stören.

Jeder weiß, wie gefährlich beispielsweise Steckdosen sind, zumindest das Hineingreifen in dieselben. Aber nicht nur das. Wir haben elektrische Felder, die uns umgeben. Ein Feld ist nicht nur das, wovon wir ernten, es sind die Spannungen zwischen zwei Polen und deren Abstand zueinander, die ein solches Feld erzeugen. Hier sprechen wir von Spannungen. Wir werden aber auch gleichermaßen von magnetischen Feldern umgeben. Das sind magnetische Flüsse, die durch die geschlossenen Linien des Wirbelfeldes dargestellt werden. Gehen wir gemeinsam in den Schlafraum und schauen uns um. Stromleitungen zu den Steckdosen, die am Kopfende entlanglaufen, können Verursacher von elektrischen Feldern sein. Kommt dann noch der Radiowecker hinzu, wird sich ein magnetisches Feld auch im so notwendigen Schlaf auswirken. Vielleicht haben Sie auch Energiesparbirnen in den Nachttischlampen, die integrierte Steuerelemente haben und wiederum schädliche hoch frequente Felder entwickeln. Verläuft nun noch ein Hochspannungsmast in einer Entfernung von weniger als dreihundert Metern von Ihrem Haus, dann entstehen zusätzliche magnetische Felder, die durch einen Fernseh- oder Mobilfunkmast mit elektromagnetischen Feldern noch übertroffen werden. Selbst die offenen Steckdosen lassen noch bis auf einen Meter Entfernung und mehr elektrische Felder austreten. Sie liegen im »Elektrosmog«. Na, dann gute Nacht! Natürlich können Sie etwas dagegen tun. Sie können »normale« Birnen in die Nachttischlampen schrauben. Sie können einen Netzfreischalter (den gleichen Effekt hat das Herausdrehen der Sicherung oder das Abschalten einzelner Leitungen) einbauen lassen, abgeschirmte Kabel in einem Neubau verwenden und schließlich ausziehen, wenn aus der Umgebung die Beeinträchtigungen nicht mehr zu handhaben sind. In jedem Fall aber sollten Menschen mit Herzschrittmachern, Metallteilen im Körper, die beispielsweise von Prothesen herrühren, und Menschen

mit Bluthochdruck, Kopfschmerzen oder Herzrhythmusstörungen sich nicht auf Experimente einlassen. Halten Sie einen Mindestabstand zu elektrischen Geräten von einem Meter, bei Farbfernsehern von vier Metern, bei Elektrogeräten und Leuchtstofflampen von zwei Metern. Wenn Sie eine allgemeine Kraftlosigkeit spüren, Schwindelanfälle haben und zum Schwitzen neigen, können dies auch Anzeichen einer zu hohen Belastung aus den Innenräumen sein. Ziehen Sie den Stecker von Geräten, die nicht in Betrieb sind. Lassen Sie keine Leitungen hinter dem Bett an Ihrem Kopfende verlegen. Stellen Sie das Bett um, wenn Sie keinen Netzfreischalter haben. Benutzen Sie statt der Radiowecker wieder Wecker aus Großmutters Zeit, schlichte Modelle zum Aufziehen. Legen Sie sich nicht auf Federkernmatratzen oder Wasserbetten. Sie wirken in den genannten Feldern noch verstärkend.

So sind Sie schon einen großen Schritt weiter. Schauen Sie im Anhang nach, wer die wirklich guten Matratzen für Ihren gesegneten Schlaf führt und auch noch Feng Shui-Maße dabei im Auge behält.

15. Farben

Die Farben des Raumes werden nach verschiedenen Kriterien gewählt. Ein Feng Shui-Experte wird sowohl das Ming-Kwa-Element, Ihr Jahreselement und Ihr persönliches Tageselement berücksichtigen. In Abstimmung mit der elementaren Kraft des Raumes wird er dann die Farbe wählen. Sind Sie beispielsweise eine Frau, die im Jahr des Feuers geboren wurde und das Ming-Kwa-Element Erde hat, dann sollten pastellige Rottöne und Apricot im Schlafzimmer nicht fehlen. Befindet sich das Schlafzimmer in einer Himmelsrichtung der Erde, wie Nordosten oder Südwesten, sind dies auch die besten Farben für den Raum selbst.

Da die meisten Menschen zu zweit das Schlafzimmer nutzen, sollten Sie es einem Feng Shui-Experten überlassen, die für Sie richtigen Farben zu wählen. Die Regeln für die perfekte Farbabstimmung sind kompliziert und beinhalten die beste Farbgebung zum Energieauftanken während des Schlafes. Dennoch gibt es ein paar Feng Shui-Grundsätze, die ich Ihnen nicht vorenthalten möchte:

Beachten Sie Ihr Jahreselement!

- **Feuer**

  Sind Sie beispielsweise im Jahr des Feuers geboren, so sind grüne und zartrose-farbene Bettwäsche unterstützend für Ihr Energiesystem.

  Muster: vertikale Streifenbetonungen, große Sommerblüten

- **Erde**

  Menschen, die im Jahr der Erde geboren sind, benötigen quer gestreifte Muster und gelbe, orange und eierschalenfarbene Bettwäsche mit einem Tick Rotbraun.

  Muster: kariert, kleine Blüten, quer gestreift

- **Metall**

  Sind Sie in einem Jahr des Metalls geboren, benötigen Sie die Farben Weiß und Gelb für Ihre Bettwäsche. Natürlich können Sie aus einer ganzen Palette der warmen Gelbtöne wählen. Wenn Sie sich für die Farbe Weiß entscheiden, so sind die »gebrochenen« Weißtöne am besten, da sie nicht so hart wirken.

  Muster: Kreise, Spiralen

- **Wasser**

  Sollten Sie in einem Jahr des Wassers geboren worden sein, so wird in erster Linie die blaue Bettwäsche in uni oder ergänzendem Weiß für Sie genau richtig sein.

  Muster: Spiralen, Kreise, mäandernde Muster, Muschelmuster, Schneckenmuster

- **Holz**

  Sind Sie in einem Holzjahr geboren worden, empfehlen sich alle Grün- und Türkistöne bis hin zum Lindgrün.

  Muster: vertikale Streifenbetonungen, Bambusmuster, Gräser

16. Holz

Wer Vollholzböden im Schlafzimmer hat, Korkböden oder eine Naturauslegeware, ist dem Ziel der Gesundheitserhaltung schon sehr nah.

Wischen Sie in jedem Fall den Boden jede Woche feucht durch, insbesondere auch unter dem Bett. Bei Teppichböden empfiehlt es sich, diese mit einem Staubsauger zu reinigen, der einen HEPA-Filter besitzt.

17. Die Nachtwäsche

Natürlichkeit endet allerdings auch da nicht, wo wir uns selbst kleiden. Denn die Wäsche vom Tag gehört nicht in das Schlafzimmer oder an Ihren Körper. Dorthin sollten Sie nur saubere Nachtwäsche und Naturmaterialen lassen, um die bestmögliche Energieunterstützung zu erhalten.

18. Die Formensprache des Kopfteils

Die Form des Kopfteils orientiert sich an dem Jahreselement des Schläfers. Schauen Sie zunächst in der Tabelle der Jahreselemente nach, was Ihr Element ist. Wir unterscheiden hier Grundformen für die Elemente Feuer, Erde, Metall, Wasser und Holz.

- **Feuermuster**
  Wenn Sie in einem Jahr des Feuers oder Holzes geboren wurden, ist die Form Ihres Kopfteils vertikal betont.

- **Metallmuster**
  Sind Sie im Jahr des Metalls oder Wassers geboren, sind es die runden und geschwungenen Kopfteile.

- **Erdmuster**
  Wer in einem Jahr der Erde geboren worden ist, sollte horizontal betonte, gerade Kopfteile wählen.
  Apropos Kopfteil: Ein solides Kopfteil ist eine gute Voraussetzung für eine stabile Beziehung!

- **Holzmuster**
  Alle Muster mit *Längsstreifen* erzeugen Holzenergie und passen zu Menschen, die in einem Jahr des Holzes oder Feuers geboren wurden.

- **Wasserenergie**
  Die Wasserenergie drückt sich durch fließende Stoffe wie Seide aus und ebensolche fließenden Muster aus dem Wellenbereich.

Hin und wieder sehe ich Felle und Hirschgeweihe im Schlafzimmer. Doch: Alles, was von toten Tieren stammt, sollten wir ohnehin als Yin-Chi betrachten und im Schlafbereich vermeiden.

Kinderzimmer

In Kinderzimmern gilt in jedem Fall: Je weniger, desto besser! Denn Muster von Raketen, wilden Tieren oder Sciencefiction-Figuren bringen Unruhe und lassen die Kinder nervös werden. Je mehr Muster, umso unruhiger der Schlaf! Kinder schlafen nicht nur sehr gut, sie sind auch ruhig und ausgeglichen, wenn sie weder Muster in der Bettwäsche, noch solche in den Gardinen haben.

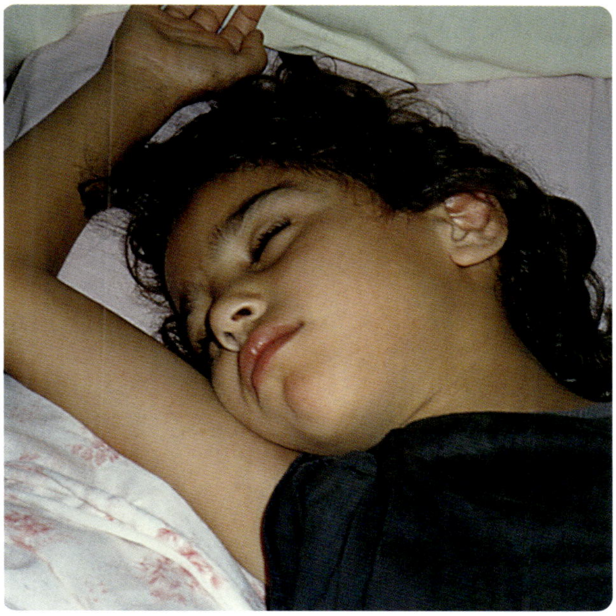

19. Schlaf-Literatur

Sorgen Sie dafür, dass die Atmosphäre im Schlafzimmer nicht durch Bücher bestimmt wird. Wenn Bücher, dann überlegen Sie, welche Literatur zu den Themen des Schlafes und der Liebe passen. Schließlich ist das Schlafzimmer kein Lesezimmer und auch keine Bibliothek. Bücher können auch in dem einen oder anderen Fall im Keller gelagert werden. Sollten Sie keinen anderen Platz für Ihre Bücher finden, so ist Ihnen, vom Standpunkt des Feng Shui aus gesehen, anzuraten, die Bücher hinter Schranktüren aufzubewahren, denn sichtbare Bücher machen unruhig bis nervös.

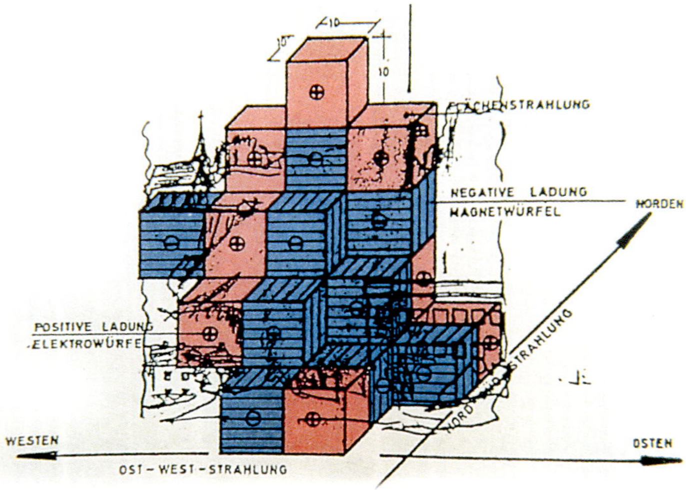

20. Pflanzen

Verzichten Sie auf Topfpflanzen in Ihrem Schlafzimmer, denn die meisten Pflanzen verbrauchen nachts Sauerstoff! Für den Schläfer ist dies natürlich alles andere als förderlich. Eine kleinere Pflanze, eventuell mit roten Blüten für die Liebe, kann für das Beziehungsglück allerdings segensreich sein. Aber auch hier gilt die Regel: Die Pflanze hat ihren richtigen Platz mindestens zwei Meter vom Schlafenden entfernt. Anders verhält es sich bei kleinen Blüten, die Sie Ihrem Liebsten und er Ihnen auf Ihrem Nachtschränkchen zukommen lässt. Solche Aufmerksamkeiten einer wachsamen Liebe brauchen jeden Tag frisches Wasser, insbesondere vor dem Zubettgehen, oder Sie dekorieren das Bett mit Blüten in Herzform, wenn Sie Ihren Partner überraschen wollen.

21. Halbedelsteine im Schlafzimmer

Legen Sie in jede Ecke Ihres Schlafzimmers einen rund geschliffenen Rosenquarz in der Größe einer Tüte Mehl. So geben Sie Ihrer Schlafphase Ruhe und Stabilität, falls Sie durch den Wind des Lebens gehetzt worden sein sollten. Reinigen Sie Ihre Steine wöchentlich: entweder unter fließendem, kaltem Wasser, oder legen Sie diese auch ab und an über Nacht in Salz ein, das Sie danach nicht mehr in der Küche verwenden.

Für einen guten, tiefen Schlaf können insbesondere Menschen, die in einem Jahr der Erde oder des Metalls geboren sind, Halbedelsteine unter das Kopfkissen oder auf den Nachttisch legen. Dies können sein: Amethyst, Topas, Hyazinth, Saphir, Jade, Rutilquarz, Citrin.

22. Reizzonen

Kaiser Yü hat zirka 2000 Jahre vor Christus einen Erlass heraus gegeben, wonach jedes Land auf Erddämonen zu untersuchen war. Feng Shui untersucht die äußeren Einflüsse und Gegebenheiten. Dies ist aber nicht etwa eine Verquickung von europäischer Geomantie und Feng Shui. Ganz im Gegenteil. Geomantie und Feng Shui sind eine untrennbare Einheit. Wer behauptet, allein durch die Einrichtung allen Feng Shui-Aspekten gerecht zu werden, handelt einseitig. Wir sind Menschen, feinsinnige Wesen, die auf äußere Wetter- und Umwelteinflüsse genauso stark regieren wie auf Reizzonen kosmischer und terrestischer Herkunft. Unser Organismus hat sich im Laufe der Evolution an die Strahlungsfelder angepasst. Die Sonne strahlt ein, der Kosmos sendet Mikrowellenstrahlung. Aus der Erde selbst treten die nicht absorbierten Neutronenstrahlungen der radioaktiven Zerfallsvorgänge der Erdkruste. Durch Verschiebungen in der Erdkruste und Wasserströmungen kann trotz Anpassungsvorgängen ein Zuviel an Belastungen entstehen. An Stellen, wo sich die Erdschichten verschieben und ein Bruch entsteht, können radioaktive Gase an die Erdoberfläche steigen. Mit Messgeräten, Ruten und Pendeln lassen sich die Veränderungen aufspüren, die für das Wachsen und Leben, insbesondere auch für den Mensch belastend sind. Die Auswirkungen der oben beschriebenen Veränderungen sind bis in das letzte Stockwerk eines Hauses nachweisbar, da sie senkrecht aufsteigen. Wer nicht gern ins Bett geht, unter Kopfschmerzen, Krämpfen und Herzbeschwerden leidet, sollte in Betracht ziehen, dass er vielleicht auf einer Reizzone, ausgelöst durch wasserführende Zonen oder Erdspalten, liegt.

Kinder reagieren besonders empfindlich darauf. Sie sind sehr unruhig, leiden unter Schulmüdigkeit, Kopfschmerzen, Bettnässen oder liegen in den unmöglichsten Lagen in dem Bett. Ein kleines Mädchen aus Wiesbaden beispielsweise lag jeden Morgen auf dem Boden, nahe dem Kleiderschrank. Die Eltern konnten sich dies nicht erklären, bis ein Rutengänger sie aufklärte. Er durchsuchte den Raum auf Störungen, die von der Erde einerseits und vom Himmel als kosmische Gitternetze zu finden sind. Das Kind lag auf einer stark belasteten Zone und wurde so zum »Bettflüchter«.

Überlagern sich Gitternetze mit Störungen terrestrischer Herkunft, dann spricht man von Kreuzungspunkten. Diese führen mit großer Sicherheit zu Krankheiten, wenn man auf ihnen liegt. Hauptsächlich sind es das Globalnetz- und Currynetzgitter, nach denen gesucht wird. Sie wurden von Dr. Hartmann und Dr. Curry in den fünfziger Jahren entdeckt. Lassen Sie mich Ihnen zunächst in Kurzform darstellen, was die Netze unterscheidet, die beide wie aneinander gereihte Rechtecke aussehen oder wie ein Fischernetz. Nur liegt jedes Fischernetz anders, und so überlagern sie sich an verschiedenen Stellen. Dadurch entstehen Kreuzungspunkte. Katzen liegen gern am Rand der Störzonen oder mitten darauf, wenn es nicht gerade verschmuste Hauskätzchen sind, sondern noch Katzen mit Instinkten.

Das Globalnetzgitter verläuft von Norden nach Süden und von Osten nach Westen. Der Abstand der einzelnen Linien beträgt zirka 2,80 Meter auf 3,20 Meter. Die einzelne Linie ist in etwa 20 bis 25 Zentimeter breit. Kreuzungspunkte selbst sind zirka 60 Zentimeter breit und erreichen an diesen Stellen die höchsten Reizeinheiten. Zusammen mit Wasseradern dehnen sie sich schnell auf über einen Meter aus.

Das Currynetzgitter verläuft in Nordost-Südwest und Südost-Nordwest-Richtung. Der Abstand der Linien beträgt zirka 2,40 Meter auf 2,60 Meter.

Wenn der Mensch im Kreuzungsbereich der Gitternetze liegt, kann es zu ernsthaften Störungen der Gesundheit kommen. In der Literatur wird berichtet, dass in den Bereichen, wo der Mensch den Kreuzungspunkten ausgesetzt ist, es zu Lungen- oder Brustkrebs, Störungen im Magen oder Unterleibsbereich kommen kann. Rutengänger behaupten ihrerseits, dass es keinen Krebs ohne eine Standortbelastung gibt. Ich selbst habe nicht genügend Erfahrung darüber. Theoretisch müsste von jedem Erkrankten der Schlafplatz untersucht werden. Der Rutengängermeister Herr Schuck, hat in der Feng Shui-Ausbildung unseren Schülern allerdings immer reichhaltiges Bildmaterial gezeigt, das diese Vermutung stützen könnte.

Reizzonen können auch Wasseradern sein. Die Wasserläufe, die sich durch das Gestein arbeiten, erzeugen eine Reibung, die eine Wasseraderstrahlung erzeugt. Sie steigt an die Oberfläche und dringt durch feste Bestandteile wie Fels, Beton oder Stahl. Durch die Stahlträger im Haus wird die Strahlung in die höheren Etagen noch verstärkt. So können sie Breiten von bis zu drei Metern erreichen. Die starken Frequenzen, die diese Wasserläufe erzeugen, verursachen einen extremen Stress im Organismus, so dass das Immunsystem zu Hilfe kommt. Der erhöhte Stressfaktor lässt das Herz schneller schlagen und verursacht auf Dauer Müdigkeit und Immunschwäche. Im Kopfbereich kann es zu Kopfschmerzen und depressiven Erkrankungen kommen. Im Herzbereich zu Brusterkrankungen und Herzbeschwerden jeder Art. Wenn sich Bäume im Stamm drehen oder krebsartige Geschwüre entwickeln, kann es sich um Wasseradern oder auch Gesteinsbrüche in der Erde handeln. Abgesenkte Häuser oder Risse im Mauerwerk können auch ein Hinweis auf Brüche im Gestein sein. Wenn ein Mensch auf diesen Zonen sitzt oder schläft, wird er krank. Einige Tiere geben Hinweise auf Reizzonen. Tiere wie Enten, Hühner, Hasen, Hunde, Schafe, Wellensittiche, Schweine oder Schwalben, um nur einige zu nennen, flüchten vor den Reizzonen. Ameisen, Bienen und Katzen suchen die Reizzonen auf. Dort, wo der Holunder wächst,

Lavendel sich wild ansiedelt, Yuccapalme und Zimmerlinde gedeihen, sind möglicher Weise Reizzonen vorhanden, denn auf ihnen entwickeln sie sich besonders prächtig. Thymian, Azaleen, Begonien oder Johannisbeere hingegen flüchten vor Reizzonen und werden schief wachsen oder ihr Wachstum einstellen, bzw. keine Früchte ausbilden, wenn sie auf gestörten Plätzen stehen. Beobachten Sie Tiere und Pflanzen, und Sie erhalten einen wichtigen Hinweis darauf, ob die Plätze für Sie geeignet sind oder nicht. Insbesondere der Schlafplatz sollte frei von Reizzonen sein, denn Sie liegen in der Regel acht Stunden darauf, ohne den Platz zu verlassen. Sollte sich in der Nähe Ihres Schlafzimmerfensters ein gedrehter, schief gewachsener oder gespaltener Baum befinden, könnte eine Reizzone auch durch Ihren Raum gehen. Lassen Sie dies von einem Rutengänger prüfen. Gespaltene Bäume am Schlafzimmerfenster zeigen auch an, dass sich die Beziehung entzweien könnte. Entfernen Sie daher den Baum, denn er verbreitet die Information der Spaltung!

Es gibt eine Reihe von Krankheiten die durch Reizzonen begünstigt werden, dazu gehören Bettnässen, Asthma, Fehlgeburten, Herzbeschwerden, Ischiasleiden, Schlaganfall, Multiple Sklerose oder vegetative Dystonie. Auch hier ist die Palette der möglichen Erkrankungen lang. Je länger der Mensch auf einer Reizzone liegt, umso eher wird eine Erkrankungen die Folge sein. Es kann auch sein, dass nur ein Partner betroffen ist, da durch sein Bett die Reizzone geht und durch das Bett des anderen nicht. Es ist also kein Garant, dass, wenn es einem Partner gut geht, es keine Störzonen gibt. Sind in einem Haus Menschen bereits ernsthaft erkrankt und Sie beziehen jetzt das Haus, fragen Sie, wo Ihre Vorgänger gelegen haben, und lassen Sie die Schlafplätze untersuchen.

In unserem eigenen Haus haben wir natürlich auch den Rutengänger geholt. Unsere Vorbesitzer schienen ganz gesund zu sein, aber wir wollten auf Nummer sicher gehen. In dem Schlafzimmer der ursprünglichen Besitzer lief eine Wasserader durch, wenn auch sonst keine weiteren Störungen zu finden waren. Dennoch haben wir diesen Raum als Ankleide in der Nutzung und das störungsfreie Zimmer zu unserem Schlafzimmer auserkoren. Im Stockwerk über der Ankleide haben wir ein Spiel- und Kinderwohnzimmer. Auf diese Weise ist es möglich, gefährlichen Auswirkungen zu entgehen, da man sich dort nicht länger als drei Stunden hintereinander aufhält. Überlegen Sie auch, ob Sie es mir gleich tun können und durch Raumumnutzung Störzonen entgehen können, bevor Sie aufwendige Entstörungen machen lassen. Diese sind zudem nicht immer so wirkungsvoll, als einfach die gestörten Plätzen selbst zu meiden.

Beobachten Sie auch Ihre Haustiere. Die Katze, die noch ihre natürlichen Instinkte bewahrt hat und gern in Ihrem Bett liegt, könnte ein Hinweis auf einen gestörten Platz sein. Die Zimmerpflanze, die partout nicht gedeihen möchte, kann einen Hinweis darauf geben, dass man selbst auch nicht im Schlafzimmer schlafen sollte, da die Reizzonen u. U. bis in das oberste Stockwerk reichen.

Sie sehen, die Hinweise reichen weit und sind durchaus ernst zu nehmen, damit wir ein wohlwollendes, gesundes Feng Shui in unsere Räume einladen.

23. Ausziehen oder umräumen?

Beachten Sie, dass Sie nicht im Bereich von Störzonen der Erde oder kosmischen Gitterzonen und deren Kreuzungspunkten schlafen, auch nicht an der Wandseite zu den Toiletten hin. Schließen Sie in einem solchen Fall die Tür zwischen Bad und Schlafzimmer, oder bauen Sie gänzlich um. Schlafen Sie auch nicht über einem Heizungskeller und dem darin befindlichen Öltank oder Brenner.

Die beste Maßnahme wird sein, solche Plätze zu verlassen und einen anderen Schlafplatz zu finden. Alles andere sollten Sie in einer Feng Shui-Beratung klären.

Sollte der Rutengänger vor Ort keinen günstigen Platz für Ihr Bett finden, so sollten Sie ausziehen. Auch wenn es Schimmel in den Räumen gibt; Salpeterausblühungen an den Mauern bedeutet, dass der Keller nass ist und Hochspannungsleitungen oder Sendemasten in unmittelbarer Nähe sind.

Mit Naturmedizin besser schlafen

Einschlafstörungen

Nervöse Beschwerden sind in unserer hektischen schnelllebigen Zeit immer häufiger anzutreffen. Sie können sich in Muskelverspannungen, Verdauungsstörungen und allgemeinem Unwohlsein, aber auch in Antriebslosigkeit und Erschöpfungszuständen äußern. Sie behindern den Schlaf und führen zu Ein- und Durchschlafstörungen, innerer Unruhe, Erschöpfung und Stimmungsschwankungen.

Der Schlaf ist ein lebenswichtiger Ruhezustand, ohne den sich unsere geistigen und körperlichen Funktionen nicht regenerieren könnten. Im Laufe der Nacht durchläuft der Schlaf verschiedene Phasen, die durch eine unterschiedliche Schlaftiefe gekennzeichnet sind. Es kann durchaus vorkommen, dass man in einer Leichtschlafphase durch ein leises Geräusch geweckt wird. Dies ist völlig normal und gibt keinen Anlass zur Sorge. Durch seelische Belastungen und Stress können die Betroffenen dann am Abend nicht einschlafen oder wachen in der Nacht auf, ohne wieder Schlaf zu finden.

Bleibt die notwendige Erholung in der Nacht aus, kommt es auf Dauer zu Erschöpfungszuständen, Konzentrationsschwäche und Unausgeglichenheit. Darum ist es wichtig, die mögliche Ursache und Art der Schlafstörung sowie die passende Behandlung mit Ihrem Arzt oder Heilpraktiker abzuklären.

Regeln für einen gesunden Schlaf

- Schauen Sie nachts nicht auf die Uhr.
- Vermeiden Sie koffeinhaltige Getränke nach dem Mittagessen.
- Verzichten Sie auf Alkohol am Abend (Alkohol auf keinen Fall als Einschlafhilfe einsetzen).
- Gehen Sie weder hungrig noch übersättigt ins Bett.
- Treiben Sie regelmäßig Sport, jedoch nicht kurz vor dem Schlafengehen.
- Vermeiden Sie heiße Bäder/Sauna am späten Abend.
- Sorgen Sie im Schlafzimmer für eine angenehme Atmosphäre (gut gelüftet, wenig Lärm, wenig Licht, gute Matratzen).

Zusätzlich ist es sinnvoll, Strategien zu erlernen, mit denen eine geistige und körperliche Entspannung erreicht werden kann (z. B. Muskuläre Tiefenentspannung nach Jacobson, Erlernen von Fantasiereisen und Ruhebildern zur gedanklichen Entspannung).

Viele Betroffene müssen lernen, das Bett wieder enger mit dem Schlaf zu assoziieren. Deshalb sollte im Schlafzimmer eine angemessene Atmosphäre geschaffen werden. Schreibtisch, Computer und Fernseher haben im Schlafbereich nichts zu suchen.

Schlaftagebuch

Wenn Sie sich keinen Reim darauf machen können, warum das Schlafen Ihnen Probleme bereitet, versuchen Sie es einmal mit einem Schlaftagebuch: Beantworten Sie ein bis zwei Wochen lang täglich die folgenden Fragen im Hinblick auf die vergangene Nacht.

- Um wie viel Uhr sind Sie zu Bett gegangen?
- Was haben Sie in den 2 Stunden davor gegessen und getrunken?
- Sind Sie sofort eingeschlafen? Wie lange haben Sie wach gelegen?
- Wann und wie oft sind Sie in der Nacht aufgewacht?
- Wann sind Sie aufgestanden?
- Welche Gedanken haben Sie beschäftigt, als Sie nicht schlafen konnten?
- Haben Sie am Vortag Medikamente genommen? Welche?
- Gab es besondere Ereignisse am Vortag?
- Haben Sie am Vortag einen Mittagsschlaf gemacht?
- Wie haben Sie sich am nächsten Tag körperlich und seelisch gefühlt? (Auch für den Fall, dass Sie Ihren Therapeuten aufsuchen möchten, sind diese Aufzeichnungen sehr hilfreich.)

Generell:

- Machen Sie einen Abendspaziergang.
- Sorgen Sie für leichte, frühe Abendmahlzeiten.

Regeln zur Stabilisierung des Schlaf-Wach-Rhythmus

- Vermeiden Sie zu lange Bettzeiten (nicht über 6–8 Stunden)
- Gehen Sie nur zu Bett, wenn Sie wirklich müde sind.
- Stehen Sie morgens regelmäßig auf, unabhängig von der Dauer und der Qualität des Nachtschlafs.
- Legen Sie sich tagsüber nicht hin, vor allem nicht am Abend (kein Nickerchen vor dem Fernseher).
- Bei nächtlichen Gedankenkreisen und innerer Unruhe kann das pflanzliche Arzneimittel NEURAPAS® *balance* mit Johanniskraut, Baldrian und Passionsblume oft helfen, zur Ruhe zu kommen und endlich abschalten zu können.

Allgemein:

- Verbannen Sie alles, was an Arbeit und Stress erinnert, aus Ihrem Schlafzimmer, richten Sie es so ein, dass Sie sich wirklich wohl fühlen.
- Verbannen Sie elektrische Geräte (Fernseher, Wecker mit Leuchtschrift...) aus Ihrem Schlafzimmer.
- Wenn Sie nachts raus müssen, vermeiden Sie zu viel Licht!
- Führen Sie ein Einschlafritual ein, das hilft, abzuschalten und sich auf den Schlaf vorzubereiten.
- Entspannungstechniken können hilfreich sein.
- Zwingen Sie sich nicht zum Schlaf! Wenn Sie nicht schlafen können, lesen Sie ein Buch oder schreiben Sie die Gedanken, die Sie nicht loslassen, für den nächsten Tag auf.

Wann Sie einen Therapeuten aufsuchen sollten

- Falls die Schlafprobleme länger als 3 Wochen anhalten, empfiehlt es sich, einen Arzt oder Heilpraktiker aufzusuchen. Insbesondere, wenn Sie sich ständig erschöpft fühlen oder andere psychische und körperliche Beschwerden auftreten.
- In manchen Fällen liegen auch körperliche Ursachen (z. B. Schmerzen, Restless-Leg-Syndrom) vor, welche von einem Arzt oder Heilpraktiker behandelt werden müssen. Der normale Schlaf stellt sich dann nach einer Genesung wieder ein.

9

Die drei Freunde der Gesundheit

Die fünf Elemente

Es ist ein wunderbares Gefühl, nach Hause zu kommen in die eigenen vier Wände und dort Erholung zu finden, mit Freunden zusammen sein zu können und Energie aufzutanken. Um Ihr Refugium zu gestalten, verwenden Sie viel Zeit. Sie wollen eine persönliche Atmosphäre schaffen und wählen jedes einzelne Stück, das in Ihren Wohnraum kommt, sorgfältig aus. Jede Überlegung, jede getroffene Auswahl gibt Ihrem Haus Ausstrahlung und eine persönliche Note.

In der Wandgestaltung, den Böden, Möbeln und Accessoires steckt aber auch der geistige Gehalt der fünf Elemente Feuer, Erde, Metall, Wasser und Holz. Das in Ihrem Refugium vorherrschende Element hat einen großen Einfluss auf Ihr Befinden. Ermitteln Sie daher zunächst Ihr eigenes Element, indem Sie es in der Tabelle des Kapitels vier nachschlagen, und sehen Sie dann, was Sie in Ihren Räumen benötigen, um Kraft zu sammeln. Harmoniert die Einrichtung mit Ihnen, so werden Sie sich unterstützt fühlen, ausgeglichen und kraftvoll zugleich.

Sie sind eine Holzpersönlichkeit

木

Aufbauender Zyklus der Elemente:

Das Element Wasser gibt seine Energie an das Element Holz weiter.

Zerstörungszyklus:

Das Element Metall, wie beispielsweise die Axt, zerhackt das Element Holz.

- **Unterstützende Charaktereigenschaften:**
  Willensstärke, Entscheidungsfreudigkeit, Klarsicht, Mut, Flexibilität, Charakterfestigkeit, Ehrgeiz, Optimismus

- **Aufgabenstellungen, die zu meistern sind:**
  Aggressionen, Ungeduld, Intoleranz, Gefühlsschwankungen, Erhaltung der Flexibilität

- **Krankheitsneigungen:**
  Kopfschmerzen, hoher Blutdruck

- **Wo sollten Sie wohnen?**
  Sie benötigen eine Umgebung mit viel Grün. Sie fühlen sich am wohlsten in einer Umgebung mit großen Bäumen im Garten oder dem Blick auf eine Parklandschaft. Ein Haus am Wasser wäre am besten geeignet, da das Element Wasser das Holzelement im Kreislauf der Elemente fördert.

- **Wie sollte Ihre Wohnung ausgestattet sein?**
  Eine große Wohnküche und große Räume, auch ein Wintergarten, sind für Sie ideal. Sie benötigen große Pflanzen, die in die Höhe wachsen, Zimmerspringbrunnen und Holz. Helle Holztöne beruhigen aufgewühlte Emotionen. Dunkle Hölzer hingegen wirken belebend und wärmen die Seele.
  Achten Sie darauf, dass man die Astlöcher ruhig sieht, denn Holzmenschen wollen durch die Maserung das Leben und Wachstum sehen. Durch künstlerische Hände geschaffene Holzkunstwerke vermitteln Zielstrebigkeit und Inspiration. Auch Intarsien sind günstig für Holzmenschen.

- **Was Sie meiden sollten**
  Metall zerhackt das Holz im Kreislauf der Elemente, deshalb sollten Sie es meiden. Es kühlt die Atmosphäre und macht sie hart sowie ungemütlich. Es schürt zudem die Aggressionen beim Holzmenschen.

Sie sind eine Feuerpersönlichkeit

火

Aufbauender Zyklus der Elemente:
Das Element Holz fördert das Element Feuer im Kreislauf der Elemente.

Zerstörungszyklus:
Wasser löscht das Feuer.

- **Unterstützende Charaktereigenschaften:**
  Intuition, Einfühlsamkeit, Freude verbreitend, tragen das Licht in die Welt, stecken andere mit ihrer Energie an, sind leidenschaftlich, emotional, Helfer, Heiler, benötigen das Außergewöhnliche, Ungewöhnliche und geistige sowie sinnliche Anregung

- **Aufgabenstellungen, die zu meistern sind:**
  Panik, Erschöpfung, Schlafstörungen, Unruhe, verausgaben sich im Streben nach Leistung und Hilfsbereitschaft

- **Krankheitsneigungen:**
  Herzrasen, Schweißausbrüche, Kreislaufprobleme, Kopfschmerzen

- **Wo sollten Sie wohnen?**
  Sie benötigen eine Umgebung im Grünen, die Ihnen genügend Spielraum und Anregung gibt. Theater, Kino, Vereinsgruppen und Sportmöglichkeiten sollten vorhanden sein. Sollte dies nicht der Fall sein, so sollte der Feuermensch viel reisen.
  Sie fühlen sich am wohlsten in einer großzügigen Einzelhausbebauung und lieben es, im Garten und im Hausinneren immer wieder Veränderungen herbeizuführen. Wasser im Garten und im Haus sind für sie lebensnotwendig, um überschüssiges Feuer wieder zu beruhigen.

- **Wie sollte Ihre Wohnung ausgestattet sein?**
  Ein großes, repräsentatives Wohnzimmer ist wichtig, und der Herd nimmt eine Sonderstellung ein, denn gesundes Kochen mit Freunden geht Ihnen über alles. Sorgen Sie für eine offene Küchenarchitektur – und der kommunikative Feuermensch wird sich wohlfühlen.
  Natürlich benötigen die Feuermenschen auch einen Kamin oder Kachelofen, Kerzen und rote Sessel. Übertreiben sollten Sie es mit der roten Farbe allerdings nicht, da diese Farbe dann zu sehr antreiben könnte – und dies wäre Ihrer Gesundheit abträglich. Ein kleiner Wasserbrunnen wird Ihnen helfen, das innere Gleichgewicht zu erhalten, oder es wieder herzustellen.
  Holzmöbel und Pflanzen im Raum fördern genauso wie helle grüne Farbtöne die Gesundheit. Sie geben Ausdauer und die Energie, um auch den gestressten Feuer-Menschen Ruhe zu vermitteln.

- **Was Sie meiden sollten**
  Ein Haus mit zu viel Metall ist nichts für Feuermenschen. Es macht sie aggressiv und lässt ihren Blutdruck steigen.

Sie sind eine Erdpersönlichkeit

Aufbauender Zyklus der Elemente:
Das Element Feuer fördert das Element Erde im Zyklus der Elemente.

Zerstörungszyklus:
Das Element Holz, wie beispielsweise die Pflanze, entzieht der Erde die Kraft.

- **Unterstützende Charaktereigenschaften:**
  Vermittler, wirken versöhnend, fördern friedliche und dauerhafte Beziehungen, sind fürsorglich und einfühlsam, vertrauenswürdig und treu, suchen Harmonie und das Gefühl der Zusammengehörigkeit

- **Aufgabenstellungen, die zu meistern sind:**
  Sie wollen von Ihren Mitmenschen das Gefühl erhalten, unersetzlich zu sein, meiden Konfrontationen und Wutausbrüche, grübeln, sind oft sorgenvoll, überbehütend gegenüber Ihren Schützlingen, mischen sich gern in die Angelegenheiten anderer ein, Mangel an Selbstwert, Selbstzweifel

- **Krankheitsneigungen:**
  Magen- und Bauchspeicheldrüsenerkrankungen

- **Wo sollten Sie wohnen?**
  Sie benötigen eine ländliche Umgebung, wo Kontakte möglich sind und gepflegt werden können.

- **Wie sollte Ihre Wohnung ausgestattet sein?**
  Ihre Umgebung muss Behaglichkeit ausstrahlen. Dekorationen mit lieb gewonnenen Erinnerungen, wie Fotos, Postkarten oder Geschenke Ihrer Liebsten, sind Ihnen wichtig. Da Sie gern mit anderen zusammen sind, benötigen Sie eine gemütliche Küche sowie einen großen Ess- und Wohnzimmerbereich für ein lebendiges Familienheim.
  Feuerelemente stärken Ihr Selbstvertrauen und zerstreuen Ängste. Rote Elemente, ein Kamin und Kerzen sind eine Möglichkeit, Feuer in die Wohnung zu bringen. Sorgen und Selbstzweifel werden Sie so leichter überwinden.

- **Was Sie meiden sollten**
  Sie sollten das Element Metall in Ihrer nächsten Umgebung vermeiden, da dies für Sie zu ungemütlich wirkt und Sie sich darin nicht entspannen können.
  Ein einzelner Wasserbrunnen oder ein Wasserobjekt ist für Sie anregend. Es bringt Sie dazu, loszulassen und die Kontrolle ruhig einmal abgeben zu können. Zu viel Wasser oder auch eine städtische Umgebung sind Ihnen nicht zuträglich.

Sie sind eine Metallpersönlichkeit

金

Aufbauender Zyklus der Elemente:
Das Element Erde unterstützt das Element Metall im Elementenzyklus.

Zerstörungszyklus:
Das Element Feuer schmilzt das Element Metall.

- **Unterstützende Charaktereigenschaften:**
  Konzentrationsfähigkeit, Zielorientiertheit, diszipliniert, distanziert, hohe moralische und ästhetische Ansprüche, ruhig, beherrscht

- **Aufgabenstellungen, die zu meistern sind:**
  Aggressionen, Ungeduld, Intoleranz, Gefühlsschwankungen, Erhaltung der Flexibilität

- **Krankheitsneigungen:**
  Lungen- und Dickdarmprobleme

- **Wo sollten Sie wohnen?**
  Sie benötigen eine Umgebung, die klar und ruhig geordnet ist und viel Grün aufweist. Sie fühlen sich daher am wohlsten in einer Umgebung mit großen Bäumen im Garten oder dem Blick auf eine Parklandschaft.

- **Wie sollte Ihre Wohnung ausgestattet sein?**
  Die Räume sollten hell, groß und luftig sein. Sparsame Möblierung und Ordnung sind hilfreich, um ein energievolles Ambiente zu erzeugen. Der Raum bietet schöne Formen, kunstvolle Gegenstände, die solitär ein Blickfang sind.
  Metall und Glas, kühle und klare Farben beherrschen den Raum. Helle Naturhölzer und kalkgetünchte Wände bestimmen die Stimmung zu cremefarbenen Bezügen und hellen Baumwoll- und Leinenstoffen.

- **Was Sie meiden sollten**
  Feuer schmilzt das Metall! Deshalb sollten Sie rote Elemente, wie einen Teppich oder rot gestrichene Wände, nicht mit Metallmöbeln und beispielsweise blauen Bezügen kombinieren.

Sie sind eine Wasserpersönlichkeit

水

Aufbauender Zyklus der Elemente:
Das Element Metall fördert das Element Wasser.

Zerstörungszyklus:
Erde absorbiert das Wasser.

- **Unterstützende Charaktereigenschaften:**
  Neugierde, Anpassungsfähigkeit, Dynamik, Objektivität, Flexibilität

- **Aufgabenstellungen, die zu meistern sind:**
  Kann sich zu abhängig von der Meinung anderer machen; Stimmungsschwankungen, Spannungen loszulassen ist Ihre primäre Aufgabe.

- **Krankheitsneigungen:**
  Rückenschmerzen, kalte Gliedmaßen, Grippeneigung, Durchblutungsstörungen

- **Wo sollten Sie wohnen?**
  Sie benötigen eine Umgebung mit und am Wasser. Theater, Musik- und Ausgehmöglichkeiten sollten in der Nähe sein.

- **Wie sollte Ihre Wohnung ausgestattet sein?**
  Zimmerspringbrunnen, glänzende Stoffe wie Satinbezüge, Seide und glänzende, lackierte Böden entsprechen dem Element Wasser.
  Blasse fliederfarbene und pastellig grau abgestufte Wände geben dem Raum die Klarheit und Unterstützung, die der Wasser-Mensch benötigt. Kombinieren Sie diese zarten Farbtöne mit kräftigen Blau-, Grün- und Lilatönen für die Fußböden, die Türen, Bilderrahmen, Sessel oder Übergardinen.
  Schimmernde Flächen, Perlen, Glasvitrinen und Glasschmuck, neben welligen und horizontal verlaufenden Mustern bilden neben runden Beistelltischen und Muscheldekorationen ein stimmiges Gesamtkonzept.

- **Was Sie meiden sollten**
  Erde absorbiert das Wasser im Kreislauf der Elemente, deshalb sollten Sie das Element Erde in Form von braunen Teppichen oder ebensolchen Wänden meiden und den mediterranen Terrakottastil außen vor lassen.

Das Lebenselixier Wasser

Lourdes, ein Wallfahrtsort in den Pyrenäen, wurde vor 150 Jahren bekannt als der Ort der Wunder, der Begegnungen mit der heiligen Jungfrau Maria. Die Mutter Gottes sei erschienen und habe gesagt: »Trinke das Wasser aus der Quelle«. Seither kommen die Menschen und trinken das Quellwasser, was Blinde sehend machen und Lahme zum Gehen bringen soll.

Sechs Millionen Menschen pilgern jährlich dorthin und suchen Heilung von Schmerzen und unheilbaren Krankheiten. Die Heilwirkung des Wassers ist physikalisch und chemisch nicht zu erklären. Wasser scheint gleich Wasser zu sein. Doch dass dem nicht so ist, haben unter anderem die Naturforscher Viktor Schauberger oder auch Johann Grander hinreichend dargelegt. Versuche von dem japanischen Wissenschaftler M. Emoto über Wasser sind beeindruckend und erklären, was Wasser vermag: Es verändert sich unter dem Einfluss von Musik, Klang und unter anderem auch dem gesprochenen Wort.

Wasser ist Lebensquelle pur. Nur warum wissen das so wenige? Krankheiten lassen sich allein schon mit Wasser kurieren, besteht doch der menschliche Organismus zu fast 75 Prozent aus Wasser. Das Gehirn enthält mit 85 Prozent sogar einen noch höheren Prozentsatz und reagiert äußerst empfindlich auf jede Art von Wasserentzug. Es schwimmt, und zwar in einer salzigen Substanz, der Zerebrospinalflüssigkeit.

Doch Wasser wird in der Ernährungslehre und in Büchern über unsere alltägliche Nahrung ausgesprochen stiefmütterlich behandelt. Dr. med. Fereydoon Batmanghelidj hat die ungeheure Bedeutung dieses Lebenselixiers erkannt. »Viele mit Schmerzen verbundene gesundheitliche Probleme rühren von Wassermangel her«, sagt er. Die Schulmedizin wirft Dr. med. Batmanghelidj seither vor, sich niemals wirklich mit der Bedeutung des Wassers auseinander gesetzt zu haben. Für ihn, der seine Ausbildung an der medizinischen Fakultät im »St. Mary's Hospital« der Londoner Universität begann, aber steht fest: »Chronischer Wassermangel ist die Hauptursache für viele Krankheiten.« Sie seien ein stummer Schrei des Organismus' nach ausreichender Versorgung mit dem kostbaren Nass. Mit der Wasserunterversorgung gingen auch viele weitere Verluste an Lebenskraft einher. Batmanghelidj: »Wir müssen verstehen, dass ein anhaltender Wassermangel zu einem sich kontinuierlich verändernden neuen chemischen Zustand im Körper führt.« Werde der Körper jedoch ausreichend mit Wasser versorgt, erhöhe sich die Wirksamkeit vieler Proteine und Enzyme, deren physiologische Aufgaben noch gar nicht bekannt seien. So ließe sich dem vorzeitigen Altern und dem frühen Funktionsverlust unserer verschiedenen Sinnessysteme am besten vorbeugen.

Dehydrierung durch Wassermangel in der Ernährung

Wenn Sie denken, dass Sie erst dann Wasser benötigen, wenn Ihr Mund bereits trocken ist, so ist dies nicht richtig. Denn nicht nur der ausgetrocknete Mund signalisiert, dass der Mensch dehydriert. Die Dehydrierung, also die

Austrocknung eines Organismus', beginnt lange vorher. Batmanghelidj: »Man kann unter erheblicher Austrocknung leiden, ohne dass der Mund trocken wird.« Ein trockener Mund gehöre sogar zu den allerletzten Indizien für eine Austrocknung des Körpers, sagt er. Ein Beispiel für die unbemerkte Unterversorgung mit Wasser sei der jugendliche Diabetes vom Typ 1, »bei dem die Insulin produzierenden Zellen der Bauchspeicheldrüse dem anhaltenden Wassermangel zum Opfer gefallen sind.«

Die Grundlagenmedizin sieht im Wasser »lediglich eine Substanz«, die »verschiedene Stoffe durch den Körper transportiert«. Doch Wasser ist keine einfache inaktive Substanz, sondern ein polares Lösungsmittel. Man kann dies auch in einer besonderen Form bei älteren Menschen feststellen. Dass dem so ist, haben Sie sicherlich schon einmal beobachtet: Die alten Menschen verlieren zusehends das Durstgefühl. Die Zellen ihres Organismus gleichen deshalb »dörrpflaumenartig« geschrumpften Gebilden, die ihre Vitalität verloren haben. So weit wollen Sie es doch nicht kommen lassen, oder?

Abnehmen durch Wassertrinken – besser als jede Diät

Batmanghelidj nennt »46 gute Gründe, täglich Wasser zu trinken«. Dabei ist bei ihm wirklich Wasser gemeint – nicht irgendwelche Zubereitungen mit Wasser, wie beispielsweise Tee – sondern Trinkwasser. Hier einige Beispiele: Grund 15, aus dem man unbedingt Wasser trinken sollte, lautet: »Wasser ist das Hauptgleitmittel in den Gelenkspalten und hilft Arthritis und Rückenschmerzen vorzubeugen.« Grund 16: »Mit Hilfe von Wasser werden die Bandscheiben zwischen den Wirbelkörpern zu stoßdämpfenden Wasserkissen.« Grund 17: »Wasser ist das beste Abführmittel und verhindert Verstopfung.« Grund 21: »Wasser liefert die Kraft und die elektrische Energie für alle Gehirnfunktionen, insbesondere für das Denken.« Grund 24: »Wasser kann die Entstehung des Aufmerksamkeitsdefizitsyndroms (ADS) bei Erwachsenen und Kindern verhindern helfen.« Grund 26: »Wasser ist ein besserer Muntermacher als jedes andere Getränk auf der Welt – und es hat keinerlei Nebenwirkungen.« Schließlich Grund 38 und 41: »Bei Wassermangel werden keine Sexualhormone gebildet, einer der Hauptgründe für Impotenz und Libidoverlust – Wassertrinken ist die beste Möglichkeit, um abzunehmen – Sie werden nicht zu viel essen, wenn Sie eigentlich nur durstig sind.«

Für Batmanghelidj ist die Heilung von innen mit Wasser die »Grundlage einer neuen Medizin«.

Die Vorteile und Wirkungen auf die Gesundheit sind unbestritten. Insbesondere hat eine ausreichende Wasserversorgung eine regulative Wirkung auf das Hormonsystem. Wirkungen zur Reduzierung von Übergewicht, Sodbrennen und Gicht sind zu verzeichnen. Wasser hilft, den Alterungsprozessen vorzubeugen und hat Wirkungen selbst bei chronischen Krankheiten wie Krebs.

Wasser trinken und Salz in der Ernährung – so besiegen Sie den Hunger

Um das Gewicht zu reduzieren, sollten Sie zunächst Wasser trinken. Wasser kann den Elektrolythaushalt ins Ungleichgewicht bringen. Deshalb gilt: Sorgen Sie für einen entsprechenden Elektrolytausgleich.

»Vergessen Sie das Natursalz in Maßen nicht, wenn Sie abnehmen möchten«, rät Batmanghelidj. »Wenn dem Körper Wasser fehlt, kann er seine Wasserreserven nur auffüllen, wenn er über genügend Salz verfügt, um den Wassergehalt im Extrazellularraum zu erhöhen. Bei Wassermangel sucht der Körper nach Salz in den aufgenommenen Nahrungsmitteln. Um genügend davon zu bekommen, essen wir übermäßig.«

Natürlich reden wir hier nur von Natursalz, wie Stein- oder Meersalz, nicht von dem industriell synthetisierten Salz.

Der Wasserdoktor Kneipp

Der Pfarrer Kneipp belebte das, was schon in der Antike und im 18. Jahrhundert bekannt war, und erweckte es zu neuem Leben: Er propagierte die Nutzung der Heilkraft des Wassers.

Er orientierte sich dabei an dem Buch, das er in einer Bibliothek entdeckt hatte: »Unterricht von Krafft und Würckung des frischen Wassers in die Leiber der Menschen insbesondere der Kranken«. Veröffentlicht hatte es 1738 Johann Siegmund Hahn. In dieser Abhandlung hatte der schlesische Mediziner allerdings nur zusammengetragen, was die Menschen schon jahrtausendelang vor ihm praktizierten. Bäder nutze man bereits in der Antike als Heilmittel. Auf einer 3500 Jahre alten Keilschrifttafel aus Mesopotamien ist z. B. bereits eine Anleitung zum Wasserguss festgehalten.

Niemand zuvor hatte sich bisher allerdings so systematisch des Wassers angenommen wie Sebastian Kneipp. Rund 120 verschiedene Wickel, Waschungen, Bäder, Güsse und Gänge durch das Nass arbeitete er aus und listete sie in seinem Buch »Meine Wasserkur« (1886) auf. Das Wasser »heilt alle überhaupt heilbaren Krankheiten« heißt es in dem in 17 Sprachen übersetzten Buch. Angelockt von den Versprechen des Bestsellers kamen Zehntausende nach Wörishofen, wo Kneipp als Pfarrer arbeitete. Schon bald ließ Kneipp Badehäuser in dem Bauerndorf bauen. Die Hydrotherapie boomte.

Kneipp war aber auch Seelsorger. Er kannte die Lebensverhältnisse und Nöte der Menschen seiner Zeit. So reicherte er die Hydrotherapie um weitere Aspekte an: ausgewogene Ernährung, ausreichende Bewegung und die »Ordnungstherapie«, die Lehre vom geregelten Leben. Seine Abhandlungen entsprechen weitgehend den heute geltenden Theorien vom gesunden Lebensstil. Die fünfte »Säule« der Kneipptherapie bildet die Kräuterkunde. Allerdings sind ihre Theorien in einigen Punkten überholt. Mit seinen umfassenden Lehren gilt Kneipp seinen Anhängern als Vater der modernen Ganzheitsmedizin. Seinen größten Ruhm allerdings hat er bis heute als »Wasserdoktor«.

Er habe schon so manchen Mann nach dem ersten Kaltwasserguss »wie Espenlaub zittern sehen«, schrieb Sebastian Kneipp, der wenig Wohlwollen mit »Schwächlingen« hatte. Denn eines der Hauptanliegen des Pfarrers war die »Abhärtung«.

Dennoch gibt es neuere Studien, die tatsächlich so etwas wie eine »Abhärtung« des Immunsystems nach Kneippschen Anwendungen messen. Eine Studie der Universität Jena ergab, dass die Wirkung von Wasseranwendungen auf das Immunsystem von Patienten mit chronischer Bronchitis positiv ist. Zehn Wochen lang wurde der Oberkörper mit Kälte behandelt, dreimal wöchentlich mit Güssen, zweimal pro Woche mit Waschungen. Das Ergebnis: Im Blut der Probanden stieg die Zahl der Lymphozyten um 13 Prozent, jener Zellen, die Krankheitserreger erkennen und vernichten. Die Zahl der Infekte, unter denen die Patienten infolge der eingeschränkten Lungenfunktion gewöhnlich litten, sank.

Erhöhung der Immunzellenanzahl

Vier weitere Studien hatten einen ähnlichen Anstieg der Immunzellen gemessen. Die Forscher erklären dies mit der Anpassung des Immunsystems an die wiederholten Reize der Kaltwasserbehandlung. Der Organismus hat »gelernt«, auf wiederkehrende äußere Reize angemessen zu reagieren. Dies bedeutet zum einen ein Training der komplexen Vorgänge im Immunsystem. Zum anderen wappnet die größere Zahl der Immunzellen den Körper besser gegen Krankheitserreger.

Die Jenaer Ärzte schließen aus den Ergebnissen ihrer Studie, dass sich durch regelmäßige Kaltwassergüsse die Anfälligkeit für Atemwegsinfekte wirksam senken lässt. Dies gelte nicht nur für die untersuchte Gruppe von Patienten mit chronischer Bronchitis, sondern für alle Menschen mit einer Neigung zu häufigen Infekten. Allerdings könne von »Abhärtung« erst nach rund zehn Wochen Behandlung gesprochen werden. Wer sich für die kalte Jahreszeit fit machen will, müsse also rechtzeitig vorher mit dem Kaltwasser-Training beginnen.

Ein großer Vorteil der Hydrotherapie liegt darin, dass der Patient sie in den meisten Fällen selbst anwenden kann, und Nebenwirkungen gibt es zudem so gut wie keine. Dennoch warnt Heinz Leuchtgens, der Präsident des Kneippärtzebunds, davor, die Behandlungen als »einfache Planscherei« in Selbstmedikation zu beginnen. Vor der Wasseranwendung sollte immer ein Arzt die Ursachen der Beschwerden abklären. Denn etwa im Fall akuter, schwerer Erkrankungen des Herzens hat die Kneipp-Therapie als primäre Behandlungsmethode keinen Nutzen. Bei einigen Krankheitszuständen wie Psychoseschüben kann sie sogar schädlich wirken.

Ist eine Kneipp-Anwendung angezeigt, sollte ein Experte die geeignete Methode herausfinden und dem Patienten erläutern. Dies kann im Rahmen einer Badekur – deren Kosten die Krankenkassen häufig übernehmen – oder bei einem niedergelassenen Kneipparzt oder Kneippbademeister erfolgen.

Die Trinkkur

Wasser ist die einfachste Medizin, und das absolute Minimum sind anderthalb Liter Wasser am Tag!

Sie wollen den Körper durchspülen? Sie wollen, dass Schlacken ausgeschieden werden? Sie wollen die Organe und Gefäße elastisch erhalten? All dies und noch mehr erreichen Sie mit Wasser, denn ohne Wasser werden alle anderen Methoden nur halbherzig wirken. Dies weiß auch die Naturmedizin, die gerade in der Herstellung auf die Wasserqualität äußersten Wert legen.

Das beste Getränk für eine Kur ist Quellwasser oder abgekochtes Wasser. Trinken Sie zum Beispiel vor dem Essen ein Glas Wasser. Dann werden Sie weniger essen und bewahren sich dadurch eine schlanke Figur. Lassen Sie einfach den Speichel und die Enzyme für sich und die Verdauung arbeiten!

Gewöhnen Sie sich aber an, während des Essens nichts zu trinken, und geben Sie so Ihrem Speichel die Chance, die Nahrung aktiv aufzuspalten und die Vorverdauung anzuregen. Wenn Sie dennoch nicht ganz darauf verzichten können, dann trinken Sie möglichst Quellwasser oder abgekochtes Wasser. Letzteres ist in der Lage, das Zellsystem gut zu durchspülen, weil durch zwanzigminütiges Köcheln die Oberflächenspannung des Wassers verringert und so der Transport durch das Zellsystem erleichtert wird. Fruchtsäfte, Cola, Limonade, Früchtetee oder Alkohol sind nicht zu empfehlen, da sie sehr säuern und zudem meist einen intensiven Eigengeschmack haben, der den der anderen Speisen überlagern kann.

Frühestens eine Viertelstunde nach dem Essen sollten Sie trinken. Natürlich sind Abende, an denen Sie sich mit Freunden treffen und gemütlich ein Glas Wein oder insbesondere Hefeweizen- oder Weißbier trinken, ausgenommen. Weizenbier ist übrigens ein guter Schlaftrunk, wenn es bei einem Glas bleibt. Es wärmt die Füße und die Nieren.

Ausnahmen gehören zum Leben! Sie sollten nur nicht die Regel werden. Wenn Sie der Ausnahme frönen, dann genießen Sie diese auch und erfreuen Sie sich daran, das mindert einen Teil der ungünstigen Auswirkungen, und Stimmungshochs fördern die Verdauung!

Trinken Sie so viel, dass Sie bis zu fünf Mal am Tag Wasser lassen können. Dann haben Sie Ihre individuelle Trinkmenge gefunden.

Die Heilkraft der Farben

Unser Verlangen nach bestimmten Farben ist wie das Bedürfnis nach bestimmten Geschmacksrichtungen beim Essen: Wir balancieren damit intuitiv unsere Energien aus. Wenn wir uns träge und schwer fühlen, dann möchten wir belebende und frische Farben, die uns Energie geben und Schwung verleihen. Wenn uns aber der »Kopf raucht«, weil wir uns geistig überanspruсht haben, dann suchen wir kühle Töne, das Blau des Himmels oder das Grün der Natur. Der innere Selbstheilungsmechanismus lässt dabei oft einen richtigen Farbhunger entstehen.

Manche haben einen richtigen Hunger nach Grün und wählen ihre Kleidung oder Wohnungseinrichtung danach aus. Ziehen wir beispielsweise eine rote Jacke an, wollen wir uns aktiv fühlen und wärmen, auffallen und uns anregen – insbesondere im Kreislaufsystem. Andere sehen rot ..., oder ihre Pausen sind lila, wie die Werbung uns glauben machen will. Manchmal haben wir auch einfach nur das Bedürfnis danach, die Farben regelrecht zu essen.

Viele Handlungen in Bezug auf Farben laufen auf der unterbewussten Ebene ab. Beispielsweise reagieren wir auf die Ampel bei der Farbe Rot, da sie ein Warnsignal ist, und halten. Farben können aber auch bewusst und therapeutisch eingesetzt werden. Sie können Heilungsprozesse fördern und den harmonischen Farbklang der Seele wiederherstellen.

Die beste Farbtherapie bietet die Natur

Licht, das wir sehen, und Farben, die wir wahrnehmen, verändern uns – nicht nur physisch, sondern auch körperlich. Denn Farben setzen biochemische Reaktionen im Nervensystem in Gang, die eine Auswirkung auf den gesamten Organismus haben. Es gibt einen berühmten indischen Weisheitsspruch, der dem Weisen Adi Shankara zugeschrieben wird: »Du wirst zu dem, was du siehst.«

Damit ist in treffender Weise ausgedrückt, wie unser Bewusstsein und als Folge davon auch unser Körper durch alles, was wir über die Sinne aufnehmen, verändert und auch geprägt wird. Wir sollten deshalb, das ist die logische Konsequenz daraus, sehr darauf achten, worauf wir unser Augenmerk richten und für welche Ereignisse wir die Pforten unserer Sinne öffnen. Die Farben der Natur sind dabei eine hervorragende Möglichkeit, nicht nur die schönen Seiten des Lebens in uns aufzunehmen, weil damit das Glück, die Freude und die Gesundheit wachsen, sondern auch das Gleichgewicht der geistigen und körperlichen Regelkräfte aufrechtzuerhalten oder wiederherzustellen.

Farbtherapie

Dem Physiker Isaak Newton gelang es im 17. Jahrhundert, weißes Licht mit Hilfe des Prismas in seine Bestandteile zu zerlegen. Er machte so die einzelnen Farben sichtbar und belegte: Weißes Licht beinhaltet alle Farben!

Später erkannte man, dass jede Farbe eine bestimmte Wellenlänge hat, also einer bestimmten elektromagnetischen Schwingung entspricht, womit klar wurde: Licht und Farbe gehören untrennbar zusammen.

Die Farbtherapie findet in der Praxis Anwendung bei:
Lernschwierigkeiten, Stress, Störungen des Biorhythmus' (Schichtarbeiter, Schlafstörungen, Jetlag), sexuellen Störungen, Stoffwechselstörungen, zur Unterstützung der Entgiftung, bei Schmerzen im Bereich von Gelenken und der Wirbelsäule.

Ob die Beschwerden im Bereich der Organe, der Muskeln, der Nerven, der Haut, des Stoffwechsels oder aber im Bereich von Knochen und Gelenken liegen, immer kann man mit der Farbtherapie sehr tief greifende Veränderungen bewirken.

Die Farbtherapie kann im Prinzip bei jeder Erkrankung, aber auch vorbeugend, um die Abwehrkräfte zu stimulieren, eingesetzt werden.

Sie ist eine sehr wirkungsvolle und trotzdem sanfte Methode. Kombinationsmöglichkeiten mit anderen Therapien sind zudem gegeben.

Beispiele der Anwendung von Farben:

- **Rot:**
  Wirkt anregend auf das Herz-Kreislaufsystem.
- **Grün:**
  Wirkt regulierend auf das Leber-Gallensystem.
- **Gelb:**
  Wirkt regulierend auf das Lymphsystem.
- **Blau:**
  Wirkt kühlend und beruhigend auf das Nieren-Blasensystem.

Farben essen

Essen Sie täglich von jeder Farbe etwas. Nehmen Sie beispielsweise *Rot*, die Farbe des Feuers, in Form von vollreifen Tomaten (nicht zu viele), Himbeeren, Erdbeeren, roten Paprika, Kirschen und Johannisbeeren zu sich, oder entsprechende Gemüse- oder Obstsäfte.

Um sich im Erd-Element die richtige Farbe zuzuführen, ist die Aufnahme von gelben Nahrungsmitteln notwendig, welche einen süßlichen Geschmack haben. *Gelb* erhalten Sie beispielsweise durch Weizen, Roggen, Hafer, Dinkel, Mais, Aprikosen, Pfirsiche und Eigelb (in kleinen Mengen). Besonders der Butter ist eine gute Durchfeuchtung der Haut zu verdanken – allerdings nicht, wenn man sie zum Braten benutzt.

Die Farbe *Weiß* ist dem Element Metall zugeordnet. Rettich, Zwiebeln, Knoblauch, Spargel, Blumen- und Weißkohl gehören beispielsweise zu den weißen Nahrungsmitteln.

Auch die *blaue* Farbe darf nicht fehlen. Sie entspricht dem Element Wasser. Essen Sie beispielsweise Pflaumen, Auberginen, blaue Trauben, Blaubeeren und Rotkohl.

Die *grüne* Farbe nehmen Sie mit Gurken, grünen Äpfeln, Grünkohl, Spinat, grünen Trauben und insbesondere dem Löwenzahnsalat zu sich. Mit Grün führen Sie dem Holz-Element seine Farbe zu.

Wie Sie die Farben auch für sich nutzen, ob Sie die Farben essen, anziehen oder sich bewusst einer Farbtherapie unterziehen – die Natur ist immer noch der beste Weg!

Bei ernsthaften Erkrankungen wird Ihnen der gezielte Einsatz von Farben unter Anleitung eines Therapeuten weiterhelfen.

Schlusswort

Aus der Perspektive des Feng Shui bietet sich eine andere Betrachtungsweise der Welt. Sie sensibilisiert uns gegenüber den Kräften, die der Natur innewohnen. Das Universum und alles, was uns umgibt, steht mit uns in Verbindung. Betrachten wir es als ein wechselseitiges Spiel von dynamischen Kräften und Wandlungen, anstatt alles in Teile zerlegen zu wollen und es der Analyse zu unterziehen, wobei die Sinnhaftigkeit verloren gehen kann.

Feng Shui und Naturmedizin beruhen auf der Einsicht, dass alles in und um uns herum mit Energie, Leben und Kraft erfüllt ist. Alle alten Kulturen der Welt hegten Wertschätzung und ein Gefühl von Verantwortung gegenüber der In- und Umwelt. Eine konstruktive Beziehung zu unserer Umwelt schließt ein, dass es auch eine harmonische Art des Lebens selbst geben muss, ein Eingestimmtsein auf die im Universum fließenden Energien. Das bedeutet auch, dass wir die Ströme der Natur nicht unterbrechen, sondern ein partnerschaftliches Verhältnis zu den Plätzen aufbauen, an denen wir leben und diese achten, wie auch die Bäume, Pflanzen, Tiere und das Wasser.

So wie sich die Pflanze zum Licht hin entwickelt, sind auch wir Menschen phototrope Wesen, Lichtwesen. Diesem Sachverhalt wird im Feng Shui Rechnung getragen und bei der Errichtung der Wohngebäude wird folglich der Winkel zum Licht berechnet, indem ein Haus am besten zur Sonne steht. So wird gewährleistet, dass die Energien den Menschen zufließen können. Die Natur findet Einlass in die Räume selbst, indem Pflanzen und Wasser in das innere Umfeld gebracht werden und Bilder die Natur wiedergeben. Die Fenster spielen dabei eine große Rolle, sind sie doch nicht nur Lichtspender, sondern geben auch den Blick in den Garten, die Energiequelle des Gebäudes frei. Um einen möglichst großen energetischen Gewinn aus dem Garten zu ziehen, habe ich mit der Gartenarchitektin Frau Sörries-Herrnkind den Begriff **Qi-Gardens** geprägt, eine Kombination aus traditioneller Gartenkunst und Feng Shui Aspekten. Ein Qi-Gardens wird Ihnen immer eine Freude sein, Genuss und Energietankstelle zugleich.

Das Innere eines Gebäudes ist der Spiegel der Seele seiner Bewohner.

Olivia Moogk

Lange, dunkle, schmale Flure und Zimmer sind dem Leben eines Menschen nicht förderlich, sondern bedrücken ihn und stimmen die Seele depressiv. Aber auch der Blick gegen Hauswände kann uns beeinflussen und Aggressionen wecken, erst recht dann, wenn kein Blick auf die Natur ausgleichend hinzukommt. Deshalb müssen wir uns auch in Zukunft in Richtung eines harmonischen Bauens sowie gesunden und lustvollen Einrichtens hinbewegen und die Räume lichtvoll, gemütlich, einladend und Geborgenheit gebend gestalten. Gesundes und harmonisches Wohnen geht mit einer gesunden Lebensweise einher. Wer sich gesund erhalten möchte, wird viele Anregungen in diesem Buch finden, um sein Leben zu verbessern. Im Krankheitsfalle wird neben der Schulmedizin der eine oder andere Heilmittelvorschlag auf natürliche Weise helfen, Sie wieder ins Gleichgewicht zu bringen und die

Gesundheit wiederherzustellen. Natürlich sollten Sie auch Ihren Arzt oder Heilpraktiker konsultieren, wenn Sie eine ernsthafte Störung der Gesundheit bemerken. Andererseits kennt dieser nicht Ihre Wohnsituation, die Sie krank machen kann, oder er weiß nicht, dass Sie einen Mangel an Bewegung haben oder vielleicht zu wenig Wasser trinken, übersäuert sind, negativ denken oder gerade eine Sie seelisch belastende Zeit durchmachen. Das Buch hilft Ihnen über sich selbst, Ihre Umgebung und Ihr Wohnumfeld nachzudenken und sich einer gesunden und natürlichen Lebensweise zu nähern.

Ich wünsche Ihnen beim Lesen des Buches viel Freude, Erkenntnis und einen Gewinn für Ihre Gesundheit!

Ihre Olivia Moogk

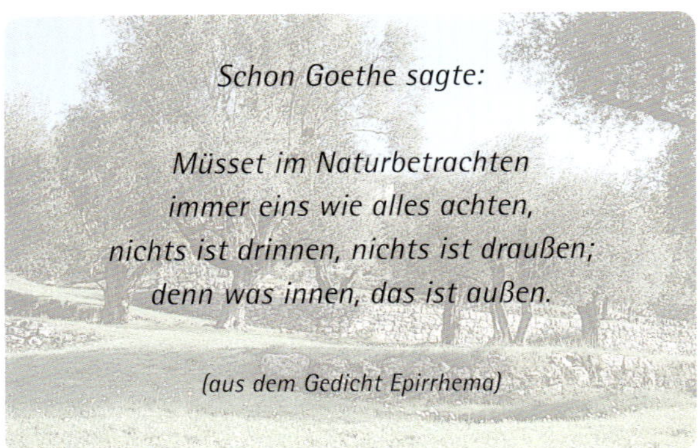

Literatur zum Thema »Feng Shui«

Moogk, Olivia: **Beauty Feng Shui – Die acht Säulen der Schönheit**, Silberschnur 1999

Moogk, Olivia: **Geheimsymbolik des Feng Shui**, Silberschnur 1999

Moogk, Olivia: **Feng Shui – Neun erfolgreiche Strategien für Gewinner**, Silberschnur 2000

Moogk, Olivia: **Olivia Moogks »Glückskarten« – Ihr persönlicher Ratgeber**, Silberschnur 2002

Moogk, Olivia: **Der große Feng Shui-Ratgeber**, 2. Aufl., Silberschnur 2002

Moogk, Olivia und Brormann, Frank: **Haare gut – alles gut. Im Ambiente von Wind und Wasser**, Silberschnur 2002

Moogk, Olivia: **Business-Feng Shui – der Interieur-Faktor für Ihren Erfolg**, Silberschnur 2003

Moogk, Olivia: **Olivia Moogks Feng Shui – Kalender 2004 – Erfolg mit den 28 Mondhäusern**, Feng Shui-Institut Moogk 2003

Moogk, Olivia: **Olivia Moogks Feng Shui – Kalender 2007 – Erfolg mit den 28 Mondhäusern**, Verlag »Die Silberschnur« 2006

Moogk, Olivia und Sörries-Herrnkind, Barbara: **»Qi-Gardens – Gärten gestalten mit Feng Shui**, Silberschnur 2004

Trevelyan, Joanna: **Feng Shui Plus**, Augustus 1999

Weiterführende Literatur

Chao-Hsiu-Chen: **Chi Lebenskraft**, Peter Erd Verlag, 1995

Dennison, Paul Dr.: **Befreite Bahnen**, Verlag für Angewandte Kinesiologie, 1984

Div.: **Das große Lexikon der Heilsteine, Düfte und Kräuter**, Methusalem Verlag, 2000

Dobesch, Susanne: **Johann Grander**, Uranus Verlag, 2001

Hackl, Monnica: **Hui Chun Gong**, Irisiana Verlag, 1999

Hoffmann, Eva Katharina: **Energiepflanzen im Haus**, Panta Rhei Verlag, 1997

Internationaler Arbeitskreis für Geobiologie e.V.: **Standort als Risikofaktor**, Reichel Verlag, 1994

Kronberger, Hans und Lattacher, Siegbert: **Auf der Spur des Wasserrätsels**, Uranus Verlag, 2002

Lee, Helen: **Das Tao von Körper und Seele**, Wunderlich, 2001

Prade, Ernstfried: **Das Plocher Energie System**, Bio Energetik Verlag, 2003

Rolle, Dominik F.: **Elektrosmog**, AT Verlag, 2003

Simon, Kurt: **Erdstrahlen und Wasseradern**, Panta Rhei Verlag, 1997

Uyldert, Mellie: **Verborgene Kräfte der Pflanzen**, Irisiana Verlag, 1993

Altmann-Brewe, Jutta: **Zeitbombe Amalgam**, Haug Verlag, 2003

Daunderer, Max: **Gifte im Alltag**, C.H. Beck Verlag, 2005

Hay, Louise L.: **Heile deinen Körper: Seelisch-geistige Gründe, für Krankheiten**, Lüchow Verlag, 2006

Klein, Thomas: **Energieverlust und Krankheit durch Zahnherde**, Hygeia Verlag, 1986

Kur, Friedrich: **Wohngifte. Handbuch für gesundes Bauen und Einrichten**, Eichborn Verlag, 1986

Maes, Wolfgang Maes und Haug, Karl F.: **Elektrosmog, Wohngifte, Pilze**, Karl F. Haug Verlag, 1999

Mathejka, Rainer: **Ausleitende Therapieverfahren. Methoden und Praxis**, Urban & Fischer Verlag, 1999

Mutter, Joachim: **Amalgam – Neue Fakten. Quecksilbervergiftungen richtig ausleiten**, Natura Viva Verlag, 2007

Rolle, Dominik: **Elektrosmog**, At-Verlag, 2003

Rupp, Petra: **Gesundheits-Check für Haus und Wohnung. Schadstoffe und Wohngifte vermeiden, erkennen und beseitigen**, Eccomedia Verlag, 2003

Stiefvater, Prof. Dr. med. Erich W.: **Die Organuhr**, Haug Verlag, 1988

Strunz, Ulrich Th.: **Die forever young-Diät**, Heyne Verlag, 2007

Dr. D. Volkmer: **Herd, Focus, Störfeld**, Books on Demand, 2005

Adressen

Feng Shui-Beratung/-Ausbildung

auf internationaler Ebene und
Ausbildung bis zum Expertengrad in kleinen Studiengruppen

Versand und Verkauf von Feng Shui-Heilmitteln
wie Bücher, Spiegel, Kristalle, Feng Shui-Geldmünzen, Räucherungen, Raumdüfte etc.

Internationales Feng Shui-Institut Moogk
Breslauerstraße 2 B · D-65307 Bad Schwalbach
Tel. +49 (0) 61 24 – 72 53 80/1 · Fax +49 (0) 61 24 – 72 53 82
www.fengshuimoogk.de · fengshuimoogk@fengshuimoogk.de

Naturheilmittel

Die in diesem Buch angegeben Naturheilmittel stellt die Firma Pascoe her. Patienten, Ärzte und Heilpraktiker können sich gern über die Webseite der Firma informieren:

Firma Pascoe Naturmedizin
Pascoe Pharm. Präparate GmbH
Schiffenberger Weg 55 · D-35383 Giessen
Tel. +49 (0) 641 – 79 60 118 · Fax +49 (0) 641 – 79 60 119
www.pascoe.de · E-Mail: pascoe@pascoe.de

Kosmetik frei von Belastungen
Pure Natur für Ihre Schönheit

»Qi-pure« Asiatic Beauty Cremes
Anfragen über Internat. Feng Shui-Institut Moogk
E-Mail: fengshuimoogk@fengshuimoogk.de
Wir leiten Ihre Anfragen gern weiter.

Vital durch Naturkost, positives Denken und gesunde Körperbewegungen

Versand von Tees, Vitalmüsli etc.

Dipl. Ernährungsberater und Körpertherapeut Rainer Schiener
Neumühle · D-56479 Elsoff
Tel. +49 (0) 26 64 – 99 28 20 · Fax +49 (0) 26 64 – 99 28 25

Adressen für Energiebilder und energetisierte SynErgetic-Farben für den Wohnraum

Erfragen Sie diese bitte aktuell über das Internat. Feng Shui-Institut Moogk.

Ansteigende Fußbäder für besseren Schlaf und zur Entstressung vom Alltag

Schiele Arzneibäder-Fabrik
Kreislaufbadewanne und Zusätze
Industriestraße 8B · D-25462 Rellingen
Tel. (+49) (0) 41 01 – 34 2 39 · Fax +49 (0) 41 01 – 3 34 68

Befreit von Feuchtigkeit im Gebäude!

Firma Aquapol Vertriebszentrale Deutschland
Umweltfreundliche Mauertrockenlegung
Ihrer Gesundheit zuliebe

Bavariastraße 1 · D-80336 München
Tel. +49 (0) 89 – 72 01 79 79 · Fax +49 (0) 89 – 72 01 79 78
www.Aquapol-Deutschland.de

Gesundes Wohnen und Bauen

Frau Dipl. Architektin Beate Rühl
Mitglied Deutscher Werkbund

Hochwaldstraße 25 · D-61231 Bad Nauheim
Tel. +49 (0) 60 32 – 92 84 61 · Fax +49 (0) 60 32 – 92 84 62
www.gesund-wohnen.com · E-Mail: gesund-wohnen@t-online.de

Verbände

Dachverband der Bürger und Initiativen zum Schutz vor Elektrosmog

Lindenweg 10 · D-95643 Tirschenreuth
Tel. +49 (0) 96 31 – 79 57 36 · www.buergerwelle.com

Bürgerinitiative Sendemast
Ransel-Wollmerschied e.V.

Weiseler Weg 5 · D-65391 Lorch-Ransel
Tel. +49 (0) 67 26 - 96 48

Weiterführende Links:

Zum Thema Amalgam: Austestungen und Bücher zum Thema über www.bio-net.de

Über die Autorin

Olivia Moogk widmet sich seit vielen Jahren dem Studium der östlichen Philosophie und der Traditionellen Chinesischen Medizin. 1988 brachte sie das Feng Shui-Wissen aus China mit nach Deutschland und machte es sich zur Aufgabe, Feng Shui zu einem Zeitpunkt weiter zu verbreiten, als dies in Europa noch Neuland war. 1998 war sie Gründungsmitglied der »International Feng Shui Research Association« in Wuhan und bildet nach internationalem Standard Schüler zu Feng Shui-Experten aus.
Sie arbeitet seit vielen Jahren u.a. für Firmen wie Beiersdorf, Wella oder Edeka, publiziert Fachbücher, schreibt Artikel für Zeitschriften und ist gern gesehener Gast in Rundfunk und Fernsehen.
Als Art Director der Firma »Casa Solarte« hat sie ein Konzept entwickelt, um Hauseigentümern, Bauherren, Architekten und Feng Shui-Beratern internationalen Einrichtungsstil nach höchsten Feng Shui-Anforderungen zur Verfügung zu stellen – immer nach ihrem Grundsatz:
Motivieren, sensibilisieren und führen, auf dass der Mensch selbst wachsen und gedeihen kann.

Die Lebensenergie aktivieren

Olivia Moogk

Beauty-Feng Shui

Die acht Säulen der Schönheit

136 Seiten, gebunden, vierfarbig illustriert
€ [D] 24,90
ISBN 978-3-931652-70-8

Die Autorin, die in China studierte und seit über einem Jahrzehnt die Wissenschaft des Feng Shui lehrt, nimmt Sie auf eine Reise ins Beauty-Reich mit. Als Feng Shui-Expertin berät sie Firmen und Privatleute rund um den Globus und hat 1998 die »International Feng Shui Research Association« gegründet. In diesem einmaligen Buch zeigt sie, wie die alte chinesische Wissenschaft mit ihren kaiserlichen Verjüngungsübungen, wohltuenden Tee-Kuren, Duftessenz-Bädern, schönen Farben und wohltuenden Formen auch das individuelle Aussehen fördern kann. Schönheit wird ganzheitlich gesehen, als Ergebnis eines exzellenten Feng Shui mit einem balancierten Maß der Elemente Wind und Wasser. Ob Kosmetikerinnen, Ernährungsberater, Innenarchitekten, Dekorateure, Landschaftsgestalter, Psychologen oder Menschen in Gesundheitsberufen, alle werden für sich und ihre Klientel aus dem Wissensschatz dieses Buches schöpfen können.